Wissenschaftlicher Gerätebau

Episoden aus zwei Leben

Wissenschaftlicher Gerätebau

Episoden aus zwei Leben

Michael Haschke

Die Deutsche Nationalbibliothek verzeichnet diese Publikation in der Deutschen Nationalbibliografie; detaillierte bibliografische Daten sind im Internet über <http://dnb.dnb.de> abrufbar.

© 2021 Michael Haschke
Herstellung und Verlag: BoD – Books on Demand, Norderstedt

ISBN: 978-3-7534-5947-9

Vorbemerkungen

Ich hatte die Möglichkeit, aber auch das Glück, in zwei unterschiedlichen Gesellschaftsformationen zu leben. Der Übergang zwischen beiden Systemen stellte eine Zäsur im Privaten und im Arbeitsleben dar, er teilte das berufliche Leben für mich in zwei etwa gleichlange Hälften. Dieser Wechsel gab mir auch die Möglichkeit, die ‚Kultur' in den unterschiedlichen Firmen kennen zu lernen und zu vergleichen.

Dabei hatte ich das Glück, fast immer in der Verantwortung für die Entwicklung einiger jeweils neuer Geräteklassen in der Röntgenanalytik zu stehen. Im ersten Leben war das die Nachentwicklung von Si(Li)-Detektoren als analytische Option für die Elektronenmikroskopie. Daneben gab es damals aber noch einige andere Aufgaben, z.B. in der Meteorologie und der Bildbearbeitung. Dann im zweiten Leben waren es die Röntgenfluoreszenz durch Anregung mit polarisierter Strahlung, der Einsatz von Kleingeräten für die Schmuckanalytik und die ortsaufgelöste Analytik mit fokussierter anregender Strahlung. Da ich mein Arbeitsgebiet immer zwischen Geräteentwicklung, Applikation und Verkaufsunterstützung sah, hatte ich die Chance, durch Erfahrungen bei den Applikationen neue Geräteentwicklungen bzw. -erweiterungen entsprechend den Kundenwünschen zu steuern. Es war aber auch erforderlich, die verschiedensten Analysenverfahren in ihren Leistungen zu vergleichen, um die Möglichkeiten der ‚eigenen' Methode richtig einordnen zu können. Das erweiterte den Blick, erforderte aber auch die ‚eigene' Methode immer kritisch zu sehen und natürlich zu verbessern.

Durch die Wende ergab sich auch bei mir, wie bei vielen anderen, ein Bruch in der Biographie. Allerdings hatte ich viel Glück. Ich fand schnell eine Anstellung unter den neuen Bedingungen, wechselte dann aber auch gelegentlich die Firma. Die Gründe dafür waren immer vielfältig. Einerseits Unstimmigkeiten in der alten Firma, andererseits aber auch interessante Angebote der neuen Firmen. Ich war als Mitglied der Geschäftsleitung jeweils in Personal- und Produktverantwortung und hatte dadurch Einfluss und Gestaltungsmöglichkeiten für diese Bereiche. Dabei war es günstig, sich zwar immer mit der gleichen Analysenmethode zu beschäftigen, aber durch die Entwicklung anderer Produkte auch nie im Wettbewerb mit den bisherigen Geräten zu stehen. Dadurch kam auch kein Wettbewerbsgedanke zu den alten Kollegen auf und zu den meisten erhielt sich ein freundschaftliches Verhältnis.

Der generell begrenzte Markt für röntgenspektrometrische Geräte erfordert einen weltweiten Vertrieb, um eine ausreichende Effektivität durch entsprechende Gerätestückzahlen zu erzielen. Oft war ich der Erste, der ein neuentwickeltes Gerät und dessen Applikationen am besten kannte. Das verlangte, diese Kenntnisse bei den ersten Verkäufen weltweit einzusetzen und auch die Vertriebsmitarbeiter und Servicetechniker vor Ort anzulernen und zu überzeugen, dass sie ein neues verkaufsfähiges und erfolgsversprechendes Produkt haben. Das führte aber auch dazu, dass es viele Begegnungen mit Analytikern aus den verschiedensten Ländern gab; in der Regel gut ausgebildete und auch interessante Gesprächspartner zur Analytik, aber viel interessanter auch zum Leben in ihren Ländern. Aus einigen dieser Begegnungen entwickelten sich sogar längerfristige Freundschaften.

Diese vielen Reisen hatten aber auch den Vorteil, dass ich mir die Welt anschauen konnte. Das bewirkte, dass ich mir nach den Einschränkungen im ersten Leben nun eine eigene „Weltanschauung" aneignen konnte. Und das in vielen Fällen nicht nur allein, sondern auch in Begleitung meiner Frau. Wir hatten das Glück, in einer höchst spannenden Zeit Geschichte direkt mitzuerleben und vielleicht auch ein ganz kleines bisschen mitzugestalten. Das kann nicht jede Generation von sich behaupten!

Das Leben hat es also ganz gut mit mir gemeint! Das ist erfreulich, unter den gegebenen Bedingungen hätte es viel schlimmer kommen können.

Das erste Leben

Erste Erfahrungen mit der Röntgenspektroskopie

Nach dem zweijährigen Grundstudium an der TU Dresden erfolgte die Verteilung der Studenten auf die einzelnen Physikalischen Institute. Ich interessierte mich für Festkörperphysik und ging daher in das Institut für Metall- und Röntgenphysik. Dort beschäftigte man sich mit röntgenanalytischen Methoden, um die Struktur von Festkörpern zu untersuchen und zu verstehen. Für spektroskopische Untersuchungen waren ein wellenlängendispersives Gerät von ARL sowie zwei Mikrosonden von JEOL im Haus. Zum Ende meines Studiums gab es dann auch eines der ersten wellenlängendispersiven Geräte vom CZ Jena (VRA-30. Für Strukturuntersuchungen an Festkörpern waren verschiedene Diffraktometer von der Präzisionsmechanik Freiberg vorhanden. Die gehörten auch zum Kombinat CZ Jena und übernahmen später auch die Fertigung der Fluoreszenz-Spektrometer.

Meine erste selbstständige Arbeit war eine Literaturrecherche zu energiedispersiven Detektoren, insbesondere zu Si(Li)-Detektoren. Das war im Jahr 1969. Zu dieser Zeit befanden sich diese Detektoren gerade in Entwicklung. Durch die kontinuierliche Verbesserung der Auflösung der aus der γ-Spektroskopie bekannten Festkörperdetektoren, insbesondere der Reduzierung des elektronischen Rauschbeitrages, wurde nun auch ein Einsatz bei geringeren Strahlungsenergien möglich, d.h. auch im Röntgenbereich. Das Institut interessierte sich für diese Entwicklungen und wollte Informationen über den Entwicklungsstand haben. Zu dieser Zeit steckte die Si(Li)-Technologie noch in den Kinderschuhen. Die besten Energieauflösungen lagen im Bereich von 220 eV und die Publikationen beschäftigten sich vorrangig mit den Schritten zur Herstellung der Detektoren, also mit Fragen wie: Welche geometrischen Formen reduzieren den Dunkelstrom am besten, wie ist der Li-Driftprozess in Abhängigkeit von der Qualität des Ausgangsmaterials optimal zu führen, welche Passivierungsoberflächen sind besonders geeignet? Ein anderer wichtiger Themenkreis betraf die verschiedenen Konzepte für rauscharme ladungsempfindliche Vorverstärker und deren Auswirkungen auf das Auflösungsvermögen sowie die Impulsverträglichkeit der Detektoren. Spektroskopische Fragestellungen, etwa das Auftreten von Detektorartefakten oder mögliche Algorithmen zur Spektrenentfaltung waren dagegen noch völlig uninteressant.

Das gerade das meine erste eigenständige ‚wissenschaftliche' Arbeit war, ist angesichts der späteren, mehr als 35-jährigen Beschäftigung mit der energiedispersiven Röntgenspektroskopie schon als schöner Zufall zu betrachten.

Aber in der Zeit meines Studiums war die wellenlängendispersive Röntgenspektroskopie noch die einzig genutzte Spektroskopiemethode. Neben applikativen Arbeiten an den beiden Mikrosonden, die mit wellenlängendispersiven Spektrometern ausgestattet waren, sowie dem wellenlängendispersiven RFA-Gerät von ARL, damals noch Bausch&Lomb, wurden im Institut im Auftrag des VEB Carl Zeiss Jena grundlegende Untersuchungen zum Aufbau von WD-Geräten sowie zur Spektrenaufbereitung und –auswertung durchgeführt. Vielleicht wurden schon hier Grundlagen für mein späteres Interesse am Gerätebau gelegt?

Ein weiterer Schritt in diese Richtung war die Beschäftigung mit ESCA – Electron Spectrocopy for Chemical Analysis, wie es damals noch genannt wurde (heute XPS). Das war eine zu dieser Zeit gerade neu eingeführte, von Kai Siegbahn entwickelte Methode für die Elementanalytik. Es bestand die Absicht, ein Gerät in die DDR zu importieren. Für den Aufbau dieses Gerätes kamen ein Institut an der Uni in Halle und unseres in Dresden in Frage. Zur Vorbereitung wurde eine umfangreiche Studie angefertigt, in der neben dem instrumentellen Aufbau von Elektronenspektrometern auch die Applikationsmöglichkeiten dieser Methode untersucht wurden. Leider wurden die Mittel für den Import dann nicht für uns, sondern für die Hallenser freigegeben. Damit war ein Jahr Arbeit umsonst, obwohl wir dabei vieles lernen konnten.

Danach begann dann für mich ein direkter und sehr intensiver Kontakt mit der wellenlängendispersiven Spektroskopie. Im Rahmen der Vorbereitung meiner Dissertation wurden hochaufgelöste L-Spektren von Übergangsmetallen in Aluminiumlegierungen gemessen. Ziel war, aus der Spektrenform die Besetzungsdichten der äußeren Elektronenbänder zu bestimmen und daraus Rückschlüsse auf einige makroskopische Eigenschaften zu ziehen. Dazu mussten die L-Spektren sehr genau gemessen werden. Das war ein aufwendiger Prozess. Nachdem die Proben auf Hochglanz poliert waren, wurden sie in den evakuierbaren Rezipienten einer Elektronenstrahl-Mikrosonde eingeschleust. Die Einstellung des Bragg-Winkels erfolgte manuell über ein Getriebe, dann wurde die Messung gestartet. Die Messzeiten für jeweils einen Winkel lagen im Bereich von einigen Minuten. Das war erforderlich, um bei den intensitätsschwachen L-Linien eine ausreichend gute Statistik zu erreichen. Die Spektren wurden mit einer guten Auflösung gemessen, um die

Spektrenform genau nachbilden zu können. Das bedeutete, die Schrittweiten des Spektrometers waren sehr klein und damit die Anzahl der Schritte sehr groß. Die sich dadurch ergebenden Gesamtmesszeiten für ein Spektrum lagen in Abhängigkeit von der Breite des zu erfassenden Energiebereichs bei einigen Stunden. Außerdem war es notwendig, die Probe etwa alle Stunden zu polieren, da es bei den damals verfügbaren Öldiffusionspumpen zu einer Rückdiffusion des Pumpenöls in den Rezipienten kam und die Ölmoleküle im anregenden Elektronenstrahl gecrackt wurden. Die dadurch entstehende Kontamination der Probenoberfläche mit Kohlenstoff hatte eine Absorption der niederenergetischen L-Strahlung und damit eine Verfälschung der gemessenen Spektren zur Folge. Um besonders stabile Messbedingungen zu erhalten, wurden die Messungen oft über Nacht ausgeführt. Das waren dann lange und oft auch einsame Nächte, die nach Abschluss der eigentlichen Messungen noch verlängert wurden, weil die Diffusionspumpen abkühlen mussten. Die gemessenen Intensitäten wurden von Dekadenzählern abgelesen und notiert. Nach dem Übertragen der Daten auf Lochbänder wurden die Spektren dann bearbeitet. Der wichtigste Schritt war die Entfaltung mit der Form des Niveaus der inneren beteiligten Elektronenschale. Die Entfaltung erfolgte im Jobbetrieb auf einem ‚Großrechner'. Die waren aus heutiger Sicht aber nur groß bezüglich ihres Volumens, es handelte sich um raumfüllende Maschinen mit einer Peripherie, die weitere Räume einnahm. Allerdings bezog sich die Größe nicht auf ihre Leistungsfähigkeit oder gar Bedienfreundlichkeit. Für die Spektrenentfaltung musste der Job, d.h. die Spektrendaten und auch das Entfaltungsprogramm auf Lochbändern, am Abend im Rechenzentrum abgegeben werden. Am nächsten Morgen konnte dann das Ergebnis abgeholt werden - aber das nur, wenn alle Daten richtig vorbereitet waren. Es standen zwei Großrechner zur Verfügung, eine PDP11 an einem nicht zur Universität gehörenden Institut in Dresden und eine BESM 6, die von allen Instituten der TU genutzt wurde. Der Andrang war entsprechend groß, die Erfassung der Messdaten aber auch ein langwieriger Prozess, so dass beide Teilschritte aneinander angepasst waren. Die Interpretation der Spektren danach war der eigentlich kreative Anteil der Arbeit. Dazu waren Literaturarbeit, Modellentwicklung und –verifizierung und viele Diskussionen mit den Kollegen erforderlich.

Erste Schritte im Berufsleben

Nach dem Studium fand ich eine Anstellung im Zentrum für wissenschaftlichen Gerätebau (ZWG) der Akademie der Wissenschaften der DDR (AdW). Die Aufgabe des Instituts bestand in der Versorgung von Akademieeinrichtungen, Universitätsinstituten und der Industrie mit wissenschaftlichen Geräten, die die Industrie nicht bereitstellen konnte. Auch die Prioritäten bei der Verteilung der Geräte entsprachen dieser Reihenfolge. Zuerst arbeitete ich in der Abteilung für Halbleitertechnologien. Dort wurden Anlagen zur Kristallzüchtung entwickelt und auch gefertigt sowie die erforderlichen Züchtungstechnologien entwickelt. Die Motivation dafür war die Bereitstellung von Anlagen zur Herstellung von hochreinen Silizium-Einkristallen für leistungselektronische Bauelemente. Dazu wurden Zonen-Floating-Anlagen genutzt, bei denen eine durch Hochfrequenz aufgeheizte flüssige Metallzone durch den Silizium-Kristall gezogen wurde. Die Kristalle hatten damals Durchmesser von 50 mm. Die HF-Spule, ein Kupferröhrchen, wurde mit Wasser gekühlt.

Bei Versuchen zum Lernen der Züchtungstechnologie zerriss mir einmal die HF-Spule und das Wasser flutete den evakuierten Probenraum. Der hatte eine Größe von ca. 0.5 m³. Da ich beim Reißen der Spule nicht anwesend war, lief recht viel Wasser in den Rezipienten. Das Vakuum wurde durch zwei riesige Diffusionspumpen erzeugt, die durch den Vakuumzusammenbruch nicht ordentlich abkühlen konnten. Dadurch verkohlten ihre Prallbleche völlig. Das kostete mich neben den Frotzeleien der Kollegen vor allem zwei volle Tage für die Reinigung der Pumpen und das manuelle Polieren der Prallbleche. Seitdem ist mir die Funktion von Diffusionspumpen allerdings immer gegenwärtig.

Nach etwa einem Jahr Beschäftigung mit der Si-Kristall-Züchtung wurde die Abteilung mit einer weiteren Aufgabe betraut. Es sollte eine Epitaxie-Anlage für die Abscheidung von GaAs-Schichten entwickelt und gebaut werden. Diese GaAs-Schichten dienten dann als Grundmaterialien für die ersten in der DDR hergestellten Halbleiter-Laser. Die Forderungen zur Homogenität des räumlichen Temperaturprofils sowie zur Führung des Temperaturverlaufs waren sehr hoch. Die Homogenitätsanforderungen konnten wir durch den in der DDR erstmaligen Einsatz von Wärmerohren, die mit Natrium gefüllt waren, erreichen. Bei Wärmerohren wird durch die Verdampfung eines Gases an den wärmeren Stellen des Rohres und dessen Kondensation an dessen kälteren Stellen die Wärme transportiert; durch den vernachlässigbaren Strömungswiderstand des Gases im Rohr ist die Wärmeleitfähigkeit etwa 200-mal besser als in Metallen mit guter Wärmeleitung. Der Rücktransport der Flüssigkeit erfolgt mit Hilfe der Kapillarkraft. Typisch für die DDR, musste der Aufbau der Wärmerohre von uns nicht nur entwickelt, sondern auch die Fertigungstechnologie dafür aufgebaut werden.

Erste Erfahrungen mit Personalführung konnte ich als Vertreter der Jugendlichen des ZWG im Leitungskollektiv des Instituts machen. Im ZWG wurden Lehrlinge zu Feinmechanikern, technische Zeichnerinnen und Physiklaboranten ausgebildet und es waren auch viele Absolventen beschäftigt. Deren Belange wurden durch mich in der Leitung des Instituts vertreten.

In dieser Zeit wurde mir auch die Leitung der Prüfungskommission für die Facharbeiterprüfung der Physiklaboranten von ganz Berlin übertragen. Die Lehrlinge bekamen im ZWG eine Grundausbildung und wurden nach 2 Jahren auf die verschiedenen Physikalischen Institute der Akademie und der Humboldt Uni aufgeteilt, die sie eingestellt hatten. Dort erhielten sie ihre Spezialausbildung und mussten dann auch ihre Abschlussarbeit anfertigen. Um die Zielstellungen der Ausbildung und auch die Inhalte der Abschlussarbeiten abzustimmen, besuchte ich die Institute mindestens zweimal während der Ausbildungsperiode. Es waren immer sehr interessante Gespräche mit den dortigen Betreuern. Ich erfuhr dadurch welche Arbeiten in den verschiedenen Einrichtungen im Fokus standen, oft ergaben sich auch Anknüpfungspunkte für spätere Kooperationen. Interessant war die Breite der Themen, in die sich die Physiklaboranten während dieser speziellen Ausbildung einzuarbeiten hatten und das auch auf Grundlage der Grundausbildung im ZWG gut meisterten.

Bereichsleiter in einer Außenstelle

Nach meinem Einsatz als Jugendvertreter in der Institutsleitung wurde mir 1978 die Leitung eines Bereiches des ZWG übertragen. Dieser Bereich beschäftigte sich zu dieser Zeit vorrangig mit der Entwicklung und Fertigung von meteorologischen Geräten. Es handelte sich um eine im Jahr 1972 verstaatlichte Firma mit etwa 60 Mitarbeitern, die ungefähr 5 km vom Akademiegelände in Adlershof entfernt ihren Standort hatte. In Zusammenarbeit mit dem Meteorologischen Dienst der DDR wurden dort Geräte für die Erfassung von Klimadaten, also z.B. Windrichtung und –geschwindigkeit, Regenmenge, Strahlungsdaten oder Eisablagerung entwickelt und gebaut. Ein Teil dieser Geräte wurde auch für den Einsatz über See konfiguriert, d.h. aus speziellen, gegenüber

Seewasser resistenten Materialien hergestellt. Daneben befanden sich auch spezielle Sensoren für Parameter im Seewasser im Portfolio, etwa für Wassertemperatur, Wasserdruck, Salzgehalt oder Schallgeschwindigkeit. Das waren Entwicklungen, die gemeinsam mit dem Institut für Meereskunde der Akademie der Wissenschaften (AdW) in Warnemünde realisiert wurden.

Darüber hinaus wurde auch ein Staubprobennahmegerät entwickelt, mit dem an staubbelasteten Arbeitsplätzen die Staubsammlung verbunden mit einer Trennung in Grob- und Feinstaub erfolgen konnte. Der Grobstaub wurde in einem Zyklon abgeschieden, der Feinstaub in einem mit einer Hochspannung aktivierten Filzfilter. Die gesammelte Staubmenge konnte dann gravimetrisch bestimmt werden.

Ein weiteres Projekt betraf die Bildauswertung. Ein System, das für eine analoge Film-Densitometrie genutzt werden konnte, wurde von einem Leipziger Akademieinstitut zu uns in die Fertigung übernommen. Dabei wurden Filme im Durchlicht mit einer Kamera betrachtet, deren Grauwerte bestimmt und in Falschfarben dargestellt. Diese Geräte waren zunächst für die radiologische Untersuchung der Verteilung von radioaktiven Markern konzipiert. Aber durch das Fehlen adäquater Messtechnik wurden diese Geräte auch für andere Aufgaben eingesetzt. Eine interessante Applikation war die Auswertung von Aufnahmen der damals spektakulären Multispektral-Kamera, die von Carl Zeiss Jena entwickelt und mit einer russischen Trägerrakete ins All befördert wurde. Leider hatte man vergessen, neben der Kamera auch Auswertetechnik für diese Bilder zu entwickeln. Unser Densitron konnte diese Lücke zumindest teilweise schließen. Die zu untersuchenden Bilder konnten sowohl in Durchlicht als auch in Auflicht mit einer Kamera erfasst werden. Für die Verarbeitung wurde dann eine aufwendige Elektronik benötigt, in dieser Zeit noch alles analog, die viel Platz und auch einen erheblichen Kalibrieraufwand erforderte. Der ‚Elektronikturm' in Abb. 1 macht den Hardwareaufwand deutlich. Heute lässt sich sowas mit einem Laptop und viel mehr Komfort lösen.

Von einer besonderen Begebenheit mit dem Densitron wird noch später die Rede sein.

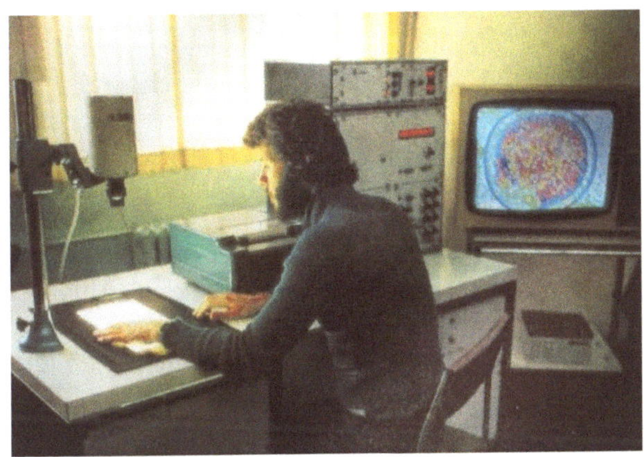

Abb. 1: Densitron

Insgesamt war das schon ein recht breites Gerätespektrum für 60 Mitarbeiter. Und es veränderte sich auch noch relativ schnell. Wenn der Bedarf an einem Gerät in dem kleinen Absatzbereich – Akademie und Hochschulwesen befriedigt war, wurden wieder neue Aufgaben übernommen. Das sorgte für Abwechslung bei der Arbeit, führte aber dazu, dass eine hohe Leistungsfähigkeit der Geräte infolge des Fehlens einer langjährigen Erfahrung mit der jeweiligen Gerätetechnik nur schwer erreichbar war.

Mit 29 Jahren durfte ich diesen Bereich übernehmen, eine ziemliche Verantwortung. Eine der ersten Sachen die ich lernen musste, war eine lesbare Unterschrift. Die Sekretärin des Bereiches, eine ältere Dame, meinte, meine Schrift sei zu klein und nicht leserlich. Also habe ich zwei Seiten mit Versuchen für eine Unterschrift bekritzelt, die habe ich dann aber auch beibehalten.

Ein Ereignis in den ersten Tagen, das mir in Erinnerung ist, war ein Disziplinarverfahren gegen einen Konstrukteur. Der hatte nach einer Feier im Konstruktionsbüro, bei dem offensichtlich zu viel Alkohol geflossen war, sich aus dem Fenster erleichtert. Dabei lief die ‚Erleichterung' am Fenster der unter dem Konstruktionsbüro liegenden Schlosserei entlang. Darüber hatte sich der Schlosser beim Direktor beklagt. Allerdings war dessen eigentliche Motivation für die Beschwerde, dass er nicht zur Feier miteingeladen war. Hier musste ein salomonisches Urteil gefunden werden, es gab auch eines. Aber welches, daran kann ich mich nicht mehr erinnern.

Das neue Aufgabenspektrum

Es war nicht einfach, als ‚Jüngling‘ den Bereich zu übernehmen. Es erforderte anfangs eine Menge Arbeit, einerseits um sich in die neue wissenschaftliche Problematik einzuarbeiten, andererseits aber auch, um die betriebswirtschaftlichen Abläufe zu verstehen und richtige Personalentscheidungen zu treffen. Aber bald hatte ich mich eingearbeitet und auch eine ausreichende Autorität erworben. Ich betrachtete den Bereich als so etwas wie eine Familie. Aber ich musste auch lernen, dass Familienmitglieder diese auch verlassen können. Ich erinnere mich an zwei Kündigungen in den ersten Jahren: die erste bereits nach wenigen Monaten im Sommer von einer Buchhalterin. Die Kündigung ging mir nicht sehr nah, war aber beeindruckend. Die Dame war an ihrem letzten Arbeitstag mit einer extrem durchsichtigen Bluse bekleidet, die mehr zeigte als verbarg. Da sie immer über Erkältungen klagte, konnte ich ihr nur nahelegen, sich doch eine Jacke überzuziehen, was nicht nur einer Erkältung vorbeugen, sondern auch der allzu offenherzigen Präsentation ihres Oberkörpers entgegenwirken würde.

Ein weiteres Beispiel betrifft einen Kollegen, einen Physiker, der sein Abitur mit Berufsausbildung zum Betonfacharbeiter, so nannten wir damals die Maurer, gemacht hat. Dessen Traum war immer ein eigenes Haus zu bauen. Er hatte sich mit einem Betriebsleiter im Randgebiet von Berlin befreundet, der unterhielt wiederum Kontakte zu der ortsansässigen LPG. Mein Mitarbeiter kam irgendwann zu mir mit dem Wunsch, unsere Einrichtung zu verlassen, da er die Möglichkeit sah, dort im Randgebiet mit Unterstützung der dortigen Firma und vor allem der LPG bauen sein Haus zu bauen. Die LPG würde sowohl bei der Bereitstellung von Baumaschinen aber auch vorrangig bei der Beschaffung von Baumaterial behilflich sein. Seine Frau arbeitete dann auch im dortigen Baustoffhandel, um direkten Zugriff zu den in der Regel schwer beschaffbaren Baustoffen zu haben. Er wurde in der Firma als Technologe eingestellt, eine Arbeit, die er zwar ausüben konnte, ihn aber nicht ausfüllte. Was tut man nicht alles für seine Träume?

Als Außenstelle, die nicht allzu weit von Adlershof entfernt war und auf dem Weg von Adlershof in die Akademiezentrale in der Stadt lag, bekamen wir nur wenig Besuch aus Adlershof. Der Institutsdirektor fuhr in der Woche mindestens zweimal bei uns vorbei und dachte offensichtlich immer: ‚Beim nächsten Mal muss ich mal wieder diesen Bereich besuchen‘. Aber da er das jedes Mal dachte, hielt er nie an. Alle anderen Außenstellen waren dagegen relativ weit entfernt und erforderten für einen Besuch einen Eintrag in seinen Terminkalender. Somit erfolgten dort Besuche viel öfter. Allerdings konnten wir den Chef zu bestimmten Ereignissen einladen, und dann kam er auch. Aber wir hatten viele Freiheiten und konnten unsere Arbeit weitgehend nach unseren Vorstellungen organisieren.

Regelmäßige Kontakte gab es außerdem durch die Leitungssitzungen sowie durch Quartalsreporte. Die regelmäßigen Leitungssitzungen wurden genutzt, um die aktuellen Probleme des Institutes zu diskutieren, also Entscheidungen zu fachlichen Fragestellungen, zu wichtigen Personalentscheidungen oder auch zu Investitionsfragen.

Zu den Quartalsreports mussten alle Bereichsleiter separat antreten und über den Erfüllungsstand ihrer Aufgaben berichten. Erfolge wurden in der Berichterstattung bevorzugt. In der Regel lief das so ab, dass man mit einer Liste von Fragen und Entscheidungsvorschlägen antrat, und mit nur wenigen Antworten dazu, dafür aber mit einer Reihe neuer Aufgaben wieder von dannen ging. Am gravierendsten waren dabei für unseren Bereich die Entscheidungen, einem anderen Bereich durch die Überleitung von fertigen Produktentwicklungen unter die Arme greifen zu müssen. Das betraf das Staubprobennahmegerät und auch das Densitron.

Beide Geräte erforderten einen hohen Arbeitsaufwand in der Entwicklung, versprachen dann aber einen guten Absatz. Als diese Entwicklungen nach unseren Begriffen abgeschlossen waren, musste deren Überleitung in einen anderen Bereich erfolgen. Das bedeutete, der Nachschub für den eigenen Vertrieb entfiel. Diese Lücke galt es dann durch neue Entwicklungen wieder zu schließen. Außerdem ist zu berücksichtigen, dass eine Überleitung in eigener Verantwortung relativ einfach ist. Bei Unklarheiten können die Entwickler im eigenen Haus direkt dazu befragt werden. Wenn aber die Überleitung in eine ca. 400 km entfernte Fertigung erfolgen soll, ergaben sich nicht nur viel mehr Fragen, die eigene Unfähigkeit ließ sich einfach durch die Behauptung einer unvollständigen Entwicklung überspielen, sondern es mussten die anstehenden Fragen auch über diese Entfernung beantwortet werden. Und das zu Zeiten, wo es nur das Telefon und die Post gab, also kein Internet oder gar Videokonferenzen. Das bedeutete für uns viele Fahrten von Berlin ins Eichsfeld. Die waren zu dieser Zeit auch nicht einfach. Mit dem Zug dauerte es etwa 6 Stunden mit zweimaligem Umsteigen. Mit dem Auto ging es nur mit dem Privatwagen, Firmenwagen oder Leihautos gab es in der DDR nicht. Und oft musste auch das Benzin aus der eigenen Tasche bezahlt werden, da es rationiert war. Strecken von dieser Länge mit einem Trabbi waren aber einigermaßen anstrengend.

Der Lärm und der ständig gegenwärtige Benzingeruch beeinflussten das Wohlbefinden bei der langen Fahrt erheblich. Im Winter, wenn die Heizung vom Trabbi nicht ausreichte, fuhren wir auch mal mit einer dicken Decke über den Knien. Eine Klimaanlage für den Sommer existierte sowieso nicht, aber da konnte man immerhin die Fenster öffnen.

Die Aufgabenstellung zu diesem Zeitpunkt war also schon recht breit gefächert. Das resultierte aus der speziellen Aufgabenstellung des ZWG. Immer wenn sich in einem Akademieinstitut ein spezielles gerätetechnisches Problem ergab oder wenn in den Instituten eine Geräteentwicklung mit dem Potential eines breiteren Bedarfs initiiert wurde, war das ZWG gefragt. Das sicherte aber auch ständig wechselnde Aufgabenstellungen und eine interessante Arbeit.

Energiedispersive Röntgenspektroskopie - eine neue Aufgabenstellung

Übernahme einer Entwicklung

Eines Tages im Jahr 1981 wurde ich nach Adlershof zum Institutsdirektor gerufen. Er schickte mich nach Dresden an die Technische Universität (TU), um festzustellen, wie weit dort die Entwicklung eines energiedispersiven Röntgenspektrometers (EDS) gediehen sei, das als analytische Option für Elektronenmikroskope eingesetzt werden könnte. Ich bekam diesen Auftrag, weil mein Studienabschluss an der TU erst wenige Jahre zurücklag und ich mich während des Studiums mit Röntgenspektroskopie beschäftigt hatte. Ich erkundigte mich zuerst bei einigen ehemaligen Kollegen an der TU über diese Entwicklung und fuhr erst dann zu der Arbeitsgruppe in Pirna, die an dieser Entwicklung beteiligt war. Dort wurde an einem „RGW-Spektrometer" gearbeitet. Der Hintergrund war, dass es im Rat für gegenseitige Wirtschaftshilfe (RGW), dem Pendant der EU für Osteuropa, zwei Hersteller von Elektronenmikroskopen gab, einen in Brno in der CSSR und einen in Sumy in der Ukraine. Schon zu dieser Zeit wurde eine Vielzahl der Rasterelektronenmikroskope (REM) mit energiedispersiven Röntgenspektrometern ausgerüstet. Es gab aber keinen Hersteller dafür im RGW, alle Geräte mussten importiert werden. Aus diesem Grund wurde die gemeinsame Entwicklung eines EDS-Systems im RGW vereinbart. Dabei wurde die Entwicklung des Detektors, eines Si(Li)-Kristalls vom Kernforschungszentrum der DDR in Rossendorf in den VEB Messelektronik in Dresden überführt. Der erforderliche Dewar zum Kühlen des Kristalls wurde im Kernforschungszentrum der CSSR in Rez entwickelt und gefertigt. Der Einbau des Detektorkristalls sollte dann bei Messelektronik in Dresden erfolgen. Die Auswerteelektronik schließlich, ein Vielkanalanalysator, wurde in Ungarn entwickelt. Die gesamte Entwicklung war abgeschlossen und es existierten schon drei Funktionsmuster. Aber die Serienfertigung wollte keine der beteiligten Einrichtungen übernehmen. Ein Grund war der überteuerte Preis für den Vielkanalanalysator, der in die Nähe eines kompletten Elektronenmikroskops kam. In der DDR war vor allem die Tatsache, dass Messelektronik von VEB Robotron übernommen wurde, um dort Prüftechnik für Leiterkarten für die Robotron-Rechner zu entwickeln und zu fertigen, maßgebend für diese Entscheidung.

Und nun gab es da ein Entwicklungsergebnis, das nach einer Fertigungsstätte suchte. Daher wurde die Bitte zur Weiterführung der Arbeiten an das ZWG herangetragen. An der TU Dresden wurde an einer rechnergestützten Steuerung des Gesamtsystems sowie an den Auswertealgorithmen für die Spektren gearbeitet. Nach den ersten Kontakten wurde die Machbarkeit einer Übernahme als erfolgsversprechend eingeschätzt und die Überleitung in meinen Bereich beschlossen. Das war nun mein zweiter Kontakt zur energiedispersiven Röntgenspektroskopie. Allerdings sollte der nun längerfristig sein und meine gesamte weitere fachliche Arbeit bestimmen. Wir hatten also eine neue Aufgabe, die aber nur mit einer Erweiterung der Personalkapazität möglich war. Das ging allerdings nur langsam, da neben den erforderlichen Planstellen auch die geeigneten Fachleute fehlten. Aber mit Hilfe der TU konnte auch diese Problematik gelöst werden. Während der Spezialausbildung in dem betroffenen Institut wurden Studenten ausgesucht, die nach dem Studienabschluss nach Berlin wollten und die sich durch gute Leistungen auszeichneten. Die wurden dann speziell für die Aufgabe in unserem Hause vorbereitet. Auf diese Weise kamen 6 gut ausgebildete Absolventen über einen Zeitraum von 4 Jahren zu uns, die bereits in ihren Diplomarbeiten uns interessierende Probleme bearbeiteten und so ohne Einarbeitungszeit nach ihrer Einstellung wirksam werden konnten.

Zunächst versuchten wir möglichst viele Informationen zu dem vorhandenen Stand der vorliegenden Entwicklung aber auch zum Stand der Technik zusammenzutragen. Der Stand der Technik wurde damals durch Firmen wie EDAX oder KEVEX repräsentiert. Das ging sogar soweit, dass der Methodenname mit dem Firmennamen von EDAX gleichgesetzt wurde, d.h. die Nutzer sagten oft, sie haben ein EDAX gekauft, von KEVEX.

Die an den verschiedenen Stellen durchgeführten Entwicklungen mussten von uns zusammengeführt werden. Die Kristalle kamen nach wie vor vom VEB Messelektronik. Auch, wenn dort eine Orientierung auf Rechnerprüftechnik vorgenommen wurde, wurden die Si(Li)s weiterproduziert, da sie in leicht geänderter Form auch für den Nachweis von Beta-Strahlung eingesetzt werden konnten. Auf dieses Produkt wurde seitens der Armee großer Wert gelegt und die Fortführung der Fertigung verlangt.

Der Vorverstärker war eine Entwicklung des Forschungszentrums Rossendorf. Die dortige Elektronikgruppe hatte einen sehr rauscharmen Verstärker mit Widerstandrückkopplung entwickelt.

Der Dewar war eine Entwicklung des tschechischen Kernforschungszentrums in Rez und wurde in einer kleinen Firma südlich von Prag produziert. Es war ein Alu-Dewar mit Superisolation, d.h. mit einer Isolation aus Al-beschichteter Kunststofffolie, die in vielen Schichten um das innere Gefäß gewickelt wurde. Die Betreuung übernahm das Institut für Gerätebau der tschechischen Akademie der Wissenschaften in Brno, das eine sehr enge Kooperation mit dem Teil von Tesla hatte, in dem die Elektronenmikroskope produziert wurden. Die Liefertreue für die Dewars bereitete ständig Probleme, die gelieferten Stückzahlen ließen keine wirkliche Serienfertigung zu. Daher wurden bald Überlegungen zum Aufbau eines neuen Dewars auf der Basis einer Entwicklung aus Brno aufgenommen.

Für die Konfigurierung des Kristalls in den Dewar lagen keine wirklichen Erfahrungen vor. Von einem Mitarbeiter der TU Dresden, der für etwa 9 Monate zum ZWG delegiert wurde, erlernten wir diesen technologischen Schritt. Der erste aufgebaute Detektor funktionierte gleich und ergab auch eine relativ gute Energieauflösung von etwa 180 eV. Wir dachten schon, wir beherrschen den Prozess – aber weit gefehlt! Die nächsten Detektoren hatten weitaus geringere Energieauflösungen, bis zu 250 eV und es stellten sich bei fast jedem aufgebauten Detektor neue Fehler heraus. Aber wir lernten, nicht immer schnell genug, aber kontinuierlich.

Für die Auswerteelektronik wurde erstmals ein Kleinrechner eingesetzt. Alle sich auf dem Markt befindenden Spektrometer arbeiteten damals mit Rechnern in der Größenklasse PDP11. Wir versuchten es mit einem modularen Aufbau und einem C8080-Prozessor. Damit konnten 64 kB Daten adressiert werden. Das musste ausreichen, um das Gerät zu steuern, die Daten zu erfassen und eine komplette qualitative und quantitative Analyse durchzuführen. Dazu wurde der Speicher geviertelt; ein

Viertel war der residente Teil mit dem Betriebssystem, ein weiteres wurde für die notwendigen Berechnungen genutzt, ein Viertel für die Ablage der gemessenen und zu bearbeitenden Spektren und in das letzte Viertel wurden in Abhängigkeit von der jeweiligen Aufgabe die jeweils benötigten Programmteile von einem externen Speicher geladen, damals einem Magnetband. Diese Aufteilung ging nur, wenn das gesamte Programm in Maschinensprache vorlag, das zu dieser Zeit von einem Lochstreifen eingelesen wurde. Beeindruckt hat mich immer der verantwortliche Software-Ingenieur. Er war in der Lage, nur durch Ansehen des Lochstreifens Programmfehler zu finden und dort auch direkt durch Einfügen einer zusätzlichen Zeile oder dem Zukleben von Stanzlöchern diese zu korrigieren.

Zu Beginn der Arbeiten an den energiedispersiven Detektoren mussten wir viel lernen, alles war Neuland. Im Jahr 1982 zeigten wir es erstmals auf der Leipziger Messe, auf einen Sonderstand für Neuentwicklungen. Unser Gerät hatte schon ein bemerkenswertes Design. Die Elektronik war in einem Normgestell ähnlich einem Schreibtisch untergebracht. Auf der einen Seite der modulare Mikro-Rechner und die dazu erforderlichen, damals noch großen analogen Netzteile, auf der anderen Seite die Auswerteelektronik für den Detektor mit einem hochstabilisierten Netzteil. Unter dem Mittelteil des Schreibtisches befand sich eine Bildansteuereinheit und darauf als Monitor ein Heimfarbfernseher mit 25 Zoll Diagonalbreite, der hochkant gestellt wurde. Jede Zeile zeigte einen Spektrenkanal. Damit waren Umschaltungen des Spektrums sehr schnell möglich, es mussten nur zwei Informationen pro Kanal an den Fernseher gegeben werden. Für die Ausgabe war ein Plotter vorgesehen, mit dem sowohl Spektren als auch quantitative Ergebnisse gedruckt werden konnten. Gemessen an den aus dem westlichen Ausland angebotenen Geräten sah unseres recht rustikal aus, siehe Abb. 2.

In diesem Jahr stellten auf der genannten Messe keine anderen Firmen EDS-Systemen aus, da diese Systeme gerade auf der Comecon-Liste standen. Sie konnten nach Meinung der USA für den Bau von Waffen eingesetzt werden und durften daher nicht in den Ostblock geliefert werden. Die Firma EDAX war durch einen Holländer auf der Messe vertreten. Der schaute sich unser Gerät an und bemerkte etwas arrogant, dass er sich wundere, dass ein solches Gerät verkauft werden könne. Der hatte uns etwas unterschätzt, ein paar Jahre später gelang es uns wesentlich dazu beitragen, das Produktportfolio seiner Firma zu erweitern und ihre Quantifizierungsmodelle deutlich zu qualifizieren. Aber dazu später.

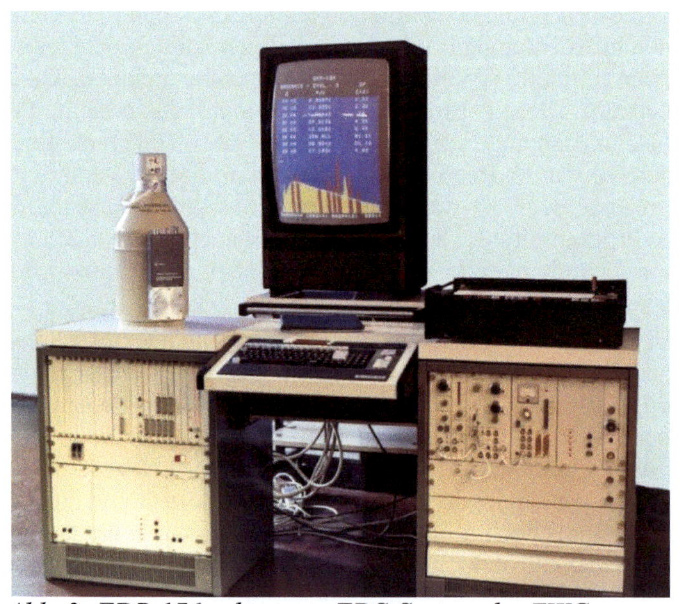

Abb. 2: EDR 176 - das erste EDS-System des ZWG

Die Firma Kevex war mit einem Stand präsent, aber ohne Geräte. Am Stand war eine Leinwand gespannt mit folgendem Text: ‚Leider können wir in diesem Jahr keine Geräte ausstellen, aber wir sind trotzdem hier, um unseren Kunden den gewohnten Service zu bieten'. Der KEVEX-Vertreter in Deutschland lud mich auf seinen Stand ein und wir hatten ein nettes und langes Gespräch; über die Methode an sich, aber auch über die Lösung spezieller Probleme beim Aufbau der Geräte. Diese Gespräche wurden dann über mehrere Jahre immer auf der Leipziger Messe fortgesetzt. Ich konnte dabei sehr viel lernen und uns dadurch viele Umwege bei der Optimierung der Detektoren ersparen. Wir hatten dann in den 80-iger Jahren eine gute Koexistenz. Der KEVEX-Vertreter kannte die Wege, wie seine Geräte in die DDR eingeführt werden konnten, als einziger Anbieter aus dem westlichen Ausland. Damit war er Marktführer. Alle, die über Valuta verfügten kauften bei ihm EDS-Systeme, alle anderen bei uns.

Lizenzverhandlungen

Die Entwicklung der Si(Li)-Detektoren war erfolgreich. Wir erreichten respektable Energieauflösungen und fertigten pro Jahr etwa 10 – 15 Systeme, d.h. in den Jahren 1982 bis 1989 etwa 90 Systeme. Das war aber bei weitem nicht ausreichend für die jährlich verkauften Elektronenmikroskope. Daher und auch weil Lieferungen an die Industrie nicht zu den vorrangigen Aufgaben des ZWG gehörten waren die Hersteller von Elektronenmikroskopen also Tesla, Sumy und auch ein chinesischer Hersteller an unserer Detektortechnologie interessiert und wir nahmen mit allen Lizenzverhandlungen auf.

Mit Tesla waren die Verhandlungen am Weitesten vorangeschritten. Zur letzten Vertragsverhandlung musste ich nach Prag. Geplant war ein Flug von Berlin-Schönefeld, dem heutigen BER. Das Flugzeug war pünktlich, es startete normal, allerdings meldete sich nach wenigen Minuten die Stewardess über Bordfunk und teilte mit, dass wir doch bitte alle angeschnallt bleiben sollen, da wir aus technischen Gründen in Kürze wieder landen müssten. Die Gespräche im Flugzeug setzten augenblicklich aus, es herrschte absolute Stille. Nur wenige Monate vorher hatte sich in Schönefeld ein Flugzeugunglück ereignet. Nach der sicheren Landung stellte sich heraus, dass ein Vogelschwarm die Bugspitze mit den Navigationsinstrumenten beschädigt hatte. Mit einer Verzögerung von ca. zwei Stunden wurde der Flug erneut gestartet, diesmal störungsfrei. Zu den Verhandlungen kam ich zwar etwas verspätet, sie wurden aber abgeschlossen, allerdings durch die dann bald eintretenden politischen Veränderungen nicht mehr wirksam.

Mit der Firma in Sumy in der Ukraine wurden ebenfalls Verhandlungen geführt. Ein erster Besuch erfolgte von unserer Seite. Wir meldeten die Reise bei der Reisestelle an, damit die Flugtickets geordert werden konnten. Die wurden allerdings für einen Flug nach Tjumen und nicht nach Sumy bestellt. Tjumen liegt weit im Norden hinter dem Ural. Nachdem wir das rechtzeitig klären konnten, stellte sich heraus, dass Sumy zwar einen Flugplatz hatte, der war aber nicht für Ausländer zugelassen, da er auch militärisch genutzt wurde. Wir flogen also nach Kiew und fuhren von dort mit dem Zug über Nacht die knapp 400 km nach Sumy. Es war Winter und der Zug hoffnungslos überheizt, so dass an Schlaf nicht zu denken war. Wir stiegen in einem ganz neuen Hotel ab. Das war architektonisch interessant, die verwendeten Materialien erlesen, aber die Verarbeitung erschreckend. Die Türzargen der Hotelzimmer waren aus Ebenholz und mit drei Zoll langen Nägeln befestigt, die zudem an jeweils verschiedenen Stellen durch die Zargen geschlagen waren. Schade um das schöne Ebenholz!

Die Firma in Sumy stellte sich als riesiges Unternehmen heraus, in dem neben Elektronenmikroskopen auch Massenspektrometer, FT-IR-Spektrometer sowie weitere komplexe wissenschaftliche Geräte hergestellt wurden. Uns wurde die Firma gezeigt, alles war sehr interessant. Bei den Verhandlungen kamen wir schnell mit den technischen Absprachen voran. Schließlich wurde über Kosten diskutiert. Hier mussten die Diskussionen aber abgebrochen werden, da beiden Seiten über keine endgültige Entscheidungsbefugnis verfügten. Zum Abschluss der Diskussionen holten wir unsere mitgebrachten Geschenke heraus, u.a. eine Flasche Weinbrand aus Armenien. Die Mitarbeiter des Werkes aus Sumy sahen sich alle betreten an und baten uns, für eine plötzlich erforderliche Pause den Raum zu verlassen. Als wir wieder den Raum betraten, standen nicht wie erwartet Gläser auf dem Tisch, um den Weinbrand zu trinken, sondern die Flasche war verschwunden. Hier stießen wir auf von uns unerwartete Auswirkungen des Gorbatschow'schen Alkoholverbots. Wer konnte ahnen, dass es überhaupt und dann noch so tief in der Provinz so ernst genommen wurde.

Die Verhandlungen mit China hatten eine Vorgeschichte. Die gerätebauenden Einrichtungen der Akademien der Wissenschaften der sozialistischen Länder veranstalteten regelmäßig Ausstellungen mit ihren Produkten, die Naucpribor. Im September 1989 fand diese Veranstaltung in Berlin statt. Wir hatten natürlich unser energiedispersives Spektrometer dort auf dem Stand und wurden überraschend von einem chinesischen Professor einer Universität in Peking angesprochen – auf Deutsch. Er hatte in Tübingen studiert, war dann während der Postdoc-Zeit in den USA und hat dort die Lizenz zum Bau von Amray-Elektronenmikroskopen erworben. Das waren damals die ersten digitalisierten Mikroskope. Auch in China war man an unseren Detektoren interessiert. Nach ersten Gesprächen während der Ausstellung wurde ein Gegenbesuch in Peking vereinbart.

Die Reise des Professors sollte von Berlin weiter nach Tübingen, also in die BRD gehen. Allerdings hatte er damit Schwierigkeiten, da ihm in Polen, das er vor der DDR besucht hatte, sein gesamtes Gepäck und damit auch der Pass mit dem Visum gestohlen wurde. Ich begleitete ihn daher zur Ständigen Vertretung der BRD in der Hannoverschen Straße, damit ihm dort ein neues Visum ausgestellt werden konnte. Auf dem Weg dorthin wurden wir auf den letzten hundert Metern dreimal von Herren in Zivil angesprochen, die wissen wollten, wohin wir wollen. Bis zur Ständigen Vertretung schaffte es nur er, ich wurde schon vorher aufgehalten. Das war kurz nachdem den Ausreisesuchenden, die sich in die Ständige Vertretung geflüchtet hatten, die Ausreise gestattet wurde und eine erneute Besetzung vermieden werden sollte. Das Visumproblem konnte geklärt werden. Nach dem erfolgreichen Neuerwerb des Visums gingen wir zu mir nach Hause und es gab frisch gebackene Käsetorte.

Der Gegenbesuch erfolgte im Januar 1990. Wir fuhren zu zweit und wurden von dem Professor empfangen. Der Besuch war in verschiedener Richtung interessant. Die Universität befand sich am Rande der riesigen Stadt. Wir waren in einem Hotel untergebracht, das sonst nur chinesische Gäste beherbergte. Wir wurden dort auch vollständig verpflegt. Das war immer spannend. Wir hatten zwar schon viel über chinesische Küche gehört, gegessen aber noch nie, in der DDR gab es keine chinesischen Restaurants. Die einzelnen Gänge wurden immer gesondert serviert und der Ober sagte uns erst nach dem Essen, was wir gerade gegessen hatten. Diese Reihenfolge war vorteilhaft, da wir sonst sicher nicht alles mit solchem Appetit herunterbekommen hätten. Es gab auch eine Einladung zu dem Professor nach Hause. Er wohnte in einem Hochhaus in einer Zweizimmerwohnung, die einen offenen Wohnbereich hatte. Er hatte für uns gekocht. Es gab einen Eintopf mit Gemüse und Kalamari, d.h. vor allem die Fangarme, schön mit Saugnäpfen bedeckt. Wir kannten das nicht, Seafood in der DDR bestand aus Hering, Kabeljau und Makrele. Ich probierte die mir unbekannten Kalamari, und sie schmeckten nach Gummi. Aber zurückgeben ging nicht, also dachte ich mir, iss sie zuerst, dann kannst du den Rest genießen. Der Professor sah, dass ich die Kalamari zuerst gegessen hatte und dachte sie schmecken mir besonders gut und legte noch einmal ordentlich nach. Das war kontraproduktiv für mich und ich würgte dann weiter an den nachgelegten Fangarmen.

Die Verhandlungen zur Übernahme unserer Technologie wurden in dem Uni-Institut geführt. Es war Januar und daher recht kalt. Das Institut war aber nicht geheizt. Alle liefen dort in Mänteln rum und es war auch ständig schlecht beleuchtet. Nicht um die Bilder des Elektronenmikroskops besser zu sehen, sondern offensichtlich um Strom zu sparen. Wir diskutierten über die Einbindung unserer Software in die Steuerung des Mikroskops. Es wäre sicher eine Zusammenarbeit sehr sinnvoll gewesen, aber die Änderungen in den Einrichtungen der Akademie durch die politische Wende verhinderten eine Fortsetzung dieser Zusammenarbeit.

Die besuchte Universität lag am Rande der Stadt. Bei der Besichtigung der Sehenswürdigkeiten wurden wir von unseren Gastgebern begleitet. So konnten wir den Platz des himmlischen Friedens, die verbotene Stadt und auch die Chinesische Mauer sowie die Minh-Gräber besuchen. Gern wären wir auch einmal allein unterwegs gewesen. Aber wir stellten fest, dass für unsere Gastgeber die Ausflüge sehr wichtig waren. Bei diesen Exkursionen wurde das Essen für uns auf Universitätskosten serviert, aber nicht nur für uns, sondern auch für unsere Begleiter. Für die war das wichtig, da sie dadurch selbst eine gute Mahlzeit bekamen und auch für ihre Familien noch die Reste mitnehmen konnten.

Einmal gelang es uns auch eigenständig in die Stadt zu fahren. Das fing mit einer einstündigen Busfahrt an und setzte sich mit einer etwa gleichlangen U-Bahn-Fahrt fort. Die war nicht einfach, weil zu diesem Zeitpunkt noch keine für uns lesbaren Stationsbezeichnungen existierten. Wir stiegen also an einer Station aus und verglichen die Schriftzeichen Strich für Strich in der Station mit denen auf unserem Netzplan. Aber an diesem Tag konnten wir uns unbeaufsichtigt im Stadtzentrum umsehen. Bemerkenswert waren die vielen Fahrradfahrer, die neben den Autostraßen zweispurige Bahnen voll belegten während, die Autospuren, noch angenehm leer waren.

Der Rückweg aus der Stadt stellte sich dann als das eigentliche Abenteuer heraus. Die Metro war nun deutlich voller, doch wir wussten wieviel Stationen wir fahren mussten und kamen zwar mit Schwierigkeiten, aber unbeschadet aus dem Waggon. Schwieriger war dann das Einsteigen in den Bus. Die uns so zurückhaltend erscheinenden Chinesen stellen sich nicht etwa ordentlich an, wie es etwa in England üblich ist, sondern drängeln rücksichtslos alle auf einmal in den Bus. Den ersten Bus verpassten wir. Wir standen nicht weit genug vorn und drängelten vor allem nicht ausreichend. Beim nächsten Versuch waren wir vorgewarnt und drängelten kräftig mit. Ich schaffte es, mein Kollege aber blieb draußen zurück. Was tun? Ich fuhr bis zur nächsten Station und stieg dort aus, um auf ihn zu warten. Den nächsten Bus hatte er geschafft und wir konnten dann gemeinsam bis zu unserem Hotel fahren.

Importfreimachung

Importfreimachung war eine Forderung, die uns immer wieder beschäftigte. Wir sollten unabhängig von ‚Westimporten' bei der Fertigung unserer Produkte sein. Das erforderte oft kreative Lösungen oder besondere Anstrengungen bei der Materialbeschaffung. Bei unserem Röntgenspektrometer waren es vor allem zwei Baugruppen, die schwer beschaffbar waren; ein besonders rauscharmer FET-Transistor für die erste Stufe des Vorverstärkers und das Strahleneintrittsfenster des Detektors, damals eine dünne Folie aus Beryllium.

In der Literatur war beschrieben, dass der 2N4416 als Eingangstransistor geeignet ist. Allerdings mussten die Transistoren speziell ausgesucht werden, d.h. sie wurden zunächst durch Rauschmessungen bei Raumtemperaturen vorselektiert, dann entkapselt, mit einem Detektorkristall montiert, gekühlt und schließlich spektroskopisch vermessen. Das war ein aufwendiger aber notwendiger Prozess, um beste Energieauflösungen zu erreichen. Die Auswahlrate für gute Transistoren lag je nach Lieferung bei 10%. Aber wie sollte man einem Buchhalter beibringen, für 10 Geräte 100 derartige Transistoren von einem ausgewählten Hersteller, der auch noch die höchsten Preise verlangte, zu kaufen, und die dann auch noch mit harter Währung zu bezahlen? Also mussten andere Wege gesucht werden. Eine Variante war die Entwicklung eines eigenen Transistors. Das wurde im Frankfurter Akademie-Institut für Halbleiterphysik gemacht. Diese Zusammenarbeit war nur durch eine Win-Win-Situation möglich. Die Entwickler im Frankfurter Institut konnten die Funktionalität bestimmter Technologieschritte an den relativ einfachen Strukturen des Transistors erproben und wir bekamen nicht nur einen Transistor, sondern konnten dabei auch den Einfluss der verschiedenen Strukturparameter auf die Rauscheigenschaften studieren. Das Ganze kostete ca. eine halbe Million, allerdings Ostmark. Nicht wirklich preiswerter als die vielleicht 500 D-Mark für gekaufte FET-Transistoren, dafür aber nicht in harter Währung.

Eine andere Bezugsmöglichkeit für die Detektoren ergab sich mehr aus Zufall. Bei unserem Besuch in Peking Anfang 1990 fanden wir bei einem Ausflug in die Stadt eine Straße, in der es viele Elektronikläden gab. Beim Stöbern stellten wir dort fest, dass es den 2N4416 gab. Wir kratzten unsere Reisemittel zusammen und kauften eine Tüte davon. Einige konnten dann auch wirklich in unseren Geräten eingesetzt werden.

Ein anderes Materialproblem war die Bereitstellung des Strahleneintrittsfensters für den Detektor. Es durfte die Strahlung nur wenig absorbieren, musste also sehr dünn und aus einem sehr leichten Material sein, musste aber auch ausreichend fest sein, um den Differenzdruck zwischen dem Vakuum im Detektor und Atmosphärendruck auszuhalten. Üblicherweise wurden Beryllium-Folien mit Dicken von 8 -10 µm eingesetzt. Aber Beryllium ist giftig, kann heftige allergische Reaktion hervorrufen und ist ein strategisches Material, das als Moderator in Kernreaktoren eingesetzt wird. Darüber hinaus ist es sehr aufwendig, aus Beryllium eine dünne Folie herzustellen, da sehr schnell eine Versprödung nach einer plastischen Verformung eintritt. Die muss durch Weichglühen nach jedem Walzvorgang wieder beseitigt werden.

Die Folien waren also sehr schwer zu beschaffen. Eigentlich gab es nur eine Firma, die Be-Folien kommerziell anbot, und die war in den USA. Folien mussten also mit Dollar bezahlt werden. Für uns ergab sich ein anderer Ansatz an Be-Folien zu kommen auf Grund eines Hinweises meines Doktorvaters. Der war zu einem Aufenthalt in Akademgorodok bei Novosibirsk, um dort Diffraktionsmessungen am Synchrotron durchzuführen. Als er zurückkam sagte er mir, dort werden Beryllium-Folien beim Detektorbau eingesetzt. Wir bereiteten also eine Reise nach Novosibirsk vor. Natürlich war es nicht möglich, dort direkt nach den Be-Folien zu fragen, wir mussten also einen anderen Grund für den Besuch finden. Wir fuhren daher mit der Direktive in das dortige Institut für Kernphysik, eine Zusammenarbeit auf dem Gebiet des Gerätebaus zu initiieren. Im Institut für Kernphysik gab es damals die Gewohnheit, dass sich in jeder Mittagspause die erweiterte Institutsleitung an einem runden Tisch traf. Der war wirklich rund und hatte einen Durchmesser von etwa 3 m. In der ersten Reihe saßen die Großkopferten, also der Institutsleiter und die Bereichsleiter und einige Abteilungsleiter, in der zweiten Reihe dann Berater. In dieser Runde wurden alle für das Institut wichtigen Entscheidungen diskutiert und entschieden, eine bemerkenswerte innerbetriebliche Demokratie. Am ersten Tag ihres Besuches wurden auch alle ausländischen Gäste an diesen Tisch geladen, um sich und die Ziele ihres Besuches vorzustellen. Das taten wir also mit unserer glaubwürdigen Agenda. Dann zogen wir durch das Institut. Wir besuchten unzählige Büros mit Wissenschaftlern und machten für 10 – 15 min Smalltalk. Dann fragten wir beiläufig, nach Beryllium-Folien. Am dritten Tag wurden wir fündig. Wir fanden einen Experimentalphysiker, der Be-Folien in seinem Schreibtisch hatte. Die Dimension der Folien war 100 x 200 mm, aber 70 μm dick. Wir wurden gefragt, wieviel wir davon wollen. Und dann zählte er uns die Folien auf den Schreibtisch – eins, zwei, drei. Damit war der Zweck der Dienstreise nach drei Tagen erfüllt. Die restlichen zwei Tage sahen wir uns die Wissenschafts-Stadt und auch Novosibirsk an. Leider konnten wir nicht so lange draußen bleiben, denn es war Winter und wir hatten −30°C. Das war beeindruckend, denn die Feuchtigkeit in der Luft war gefroren und im Sonnlicht glitzerten kleinste Eiskristalle. Aber ein weiteres Ergebnis war dann wirklich eine Ausstellung der Gerätetechnik des ZWG in Akademgorodok.

Eine weitere von uns untersuchte Lösung war die Entwicklung eines Detektorfensters aus Polymerfolie. Damit die auch lichtdicht ist, musste sie mit einer dünnen Al-Schicht versehen sein. Wo bekam man solche Folien her? Das Institut Ardenne in Dresden produzierte zu dieser Zeit Hochleistungs-Elektronenkanonen zur Verdampfung von Metallen für effektive Beschichtungsprozesse z.B. von Kunststofffolien. Ein Kommilitone aus dem Studium war der Sohn des Barons vom Weißen Hirsch. Ich besuchte ihn und schilderte ihm unser Problem. Er sagte, kein Problem, wieviel Folie ich den benötigen würde, 50 m oder 100 m, benötigt hätten wir vielleicht 20 cm. Schließlich benutzten wir Kondensatorfolien. Die funktionierten auch sehr gut, die Transmission für niederenergetische Strahlung war nur unwesentlich schlechter als die von Beryllium-Fenstern. Wir waren froh und lieferten ein erstes System zum Werk für Fernsehelektronik, das in unmittelbarer Nähe zu unserem Firmensitz lag. Alles war gut, aber nach ca. 6 Wochen teilten uns die Betreiber des Systems mit, dass die Intensitäten der leichten Elemente Natrium und Magnesium deutlich abgenommen hätten. Wir holten den Detektor zu uns ins Haus, öffneten ihn, überprüften alles und fanden keinen Fehler. Wir dachten vielleicht war es nur ein Vakuumleck, bauten den Detektor wieder zusammen und installierten ihn wieder beim Nutzer. Nach 6 Wochen wiederholte sich das gleiche Spiel. Nun untersuchten wir die Ursachen etwas ausführlicher und stellten fest, dass die Polymerfenster zwar für Luft und auch He undurchlässig waren, aber nicht für Wassermoleküle. Wenn die durch das Fenster kamen, sahen sie zuerst die auf Stickstofftemperaturen gekühlten Detektoren. Sie erschraken sich dabei so, dass sie gleich kondensierten und eine dünne Eisschicht auf dem Detektor bildeten. Zum Öffnen des Detektors musste dieser aufgewärmt werden. Dabei sublimierte die Eisschicht und konnte nicht mehr festgestellt werden. Schließlich gingen wir wieder auf Be-Fenster über. Wahrscheinlich wäre etwas mehr Geduld und ein längeres Testen von Folien mit etwas dickerer Al-Schicht erfolgreich gewesen, aber die Kunden warteten. Jahre später wurden solche Detektorfenster Standard.

Das sind nur zwei Beispiele, bei denen eine Beschaffung im für uns zugänglichen Wirtschaftsraum nicht möglich war. Es gab aber unzählig viele andere Probleme, bei denen nicht die publizierten Lösungen zur Verfügung standen und wir neue Möglichkeiten finden mussten. Das führte letztendlich dazu, dass wir wirklich das Gerät in seiner ganzen

Komplexität und das Zusammenspiel der einzelnen Komponenten verstehen mussten. Das wiederum war dann nach dem Eintritt in die Marktwirtschaft Voraussetzung, schnell gute Lösungen zu finden.

Ein Beispiel dafür ist die Nutzung von Rechentechnik. Die Leistungsfähigkeit, d.h. Rechengeschwindigkeit oder adressierbarer Speicher der uns verfügbaren Rechner war mit denen in westlichen Wettbewerbsgeräten nicht vergleichbar. Daher benötigten wir Lösungen, vor allem Algorithmen, die trotzdem vergleichbare Ergebnisse erbrachten. Als diese dann nach der Wende auf den nun zur Verfügung stehenden leistungsfähigeren Rechnern liefen, waren Vorteile leicht zu erreichen.

Die Aufgaben eines Bereichsleiters

Aufgabenstruktur in einem sozialistischen Betrieb

Die Aufgaben in meinem Bereich unterschieden sich nicht wesentlich von denen, die ich nach der Wende unter marktwirtschaftlichen Bedingungen kennenlernte. Aufgabenplanung, Marktbeobachtung, Personalpolitik unterschieden sich kaum.

Deutliche Unterschiede gab es aber bei der Beschaffung von Materialien für die Fertigung und beim Vertrieb. Im Einkauf waren nicht nur 5 Mitarbeiter, d.h. 5% der Belegschaft beschäftigt, auch als Bereichsleiter war ich oft unterwegs, um mit den Zulieferern über die Bereitstellung von Materialien und Baugruppen zu verhandeln. Dafür war der Vertrieb der eigenen Produkte einfach. Wir sammelten über das gesamte Jahr die Anfragen von Interessenten, die nach einer Lieferung unserer Produkte anfragten. Im Herbst entschied ich dann mit einem Mitarbeiter, wer uns eine Bestellung senden darf. Dabei gab es eine klare Prioritätenliste – zuerst Akademieinstitute, dann Universitätsinstitute und am Schluss die Industrie. Diese Reihenfolge wurde allerdings immer dann unterbrochen, wenn sich ein Minister an den Präsidenten der Akademie wandte und um eine Lieferung bat. Das kam mehrfach vor. Dadurch war der Aufwand für den Vertrieb sehr übersichtlich und mit den im zweiten Leben dafür erforderlichen Aktivitäten in keiner Weise vergleichbar. Dafür wurde aber Einkauf deutlich einfacher. Hier zeigten sich für mich die wesentlichen Unterschiede zwischen Plan- und Marktwirtschaft besonders deutlich.

Personalpolitik

Personalpolitik war relativ schwierig. Generell war man an den vorgegebenen Stellenplan gebunden. Einstellungen darüber hinaus waren nicht möglich. Aber selbst bei verfügbaren freien Stellen war eine Besetzung nicht einfach. Ein Beispiel: als meine erste Sekretärin etwa ein Jahr nach meinem Debüt in Rente ging, brauchte ich eine Nachfolgerin. Eine Annonce in die Zeitung zu setzen hatte keinen Zweck, da sich auf Annoncen niemand meldete. Eher war es möglich, auf Annoncen mit Stellenanfragen zu antworten. Aber auch da war die Erfolgsquote sehr gering, auf etwa 40 Anfragen gab es eine Rückmeldung. Es bot sich also an, Mitarbeiter aus der Einrichtung zu akquirieren. Das gelang einmal aus der zentralen Personalabteilung, stellte sich aber als Fehlschlag heraus. Nach etwa drei Wochen teilte mir die Dame mit, dass sie nicht erwartet hatte, als Sekretärin so viel arbeiten zu müssen. Die Anstellung wurde dann auch bald aufgelöst, da es ihr nicht nur zu viel war, sondern sie auch einfach nicht mehr machte, als sie wollte.

Andererseits war es schwierig Mitarbeiter zu entlassen. Wir hatten eine Kantine für die Frühstücksversorgung und die Ausgabe des Mittagessens. Das Frühstück wurde von einer Küchenkraft vorbereitet, das Mittagessen in Thermophoren angeliefert und musste an die Mitarbeiter ausgegeben werden. Wenn die Küchenkraft am Morgen nicht erschien, hatte ich sofort feuchte Hände. Es war schwierig, jemand anderem diese Aufgabe zu übertragen. Nicht nur weil diese nicht besonders begehrt war, sondern auch, weil die anderen Mitarbeiter nicht über die geforderten Gesundheitszeugnisse verfügten. Einmal hatte ich eine neue Mitarbeiterin für die Kantine gefunden. Sie arbeitete in der ersten Woche ordentlich. Aber schon nach einer Woche hatte sie eine Flasche Korn in der Hand und vernachlässigte die Küche. Ab der dritten Woche fehlte sie dann unentschuldigt, sie war Alkoholikerin. Eine Kündigung von unserer Seite würde einen hohen Aufwand bedeuten; ein sozialistisches Kollektiv muss sich um seine schwachen Mitglieder kümmern. Einfacher erschien daher eine Kündigung durch die Mitarbeiterin. Ich entschloss mich daher, ihr eine solche nahezulegen. An einem Morgen fuhr ich mit meiner Assistentin zu der Dame nach Hause. Sie wohnte nicht weit vom Bereich. Als wir dort gegen 9.00 Uhr ankamen, wurde uns von ihrem Lebensgefährten geöffnet. Die Dame lag noch im Bett, d.h. im Inlett, das Bett war nicht bezogen. Sie hatte offensichtlich noch einen erheblichen Restalkoholpegel. Wir fragten sie, warum sie nicht zur Arbeit gekommen war und schlugen ihr vor, da sie ihre Aufgaben nicht erfüllt, doch die mitgebrachte Kündigung zu unterschreiben. Sie hatte schon den Kugelschreiber in der Hand, wurde dann aber von ihrem Lebensgefährten an der Unterschrift gehindert. Er wies sie lautstark darauf hin, dass mit der Kündigung auch ihre Bezüge entfallen würden. Nach diesem erfolglosen Versuch konnten wir nur unverrichteter Dinge abziehen. Ich übergab dem Personalchef die Angelegenheit mit der Bitte, dafür zu sorgen, dass diese Dame nicht mehr im Bereich auftaucht. Sie erschien auch nicht mehr, aber es dauerte fast zwei Monate bis die Kündigung durch war. In dieser Zeit war die Stelle noch besetzt und ich konnte mich weder um eine neue Küchenkraft bemühen noch einstellen. Also dauernd feuchte Händchen!

Andererseits war die ‚sozialistische‘ Intention, sich um die Mitarbeiter zu kümmern, durchaus sinnvoll. Durch das Eingehen auf persönliche Belange ist deren Motivation relativ einfach. Die Arbeitsleistung lässt sich durch die Berücksichtigung persönlicher Probleme und vor allem durch die Einbeziehung der Mitarbeiter in Entscheidungsprozesse dauerhaft viel besser ausschöpfen als durch Druck oder höhere Bezahlung. Andererseits ist das aber nicht bei allen Mitarbeitern möglich, und bei einigen noch nicht mal sinnvoll.

Rationierungsvorgaben

Ein anderer Unterschied zur Marktwirtschaft waren die viele Planteile, die zu beachten waren. Es gab nicht nur Vorgaben für die Entwicklungsaufgaben, für die Fertigung oder den Absatz, sondern auch z.B. den Abfallanfall, die Frauen- und Jugendförderung oder für Rationalisierungsaufgaben. So waren verschiedene täglich erforderliche Materialien rationiert, auch z.B. Benzin. Das Erdöl wurde zu günstigen Bedingungen aus der Sowjetunion eingeführt, in den Raffinerien der DDR aufbereitet und das Produkt Benzin zu Weltmarktpreisen exportiert, d.h. es gab dafür Devisen mit einer guten Marge. Das führte dazu, dass Benzin für den öffentlichen Verbrauch rationiert wurde, um möglichst viel exportieren zu können. Es gab also Vorgaben, wieviel Kosten für Benzin abgerechnet werden durften. Diese Beschränkung wiederum führte dazu, dass über das ganze Jahr Kraftstoff gespart wurde. Aber dann gegen Ende des Jahres, stellte man immer wieder fest, die Kontingente sind nicht ausgeschöpft. Das aber war notwendig, um keine Reduzierung der Zuteilung für das nächste Jahr zu provozieren. Daher erging zum Jahresende meist die Aufforderung, das bis dahin eingesparte Benzin doch noch zu kaufen. Wir, als Außenstelle mit besonderen Lagermöglichkeiten, wurden auch immer angesprochen. In einem Jahr sollten deshalb im Dezember der Kauf von ca. 500 l Benzin abgerechnet werden. Wir kauften das Benzin in Kanistern, aber 500 l sind 25 Kanister. So viele Kanister konnten nicht verrechnet werden. Wir lagerten das Benzin also in einer großen, nicht verschließbaren Tonne, die in einem speziellen Lager stand. Nachdem im neuen Jahr wieder neue Kontingente verfügbar waren, wurde der eingelagerte Kraftstoff nicht benötigt. Nach einigen Wochen fingen wir an, ihn an die Mitarbeiter zu vergünstigten Preisen zu verkaufen. Die schwarze Kasse freute sich darüber, sie wurde oft genug für die Beschaffung anderer schwer beschaffbarer Materialien benötigt.

Dieses sicher extreme, aber durchaus typische Beispiel zeigt, dass Rationierungen in der Regel nicht das gewünschte Ergebnis erbringen, sie sind eher kontraproduktiv. Ohne Rationierung wäre der Kraftstoffverbrauch über das Jahr kontinuierlich gewesen, aber nicht unbedingt höher.

Die Rationierungsplanung, hatte aber neben Nachteilen durchaus auch Vorteile. Die Nachteile waren der erhöhte bürokratische Aufwand, um die Rationalisierungsaufgaben zu formulieren und dann auch abzurechnen. Die Vorteile ergaben sich daraus, dass sich die Priorität von Aufgaben erhöhen ließ, die nicht zum eigentlichen Aufgabenplan des Bereiches gehörten, aber trotzdem wichtig waren. Das konnten z.B. die Verbesserung der Produktionsabläufe oder auch die Herstellung von speziellen Werkzeugen sein. Wir konnten dadurch einen Umbau der Bereichsstruktur durchführen und damit die Arbeiten rationalisieren. So wurden neue, besser schließende Kunststofffenster im gesamten Bereich auf Basis eines Rationalisierungsprojektes eingebaut und es wurde auch ein Fahrstuhl in den Bereich eingebaut. Unser Gebäude hatte drei Obergeschosse und das Prüffeld, in dem die Geräte fertiggestellt wurden, war in der obersten Etage. Von dort mussten die Geräte per Hand nach unten getragen werden. Es dauerte lange, bis wir eine Lösung für dieses Problem fanden, einen Lastenaufzug in dem großen Treppenauge. Im Rahmen eines Rationalisierungsprojektes wurde der dann eingebaut. Die erste ‚Lastfahrt‘ war ein Fass Bier von unserem Nachbarn, die besonders von den Prüffeldmitarbeitern begrüßt wurde.

Bei einem weiteren Projekt zeigte sich ein anderes, durchaus allgemeingültiges interessantes Phänomen, nämlich dass Unwissenheit und Sicherheitsbedürfnis von Verantwortlichen oft unnötige Schwierigkeiten bei der Durchführung von Arbeiten verursachen können. Im Bereichsgebäude gab es ein großes Treppenauge, etwa 3,5 m im Quadrat. In der obersten Etage lag über dem Treppenauge ein Doppel-T-Träger auf den Mauern, etwa 25 cm hoch, an dem ein Flaschenzug hing. Ursprünglich hatte der Flaschenzug eine Tragfähigkeit von 3500 kg. Der Flaschenzug wurde, als die Firma noch in Privatbesitz war, oft genutzt, um den Mercedes vom Chef in die Werkstatt in der ersten Etage zu befördern, um dort Reparaturen oder Wartungsarbeiten durchzuführen. Diese Tragfähigkeit wurde als wir der Akademie angehörten, unter Aufsicht des dortigen Sicherheitsinspektors in mehreren Stufen und ohne ersichtlichen Grund auf 500 kg heruntergestuft. Als Begründung wurde angegeben, die Tragfähigkeit des tragenden Mauerwerks hätte nachgelassen. Das war Unfug, denn das Mauerwerk hatte sich nicht verändert. Der Sicherheitsinspektor wollte einfach keine Verantwortung übernehmen und auf der sicheren Seite sein. Und so wurde die Tragfähigkeit Schritt um Schritt begrenzt.

Nun hatten wir den Plan, die Struktur des Bereiches mit dem Ziel zu ändern, den technologischen Durchlauf zu verbessern. Die mechanische Werkstatt mit drei Dreh- und drei Fräsmaschinen befand sich in der ersten Etage und sollte in das Erdgeschoß verlegt werden. Die Maschinen, die alle mit dem Flaschenzug in die 1. Etage gebracht worden waren, durften nun nicht mehr auf diesem Weg zurückgehen. Es war erforderlich einen Autokran zu bestellen, der die Maschinen aus einem Fenster herausheben und sie dann wieder über ein Fenster in die neue Werkstatt hereinheben sollte. Dazu mussten die Fenster extra durchgebrochen werden, also ein erheblicher Aufwand. Wir setzen einige Maschinen trotzdem mit dem Flaschenzug um, natürlich nach Feierabend, damit die unbeteiligten Mitarbeiter nicht in Gefahr gerieten. Es klappte auch alles problemlos. Allerdings kippte eine Drehmaschine beim Aufsetzen auf das Maschinenpodest um. Mit Hebeltechnik konnten wir das Problem lösen, die Maschine war auch nicht beschädigt. Am nächsten Tag mussten wir beim Sicherheitsinspektor antreten und ihm beichten, dass wir die Maschinen umgesetzt hatten. Er war sauer, akzeptierte aber auch, dass die Arbeiten abgeschlossen waren, erwähnte aber auch mit keinem Wort, dass die von ihm reduzierte Tragfähigkeit des Flaschenzuges überschritten wurde.

Rechentechnik

Der Einsatz von Rechentechnik im Gerätebau steckte in den 80-iger Jahren noch in den Anfängen. Meist wurden Kleinrechner wie der PDP11 eingesetzt. Die waren relativ groß und vor allem kostspielig, so dass sie nicht in die Geräte integriert, sondern extern beigestellt wurden.

Die Entwicklung von Mikrorechnern oder gar Personal-Computern begann in der Mitte der 80-iger Jahre. Das Büromaschinenwerk Sömmerda, eigentlich Hersteller von Druckern, bekam den Staatsauftrag einen PC zu entwickeln und herzustellen. Die Komplexität der dazu erforderlichen Schaltungen erforderte den Einsatz mehrlagiger Leiterkarten. Aber Sömmerda hatte keine Möglichkeiten deren Entwurf durchzuführen. Am ZWG gab es sowohl einen Arbeitsplatz zum Entwurf mehrlagiger Leiterkarten als auch einen Laserdrucker für die notwendigen Fotovorlagen. Beides waren Westimporte, jeweils von einem PDP11 gesteuert. Vom ZWG wurde angeboten, den Entwurf der Rechnerplatinen für den PC 1715 in unserem Haus zu realisieren. Als Gegenleistung sollten uns einige Rechner bereitgestellt werden. Das war allerdings nicht einfach, da alle hergestellten Rechner über das Politbüro der SED verteilt wurden. Wir bekamen also nur wenige Rechner – produziert aus eingesparten Materialien! Die boten aber für die Entwicklung unserer Gerätetechnik keine Basis. Die Rechner wurden vorrangig als Bürorechner eingesetzt, natürlich zuerst bei den Sekretärinnen der Chefs.

Damals zeichneten sich bereits deutlich die Tendenzen für den Einsatz von Rechentechnik in der Gerätetechnik ab, es würden, wie man damals sagte, vorwiegend IBM-kompatible Rechner sein. Um hier auf dem Laufenden zu sein und diesen Schritt mitgehen zu können, war die Beschaffung von entsprechenden Rechnern unumgänglich. Aber wie sollten die importiert werden? Es bot sich eine überraschende und nicht unbedingt naheliegende Gelegenheit. Einige Musik-Bands der DDR hatten Auftritte in der BRD und erhielten dort natürlich ihre Gagen in Valuta. Nach den ersten Aufritten setzten sie diese zunächst in Unterhaltungselektronik und auch Möbel für den Eigenbedarf um, aber bald waren die Wünsche für den Eigenbedarf erfüllt und man wollte nun Geld verdienen. So konnten auf verschlungenen Pfaden Bestellungen z.B. für Rechner aufgegeben werden. Das war am Lukrativsten, der Umrechnungskurs war etwa 20fach. Wir bestellten auf diesem Wege einen IBM-kompatiblen 386ax mit Farbbildschirm, der 4000 D-Mark kostete. Die Übergabe des Rechners erfolgte vor einem offiziellen An- und Verkaufshandel in der Rosenthaler Str. in Berlin. Dort wurde der Papierkram abgewickelt, den Rechner selbst wurde in dem Laden aber nie gesehen. Der wurde auf der Straße von einem Auto ins andere geladen. Die Bezahlung von 80 000 Ostmark erfolgte in bar, auch auf der Straße. Wie das Geld beschafft wurde ist mir noch heute unklar, aber wir hatten einen IBM-kompatiblen PC, den ersten im ZWG.

Als der PC im Bereich war, wurde sorgsamst damit umgegangen. Er wurde in einem speziellen Raum aufgestellt, unserem Rechnerraum. Für die Nutzung wurde ein Plan erstellt. Die Software-Ingenieure konnte stundenweise ihre Entwicklungsarbeit daran durchführen – das versprach damals eine gute Effektivität! Die Mittagspause wurde speziell für die restlichen Mitarbeiter freigehalten. Die spielten dann Tetris oder Pacman. Ich fand das durchaus sinnvoll, da auf diesem Wege Erfahrungen beim Umgang mit dem Rechner, insbesondere mit der Bedienung mittels Maus gewonnen werden konnten. Immerhin wurde es auf diesem Weg möglich, dass die im ZWG entwickelte neue Generation eines energiedispersiven Röntgenspektrometers das erste PC-gesteuerte auf dem Markt war. Die Markteinführung dieses Gerätes erfolgte allerdings erst nach der Wende. Dann bereitete auch die Bereitstellung von Rechnern kein Problem mehr.

Längerfristige Planung und Buchprojekt

In etwa 5-jährigen Abständen waren wir angehalten, eine längerfristige Vorausschau für die Entwicklung unserer Hauptprodukte zu erstellen. Wir nannten das Themenprogramm und seine Erarbeitung war immer mit einem hohen Aufwand und umfangreichen Recherchen verbunden. Dazu wurden kompetente Wissenschaftler zu meist zweitägigen Klausurberatungen eingeladen, von denen in Schwerpunktvorträgen Forderungen für die Analytik aufgestellt wurden. Alle F&E-Mitarbeiter waren in die Diskussionen eingebunden und es wurden Forderungen und Perspektiven aufeinander abgestimmt. Wir leiteten Schlussfolgerungen für unsere nächsten Aufgaben daraus ab und fassten diese in dem Themenprogramm zusammen. Eines habe ich noch aus der Mitte der 80iger Jahre, aufwändig auf Wachsplatinen geschrieben und mit XEROX vervielfältigt. Es ist erstaunlich mit welcher Treffsicherheit Entwicklungen für die energiedispersive Röntgenanalytik seinerzeit vorausgesagt wurden. Eines war jedoch überhaupt nicht für uns vorauszusehen – die rasante Entwicklung der Rechentechnik und deren Integration in die Gerätetechnik. Heutzutage werden solche Vorausplanungen auch gemacht – allerdings heißen sie jetzt neudeutsch Road Map.

Ende der 80-iger Jahre stand die energiedispersive Röntgenfluoreszenzspektroskopie noch in ihren Anfängen. Es herrschte die Annahme vor, dass ‚richtige‘ Analytik nur mit wellenlängendispersiven Spektrometern betrieben werden kann. Energiedispersive Analytik wurde in der RFA als Screening-Methode abgetan, bei REMs als interessant angesehen, aber noch nicht als wirklich quantitativ akzeptiert. Andererseits zeichneten sich bereits viele interessante Applikationsansätze ab. Wir entschlossen uns, das in einem Buch darzustellen. Mit dem Deutschen Verlag für Grundstoffindustrie gab es schon einen Vertrag. Das Buch sollte nach einem einleitenden Kapitel zu den wesentlichen Grundlagen der Röntgenphysik und Röntgenspektroskopie weitere Kapitel zum Aufbau von Si(Li)-Detektoren und deren Leistungsfähigkeit sowie zu den möglichen spektroskopischen Anwendungen enthalten. Dabei sollten die Anregung mit Elektronen (SEM-EDS), mit Röntgenstrahlung (RFA) und mit Protonen (PIXE) behandelt werden, aber auch Anwendungen in der energiedispersiven Diffraktometrie beschrieben werden. Mit den für die einzelnen Kapitel vorgesehenen Autoren hatte ich als Editor schon ausführliche Gespräche geführt und die Kapitelinhalte abgestimmt. Aber dann kam die Wende und alle Autoren hatten nun ganz andere Probleme. Eine zusätzliche Arbeit neben dem eigentlichen Job, der bei allen plötzlich in Frage stand, war in dieser Zeit nicht vorstellbar. Das Projekt wurde also begraben, obwohl schon erste Textentwürfe vorlagen.

Zusammenarbeit mit den betrieblichen Nachbarn

Im Industriegebiet Schöneweide waren verschiedene Betriebe angesiedelt. Unsere direkten Nachbarn waren auf der einen Seite das bereits erwähnte Braunkohle-Heizkraftwerk und auf der anderen Seite eine Brauerei. Mit dem Heizkraftwerk verband uns vor allem der dort produzierte Staub. Die Braunkohlenbriketts, d.h. deren Bruch wurde mit einem Kran aus Schiffen auf der Spree entladen und in einen Bunker aus einer Höhe von etwa 5 m fallen gelassen. Dabei wurde bei Wind der gesamte Staub durch die Gegend geweht. Unglücklicherweise lag unser Gebäude in der Hauptwindrichtung, d.h. wir bekamen meist den gesamten Staub ab. Das war für eine feinmechanische Fertigung ein großes Übel, besonders angesichts der in den ersten Jahren schlecht schließenden Fenstern. Jahrelang mussten in der Fertigung über Nacht die Halbfabrikate in Kunststofffolie eingepackt werden, um deren Verschmutzung zu vermeiden. Nach langen Kämpfen wurden die alten Holzfenster durch neue Plastikfenster ersetzt, die deutlich besser schlossen. Trotzdem waren der Staub und auch die schwefelhaltige Luft, die bei der Verbrennung der Braunkohle entstanden, allgegenwärtig.

Die Zusammenarbeit mit der Brauerei Bärenquell war dagegen deutlich erfreulicher. Wer wünscht sich nicht eine Brauerei als Nachbarn? Sie war in einem Komplex sehr alter Backsteingebäude untergebracht.

Industriearchitektur aus den 20iger Jahren, richtig schön. Die Fermentation wurde dort noch in offenen Trögen mit Maßen von etwa 2 m Breite, 4 m Länge und 2 m Tiefe durchgeführt. Da die Alkoholgärung ein biologischer Prozess ist, in den offenen Trögen sich die Temperaturen aber nicht regeln ließen sowie die Reinigung der Tröge jeweils unterschiedlich war und auch die Qualität der Ausgangsstoffe wechselte, schwankte auch die Qualität des Bieres in jedem Ansatz. Die Qualität wurde gehalten, indem der Braumeister durch Mischung einen weitgehend gleichbleibenden Geschmack des Bieres sicherte. Allerdings, wenn man den Brauereidirektor besuchte, bot er seinen Gästen immer nur Bier aus den guten Ansätzen an. Und das geschah bei jedem Besuch, auch schon morgens um 9.00 Uhr. War das vielleicht auch der Grund, weswegen ich ihn öfter besuchte als er mich?

Die Zusammenarbeit vollzog sich zu beiderseitigem Vorteil. Wir boten der Brauerei gelegentlich unsere Messmöglichkeiten und den Einsatz unserer Elektroniker zur Lösung einiger regelungstechnischer Probleme an. Im Gegenzug wurde unser Bereichsgebäude durch den bewachten Betriebseingang der Brauerei gesichert und unsere Mitarbeiter konnten in den letzten Jahren die Kantine der Brauerei mitbenutzen und bekamen dort Frühstück und Mittag. Das befreite mich von der großen Last, immer für die Besetzung unserer Küche sorgen zu müssen.

Im Oktober 1989 standen große Feierlichkeiten an, die DDR feierte den 40igste Jahrestag ihrer Gründung. Die Brauerei beging aber erst ihren 30igsten Jahrestag. In der Brauerei wurde aus diesem Anlass ein spezielles Jubiläumsbier gebraut. Das zeichnete sich durch eine besondere Qualität aus und wurde auf dem gesamten Weg von der Abfüllanlage bis zur Lagerung von Mitgliedern der Leitung der Brauerei beaufsichtigt, um einen unkontrollierten Abgang zu verhindern. Die Information über das Jubiläumsbräu gelangte auch zu uns und weckte großes Interesse. Als der Tag des Jubiläums heran war, beschaffte ich mir einen großen Blumenstrauß und machte meine Aufwartung beim Brauereidirektor. Nach dem üblichen Smalltalk fragte er mich, ob ich ein Bier trinken wolle und öffnete zwei Halbliterflaschen des begehrten Gerstensafts. Der Schaum war nicht nur reichlich, sondern vor allem sehr dick und haltbar. Selbst nach 20 min stand er noch auf dem Glas. Der Alkoholgehalt des Biers war auch recht hoch, weshalb eine Wirkung schon nach dem halben Liter deutlich spürbar war. Mir wurde versichert, dass dieses Bier nur aus eingesparten Materialien gebraut wurde. Eigentlich schade, dass aus den nicht eingesparten Materialien nur ein weniger gutes Bier produziert wurde.

Bei dem Gespräch fragte ich, warum denn nur der 30igste Jahrestag gefeiert würde, wo doch alle über den 40igsten redeten. Diese Brauerei gehörte vor dem Krieg zu den Berliner Schultheiß Brauereien, deren Zentrale sich im westlichen Teil der Stadt befand. Nach dem Krieg hatte die Bevölkerung so wenig Geld, dass eher harte Sachen, wie Korn oder Wodka, getrunken wurden. Das erzielte schneller die erwünschte Wirkung. Daher mussten die Brauereien schließen. Dann in den 50iger Jahren verbesserte sich der Lebensstandard und der Bierkonsum stieg wieder. In dieser Zeit wurde unsere Nachbarbrauerei wiedereröffnet, aber da sie im Ostteil der Stadt ansässig war, nicht mehr unter dem Namen Schultheiß, sondern mit dem neuen Namen Bärenquell. Daher der 30igsten Jahrestag im Jahr 1989.

Am Ende meines Besuches erhielt ich natürlich noch einen Kasten von dem Jubiläumsbräu mit. Als ich auf den Hof unseres Bereiches kam, schauten schon einige Mitarbeiter aus dem Fenster und es ging ein Ruf durch den Bereich: „Er hat das Bier". Schon im Eingangsbereich war der Kasten geleert und alle waren sich dann einig über die Qualität.

Nationale Zusammenarbeit

Es gab natürlich viele Wechselwirkungen in der eigenen Einrichtung, mit anderen Instituten der Akademie aber auch mit weiteren Kooperationspartnern; für uns waren das vor allem der Meteorologische Dienst und die TU Dresden. Aber auch in der Industrie gab es wichtige Partner.

Akademie der Wissenschaften

Die Aktivitäten des ZWG umfassten einen sehr breiten Themenbereich. Von den zuletzt 1700 Mitarbeitern wurden viele Gebiete des Gerätebaus bearbeitet. In der Spektroskopie wurde mit NMR und EPR, mit der IR-FT-Spektroskopie, mit zeitaufgelöster optischer Spektroskopie sowie mit der Röntgenspektroskopie fast das gesamte Frequenzspektrum abgedeckt. Daneben wurden Chromatographen für die GC und die HPLC hergestellt, Fermentatoren und Inkubatoren für die Untersuchung biologischer Prozesse in flüssigen und gasförmigen Phasen gebaut sowie Ausrüstungen für die Kristallzüchtung entwickelt und hergestellt. Schließlich wurden auch optische Bauelemente gefertigt. Daneben waren auch fast alle für die Produktion dieser Geräte erforderlichen Gewerke verfügbar, also mechanische und elektronische Werkstätten, Einrichtungen für die Herstellung von Leiterkarten und selbst eine Lackiererei und eine Galvanik. Darüber hinaus auch eine Tischlerei für die

Verpackung der Geräte und alle notwendigen Gewerke, um den Betrieb aufrechtzuerhalten.

Über das breite Spektrum der Geräteentwicklung konnten sich alle wissenschaftlichen Mitarbeiter in Institutsseminaren, öffentlichen Verteidigungen der Themenfortschritte und auch Doktorandenseminare informieren. Hierbei gewannen wir nicht nur umfangreiche Kenntnisse bezüglich der verschiedenen Analysetechniken und des Gerätebaus, es ergaben sich auch viele Anregungen aus den Ergebnissen der Kollegen für die eigene Arbeit.

Die Zusammenarbeit mit den anderen Einrichtungen der Akademie der Wissenschaften ergab sich durch deren Bedarf an spezieller Gerätetechnik. Oft wurden aus der Grundlagenforschung in den Akademieinstituten neue Analysemethoden entwickelt, deren Ergebnisse dann bei allgemeinerem Interesse in das ZWG überführt wurden, um sie so anderen Instituten der Akademie oder Universitäten zur Verfügung zu stellen. Das verlangte einen frühzeitigen Informationsaustausch, um die für die Fertigung erforderlichen Technologien abzustimmen und um die gerätetechnischen Zielstellungen und die Terminabläufe zu definieren. Die Richtlinien dazu wurden durch die Institutsleitungen vorgegeben, die wesentlichen Abstimmungen erfolgten durch die eigentlichen Bearbeiter.

Die Übertragung einer Sonderaufgabe an den nominellen stellvertretenden Direktor für Forschung und Entwicklung des ZWG machte es notwendig, diese Stelle vorübergehend neu zu besetzen. Der Direktor kam auf die Idee, dazu ein Rotationsprinzip einzuführen. Er war der Meinung, anstatt sich über den F/E-Direktor zu beschweren, sollten wir Bereichsleiter diese Funktion jeweils für ein Jahr im Wechsel übernehmen. Ich hatte auch diese Ehre. In dieser Zeit gab es viele Abstimmungen mit dem Zentralinstitut für Optik und Spektroskopie (ZOS), das später Grundstein für das Max-Born-Institut war. Mit dem ZOS wurden in dieser Zeit verschiedene Entwicklungen auf dem Gebiet der zeitaufgelösten optischen Spektroskopie durchgeführt. Einige davon landeten dann auch in meinem Bereich. Entsprechend der geltenden Entwicklungsordnung wurden alle Entwicklungen in vorgegebenen Stufen abgearbeitet. Die Verteidigungen der Ergebnisse wurden immer mit großem Aufwand vorbereitet und stießen nicht bei allen auf große Begeisterung. In der Nachschau muss ich aber feststellen, dass die Vorgaben der Entwicklungsordnung sehr sinnvoll waren. Sie gaben bestimmte Etappen vor, bei denen die Entwicklungen auf ihre Durchführbarkeit und ihren Stand überprüft wurden und sie gab auch vor, welche Fragestellungen insgesamt zu berücksichtigen waren. Einige davon erschienen nicht immer sinnvoll, konnten dann aber vernachlässigt werden. Sie boten aber eine Anleitung, an was alles zu denken war. Insbesondere bei der Übergabe der Verantwortung für eine Geräteentwicklung war das wichtig. Dadurch wurden übermäßige spätere Nachforderungen etwa von Entwicklungsunterlagen vermieden. Das war umso wichtiger, da die Übergabe der Entwicklungsergebnisse kostenlos erfolgte, und damit keine Druckmittel mehr vorhanden waren.

Später im zweiten Leben wünschte ich mir oft vergleichbare Prozeduren. Am Ende meiner Berufstätigkeit wurden dann in der Tat vergleichbare Vorgehensweisen wieder eingeführt. Eine bessere Koordinierung des Entwicklungsprozesses und eine präzisere Projektplanung waren das Ziel.

Ein bereits genannter wichtiger Partner war für uns das Institut für Meereskunde in Warnemünde, mit dem wir verschiedene Geräte zur Erfassung meteorologischer Parameter und ozeanologischer auf Forschungsschiffen bearbeiteten. Mit dem Zentralinstitut für Isotopen- und Strahlenforschung (ZIS) in Leipzig wurden ebenfalls gemeinsame Projekte bearbeitet, etwa die Entwicklung des bereits erwähnten Bildbearbeitungssystems Densitron. Es wurde aber auch die Entwicklung von Röntgenspektrometern diskutiert. Im ZIS wurden Geräte zur Schichtdickenbestimmung entwickelt, deren Fertigung uns angetragen wurde. Allerdings konnten wir uns damals nicht zu einer Übernahme entschließen. Die eigene zu geringe Personalkapazität, vor allem aber das hauptsächliche industrielle und nicht akademische Interesse an dieser Analysentechnik waren der Grund. Im ZIS wurde auch die Entwicklung von Proportionalzählern betrieben, bei denen durch die Kombination mit Photonendetektoren höhere Auflösungen erreichbar waren. Die waren aber immer noch deutlich schlechter als bei unseren Si(Li)s und gerätetechnisch auch ziemlich aufwendig. Daher sahen wir auch hier von einer gemeinsamen Arbeit ab. Diese Detektoren konnten sich dann auch nicht durchsetzen.

Meteorologischer Dienst der DDR

Die enge Zusammenarbeit mit dem Meteorologischen Dienst der DDR (MD) ergab sich durch die Tatsache, dass wir mit unseren Geräten das Messnetz des Dienstes ausstatteten und darüber hinaus auch die meteorologischen Dienste anderer osteuropäischer Länder belieferten. Das waren neben Sensoren für verschiedene Wetterparameter, wie etwa

Lufttemperatur und Feuchtigkeit, Windrichtung und -geschwindigkeit, Regenmenge, Sonnenscheindauer und -intensität oder Reifablagerung auch Sonden zur Bestimmung des atmosphärischen Ozons. In den ersten Jahren meiner Tätigkeit in Schöneweide gab es vor allem zur Qualität der Ozonsonden viele Diskussionen. Die Ozonsonden waren elektrochemische Sensoren, bei denen Luft durch eine Elektrolytlösung gepumpt wurde. Der Ozon in der Luft reagierte mit dem Elektrolyten und es kam zu einem Stromfluss, der zur Modulation eines Senders genutzt wurde. Das Ganze war in einem Styropor-Gehäuse verpackt, um es einigermaßen temperaturstabil zu halten. Die gesamte Sonde wog knapp 1 kg und wurde an einen Wasserstoffballon gehängt. Während der Ballon auf der Erde einen Durchmesser von ca. 2 m hatte, dehnte er sich beim Aufstieg durch den geringeren Luftdruck in der oberen Atmosphäre aus. Bei Durchmessern von etwa 10 m in einer Höhe von 20 – 25 km platzte er. Die Sonde fiel herunter und wurde in der Regel nicht mehr gefunden, da sie stark abdriftete. Aber selbst, wenn sie gefunden wurde, konnte sie nicht mehr genutzt werden. Es gab also immer Nachlieferbedarf und keine Serviceprobleme. Da Ozon nur in Spuren in der Atmosphäre vorhanden ist war eine hohe Empfindlichkeit für den Nachweis erforderlich. Allerdings ergaben sich gegenüber anderen Luftverunreinigungen, insbesondere Schwefel, hohe Querempfindlichkeiten. Da wir ein Heizkraftwerk als Nachbarn hatten, in dem schwefelreiche Braunkohle aus der Lausitz verarbeitet wurde, ergaben sich immer Qualitätsprobleme bei der Fertigung der Sonden. Daher entschlossen wir uns, die Fertigung auszulagern. Einer unserer Mitarbeiter war Besitzer einer Villa in Oranienburg vor den Toren Berlins, in grüner Umgebung. Bei ihm mieteten wir zwei Souterrain-Räume. Der Mitarbeiter konnte nun morgens in Hauspantoffeln in den Keller gehen und dort die Montage und Prüfung der Sonden vornehmen, die Einzelteile wurden angeliefert.

Der Aufstieg der Ozonsonden erfolgte in der DDR nur an wenigen Stellen, in Abhängigkeit von der Jahreszeit ein- bis dreimal die Woche. Aber es gab weltweit nur noch einen weiteren Hersteller von Ozonsonden, in den USA. Daher wurde auch der gesamte Markt in Osteuropa von uns beliefert. Es wurden jährlich einige Hundert der Sonden gefertigt. Mit diesen Sonden wurde auch das Ozonloch in den 80iger Jahren über der Antarktis bestätigt und vermessen. Nachdem mittels Satellitenmessungen eine Abnahme des Ozons dort festgestellt wurde, konnte durch die Messungen mit unseren Sonden eine Anbindung an die Werte am Boden und damit eine absolute Quantifizierung vorgenommen werden.

Abb. 3: Automatische Fernmeldende Meteorologische Station
(AFMS)

In der Mitte der 80-iger Jahre konzentrierte sich die Zusammenarbeit mit dem Meteorologischen Dienst auf die Entwicklung einer automatischen Wetterstation, siehe Abb. 3. Die sollte in etwa 80 Exemplaren gebaut werden und das gesamte Messnetz des MD automatisieren. Dazu war es erforderlich, auch einige der von uns gefertigten Sensoren zu überarbeiten, damit deren Signale von der Station verarbeitet werden konnten. Die gesamte Steuerung erfolgte durch einen DOS-Rechner.

Die Station war einerseits relativ unkompliziert da nur einfache, unter keinem Zeitdruck stehende Signalaufbereitungen erforderlich waren, andererseits hatten diese aber auch eine gewisse Komplexität, da Wetterphänomene sich in sehr unterschiedliche Zeitzyklen verändern. Der Wind ändert sich schnell und oft, der Luftdruck oder die Sonnenstrahlung dagegen langsamer und Regen muss nur erfasst werden, wenn er fällt. Darüber hinaus war eine hohe Zuverlässigkeit unabdingbar. Für die Datenübertragung sollte das vorhandene, aber nicht immer sichere Telexnetz genutzt werden. Dazu waren viele Abstimmungen mit dem MD, insbesondere dem Meteorologischen Hauptobservatorium auf dem Potsdamer Telegrafenberg erforderlich. Die Entwicklung der AFMS wurde um die Wendezeit abgeschlossen und es wurde eine erste Serie gebaut. Die geplante Überführung in eine industrielle Produktion wurde dann nicht mehr realisiert. Der dann verfügbare Markt verfügte über andere

Anbieter, die nach der Übernahme des MD durch den bundesrepublikanischen Deutschen Wetterdienst für die Neuausrüstung des Messstellennetzes in den neuen Bundesländern zum Zuge kamen.

Universitäten

Wichtige Kooperationspartner für uns waren zwei Institute der TU Dresden. Eines war das Institut für Metall- und Röntgenphysik, in dem ich meine Ausbildung genossen hatte und in dem bereits seit vielen Jahren gerätetechnische Grundlagen für Röntgenspektrometer untersucht wurden, allerdings bis dahin nur für wellenlängendispersive Geräte. Das andere war das Institut für Kernphysik in Pirna-Copitz, in dem man sich mit der energiedispersiven Röntgenspektroskopie beschäftigte. Mit beiden Instituten war die Zusammenarbeit intensiv und fruchtbar. Die dort gewonnenen Erkenntnisse zur Röntgenspektroskopie, etwa zum Aufbau von Spektrometern aber insbesondere zu den Auswertealgorithmen der gemessenen Spektren setzten wir in unseren Geräten um. Diese Zusammenarbeit wurde von beiden Seiten kostenfrei abgewickelt. Die Universität wurde aus dem Staatshaushalt komplett finanziert, musste aber die Relevanz ihrer Arbeiten für die Industrie nachweisen. Das war durch die Zusammenarbeit mit dem ZWG gegeben. Wir konnten die Entwicklungsergebnisse gratis in unseren Geräten umsetzten. Dafür wurden die ersten Gerätemuster kostenlos der TU bereitgestellt, damit dort weitergearbeitet werden konnte. Damit ergab sich eine Situation, die damals noch nicht Win-Win genannt wurde, aber dennoch für beide Seiten vorteilhaft war. Darüber hinaus gelangten wir schon rechtzeitig mit Studenten in Kontakt, die in ihrer speziellen Ausbildung und in ihren Qualifizierungsarbeiten Themen bearbeiteten, die für uns relevant waren und deren Ergebnisse sie dann nach ihrer Einstellung ohne aufwendige Einarbeitungszeit direkt bei uns einbringen konnten. Das war eine wesentliche Voraussetzung für den Erfolg unserer Arbeit. Dabei wurden neben dem Aufbau der ersten energiedispersiven Detektorsysteme, die damals vorrangig für die Elementanalytik an Elektronenmikroskopen eingesetzt wurden, auch Module für die rechnergestützte Gerätesteuerung entwickelt. Vor allem wurden aber Modelle für eine standardfreie Quantifizierung unter Nutzung des spektralen Untergrundes sowie für die Korrektur der gemessenen Spektren bezüglich auftretender Detektorartefakte entwickelt. Diese Ergebnisse wurden in den ca. 80 Detektorsystemen umgesetzt, die zwischen 1982 und 1989 vor allem für den Einsatz in der Elektronenmikroskopie genutzt wurden, aber auch in einem ersten Röntgen-Fluoreszenz-Spektrometer sowie für einen PIXE-Aufbau.

In den Jahren 1986/87 wurde eine neue Aufgabe an uns herangetragen. Ausgangspunkt war der Plan für eine breitgefächerte Prospektion der geologischen Situation auf dem Gebiet der DDR. Anhand der Verteilung von Spurenelementen sollten mögliche Lagerstätten wertvoller Mineralien gefunden werden. Das bedeutete eine Vielzahl zu analysierender Proben, es war von mehreren Tausend Proben die Rede, die in einem breiten Elementbereich und bis in den Spurenbereich zu analysieren waren. Eigentlich hätte sich die Nutzung der Plasmaspektroskopie (ICP) dafür angeboten, die zu dieser Zeit gerade im VEB CZ Jena entwickelt wurde. Allerdings war abzusehen, dass diese Geräte vorrangig in die Sowjetunion geliefert werden würden und nicht für den Eigenbedarf in der DDR zur Verfügung stehen würden. Aus diesem Grund wurde über den Einsatz der RFA nachgedacht. Wellenlängendispersive Geräte wären verfügbar gewesen, hatten jedoch keine ausreichende Empfindlichkeit für schwere Elemente. Für das hohe Probenaufkommen waren die Messzeiten außerdem zu lang. Die TU Dresden schlug daher vor, durch die Nutzung von polarisierter Strahlung zur Anregung der Röntgenfluoreszenz den spektralen Untergrund bei der energiedispersiven Röntgenspektroskopie deutlich zu reduzieren und so die geforderten Nachweisgrenzen zu erreichen. Dieses Konzept wurde gemeinsam mit dem ZWG erprobt und als Funktionsmuster aufgebaut. Das war dann auch die Basis für Aktivitäten nach der Wende.

Daneben gab es auch mit anderen Universitäten eine Zusammenarbeit, die sich aber meist auf die Bereitstellung von bei uns gefertigten Geräten bezog.

Industrie und öffentliche Einrichtungen

Auch die Zusammenarbeit mit der Industrie war auf unsere Geräteproduktion fokussiert. Oft erreichten uns Anfragen aus der Industrie nach unseren Geräten, die aber in der Regel abschlägig beschieden wurden. Es gab zwei Ausnahmen – eine wurde bereits genannt, die Anfragen von Industrieministerien an den Präsidenten der Akademie, die bei uns als Weisung zum Verkauf landeten. Weitere Ausnahmen suchten wir uns selbst aus – und zwar immer dann, wenn es um Betriebe ging, deren Produkte für unsere Fertigung interessant waren, die uns aber nicht wunschgemäß belieferten. Dann stellten wir ein Agreement her, dass unsere Gerätebereitstellung zukünftig mit einfacheren Lieferungen an uns vergolten wird. Dieser Schritt zur Tauschwirtschaft setzte aber immer auch einiges Fingerspitzengefühl voraus. Eine solche Kooperation gab es z.B. mit dem Mansfeld Kombinat, von denen wir dann Cu-Drähte und Al-Platten bezogen.

Gelegentlich gab es auch Anfragen von öffentlichen Einrichtungen für die Lösung spezieller Aufgaben. Als 1987 das Zeiss-Großplanetarium in Berlin an der Prenzlauer Allee eingeweiht wurde, wünschte man sich eine Lasershow, um die Eröffnung eindrucksvoll zu gestalten. Die Laser standen schon zur Verfügung, aber es wurden schnelle Spiegel benötigt, um die Figuren zu zeichnen. Das war zu dieser Zeit noch nicht realisierbar, vor allem fehlte aber der Zugriff auf schnelle Rechentechnik zu deren Steuerung.

Bei einem anderen Projekt waren wir erfolgreicher. Es ging um die Ziehung der Lottozahlen im Fernsehen. Bei der genutzten Anlage wurde von einer Kugel, die eine Spirale herabrollte, ein Kegel mit der jeweils gezogenen Zahl umgestoßen. Dabei gab es aber gelegentlich Durchroller, also Fehlziehungen. Das galt es zu vermeiden. Die neue Anlage sollte deutlich das Zufallsprinzip zeigen, durfte aber nicht der im Westfernsehen genutzten Lösung zu nahe sein. Der Auftrag wurde von einer speziell zusammengestellten Gruppe von Konstrukteuren und Facharbeitern bearbeitet, genau zu der Zeit als ich F&E-Direktor des ZWG war. Anfangs gab es viele Diskussionsrunden, intern und auch mit dem Fernsehfunk. Schließlich wurde der ‚Triesel', siehe Abb. 4, gebaut, in zwei Exemplaren, damit ständig ein Backup verfügbar war.

Beim Triesel wurden mit Nummern gekennzeichnete Tischtennisbälle - wie beim Westgerät - in ein rotierendes Gefäß gefüllt und dort durch die Zentrifugalkraft den Rand hinaufgetrieben. Beim langsamen Abstoppen der Rotation fiel dann eine Kugel in den Auffangbehälter und galt als gezogen.

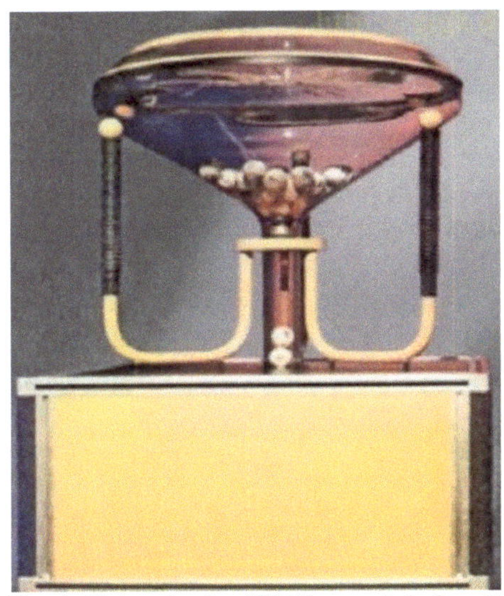

Abb. 4: Triesel – im ZWG entwickeltes Lottoziehgerät für den Deutschen Fernsehfunk

Internationale Zusammenarbeit

Ein wichtiger Teil der internationalen Zusammenarbeit vollzog sich vorrangig mit den Schwestereinrichtungen der Akademien der Wissenschaften. In erster Linie natürlich mit Einrichtungen in der Sowjetunion, aber auch mit denen in den anderen sozialistischen Ländern. Wir besuchten Moskau, Szeged (Ungarn), Plovdiv (Bulgarien) und Poznań (Polen) im Rahmen der regelmäßig stattfindenden Ausstellung Naucpribor und auch einzelne Akademieeinrichtungen, um die Zusammenarbeit zu koordinieren. So gab es z.B. einen Besuch in Debrecen. Dort gab es eine Gruppe, die Si(Li)-Detektoren herstellte und auch interessante Ergebnisse bei der Entwicklung digitaler Vorverstärker vorzuweisen hatte. Ein Besuch in Sofia zeigte uns, dass dort schon sehr zeitig über Personal Computer nachgedacht wurde.

Sowjetunion

Zwischen den gerätebauenden Einrichtungen der Akademien der sozialistischen Länder existierte eine relativ enge Zusammenarbeit. Am häufigsten standen Ziele in der Sowjetunion auf dem Reiseplan. Bemerkenswert war dabei immer die Gastfreundschaft der russischen Menschen. Oft wurde man in die Wohnung der Partner eingeladen und dort bewirtet. Nur die sprachliche Verständigung stellte meist ein Problem dar. Ich hatte zwar viele Jahre Russischunterricht in der Schule, aber das reichte in der Regel nicht für eine echte Unterhaltung. Selbst 4 Wochen Sprachunterricht in Moskau konnten die Sprechfertigkeit nicht wesentlich verbessern. Allerdings half mir dieser Lehrgang, die russische Hauptstadt besser kennen zu lernen. Nach den Lehrveranstaltungen, die nur am Vormittag stattfanden, hatte ich nachmittags immer viel Zeit mir die Stadt anzusehen – und dabei natürlich auch das eine oder andere Gespräch mit Moskowitern zu führen. Die Zeit war aber auch deshalb interessant, weil es viele Gelegenheiten zu kulturellen Aktivitäten gab, u.a. der Besuch von Museen, Konzerten im Kremlpalast oder Ballettaufführungen im Bolschoi. Eine Besonderheit war aber ein Gastspiel des Wiener Burgtheaters in genau dieser Zeit. Iphigenie auf Tauris mit Erika Pluhar und ein Nestroy-Stück mit Fritz Muliar waren durchaus Höhepunkte dieses Moskau-Aufenthaltes.

Bezüglich der Sprache hatte ich bei normalen Dienstreisen eine gute Hilfe. Es gab einen Mitarbeiter im Bereich, der ein Auslandsstudium an der Universität in Charkow absolviert hatte. Der begleitete mich meist zu Reisen in die Sowjetunion. Dadurch war das Problem der Verständigung geklärt und ich hatte bei Verhandlungen sogar Zeit, über die Antworten nachzudenken, da die Ausführungen der Partner in Russisch für mich einigermaßen verständlich waren. Diese Reisen hatten aber noch einen anderen Aspekt. Die Frau dieses Mitarbeiters stammte aus der Ukraine. Ihre Eltern wohnten in einem kleinen Ort, wo sie in einer Zuckerfabrik arbeiteten. Dort gab es oft kein Gehalt, dafür aber Zucker als Deputat. Was soll man aber mit so viel Zucker tun? Erst Vergären und dann Brennen! Der Samogon (Selbstgebrannter) diente dann als Tauschmittel. Immer, wenn wir in die Sowjetunion fuhren, war ein zusätzlicher Koffer im Gepäck, gefüllt mit Lebensmitteln und Kleidungsstücken für die Familie. Und die war groß, in jeder besuchten Stadt lebte eine Tante, ein Cousin oder ein anderer entfernter Verwandter. Die wurden dann von uns besucht. Das war immer sehr spannend, weil man dadurch Einblick in die Lebensverhältnisse bekam. Der geleerte Koffer wurde auf dem Rückweg mit Samogon bestückt. Der war in 5 l-Kanistern aus Plastik abgefüllt. Er schmeckte stark nach Hefe und auch nach dem Kunststoff, vor allem hatte er aber immer deutlich mehr Umdrehungen als gewohnt. Auch war man nie sicher, wie hoch der Methylalkohol-Anteil war.

Ein besonderes Ereignis war eine nationale Konferenz zum Ozon in Tiflis, Georgien. Diese Konferenz hatte etwa 300 nationale Teilnehmer und ca. 15 internationale Gäste. Ich war gemeinsam mit dem stellvertretenden Direktor des Meteorologischen Dienstes der DDR eingeladen, wegen unserer bereits genannten Messsonden zur Bestimmung des atmosphärischen Ozons. Ich hatte auch einen Vortrag angemeldet, Konferenzsprache war Russisch. Den Vortrag bereitete ich wortwörtlich vor. Aber selbst das Vorlesen war ein Albtraum. Um die richtige Betonung hinzukriegen, habe ich einen halben Tag geübt. Fragen konnten nur in Englisch gestellt werden, das wiederum beherrschten die Georgier zum Glück nicht so gut. Die Gastfreundschaft aber war riesig. Der Organisator der Tagung lud alle ausländischen Teilnehmer zu einem Abendessen zu sich nach Hause ein. Er bewohnte eine Zweizimmerwohnung in einem Hochhaus. Die Küche befand sich in der Loggia. Neben den 15 ausländischen Konferenzteilnehmern hatte er auch einige Mitarbeiter eingeladen. Das Wohnzimmer war komplett ausgeräumt. Es stand dort nur eine lange, aus mehreren Tischen zusammengestellte Tafel. Offensichtlich waren sowohl Tische und Stühle im Haus zusammengeborgt. Die Möbel des Wohnzimmers konnte man in dem anderen Zimmer übereinandergestapelt sehen. Dann begann ein georgisches Essen. Das bedeutete, der Hausherr, der Tamada saß am Kopfende des Tisches. Er erteilte einem am Tisch sitzenden jeweils das Wort für einen Trinkspruch. Dann haben alle anderen zu schweigen. Derjenige, der den Trinkspruch ausbringt hatte ein Kuhhorn, gefüllt mit Wein oder in speziellen Fällen auch mit Brandy, in der Hand. Die Crux war, ein Kuhhorn kann nur völlig ausgetrunken wieder abgelegt werden. Man musste es also bis auf den letzten Tropfen leeren. Ich war der Jüngste in der Runde und hatte daher die Ehre mehrmals den Trinkspruch ausbringen zu dürfen. Der damit verbundene Anstieg des Alkoholpegels war beträchtlich. Zum Glück gab es zwischendurch immer ausreichendes und auch sehr schmackhaftes Essen. Immer wenn etwas Neues aufgetischt wurde, stellte man das auf die bereits vorhandenen Teller ab. So bestand immer die Gelegenheit, auf bereits gekostete und gut schmeckende Gerichte zurückzugreifen. Frau und Tochter des Gastgebers arbeiteten die ganze Zeit in der Küche. Sie wurden nur einmal hereingerufen, damit auch auf sie ein Trinkspruch ausgebracht werden konnte, aber ansonsten war das eine reine Männerveranstaltung.

Bemerkenswert an dieser Veranstaltung war die außerordentliche Gastfreundschaft. Obwohl die Lebensmittelläden in Tiflis nicht gerade vollgepackt und die Preise ganz beträchtlich waren, bogen sich die Tische unter der Last von Speis und Trank. Das haben wir in ähnlicher Form oft in der Sowjetunion erlebt. Aber auch der starke Nationalismus in Georgien und die Ablehnung der russischen ‚Besatzer' war auffällig.

Eine andere Reise führte die ganze Familie nach Moskau, aus Anlass der Einschulung unseres jüngeren Sohns. Die Hinfahrt absolvierten wir mit der Bahn. Bei einer solchen Fahrt kann man die Weite dieses riesigen Landes ermessen. 48 Stunden Bahnfahrt sind schon beeindruckend. Wir wohnten bei einer Brieffreundin meiner Frau. Die hatte eine Zweizimmerwohnung in Moskau und wohnte dort mit ihrem 12-järigen Sohn und ihrer Mutter. Es gab ein Wohn- und ein Schlafzimmer. Das Schlafzimmer, das Platz für zwei hintereinanderstehende Betten sowie einen schmalen Gang bot, wurde für uns freigemacht. Im Wohnzimmer schlief dann die Freundin meiner Frau mit Sohn auf dem Sofa, die Mutter wurde irgendwohin im Haus ausquartiert. Die paar Tage waren sehr schön, wir besuchten den Kreml, das Puppentheater und viele Sehenswürdigkeiten der Stadt. Von Moskau aus ging es für meine Frau und die Kinder mit dem Flugzeug wieder heim, für beide Kinder damals der erste Flug. Ich flog weiter nach Kishinow, heute Chisinau, zu Diskussionen mit der moldauischen Akademie. Die hatten ein Impulsspektrometer von uns gekauft, mit dem die Untersuchungen zu optimalen Wachstumsbedingungen für Tomaten, die dort in einer unübersehbaren Zahl von Klimakammern durchgeführt wurden, unterstützt werden sollten. Wir verhandelten über den Kauf eines Röntgenzusatzes für ein Elektronenmikroskop. Angenehm war die Tatsache, dass in Moldawien viel Wein getrunken wird. Besonders stolz war man auf den dortigen Rotwein, der sogar vom britischen Königshaus geordert wird. Gegenüber dem sonst üblichen Getränk in diesem Land - dem Wodka - war das ein deutlicher Fortschritt. Die Diskussionen auch zu politischen Fragen waren sehr angeregt. Es wurde spaßhaft immer darauf verwiesen, dass sich Marx und Engels die Entwicklung wohl völlig anders vorgestellt hätten. Der Grund war ein natürlich monumentales, aber durchaus interessantes Denkmal dieser beiden Herren im Stadtzentrum. Auch hier war ein beträchtlicher Nationalismus und die Ablehnung der russischen Kultur zu beobachten.

Tschechien

Eine intensive und sehr fruchtbare Kooperation verband uns mit dem UPT Brno, dem gerätebauenden Institut der tschechischen Akademie. Die Arbeitsschwerpunkte dort waren vor allem Elektronenoptiken aber auch die Kernresonanz-Spektroskopie (NMR). Mit den Arbeiten zu den Elektronenoptiken leistete man Grundlagenforschung für die Elektronenmikroskopie, die nebenan bei Tesla in Gerätetechnik umgesetzt wurde. Diese Arbeiten sind sicher der Grund, dass Brno heute als ‚Hauptstadt der Elektronenmikroskopie' bezeichnet werden kann. Von Philips, jetzt FEI wurden diese Teile von Tesla nach der Wende aufgekauft. Man lässt dort nun fast alle Elektronenmikroskope für FEI fertigen. Ein Teil der Mitarbeiter der F&E-Abteilung von Tesla hat sich ausgegründet und die Firma Tescan gegründet, inzwischen ebenfalls ein sehr potenter Hersteller von Elektronenmikroskopen. Für die NMR beschäftigte man sich im UPT bereits in den 80-iger Jahren mit supraleitenden Magneten. Für uns war diese Zusammenarbeit sehr wertvoll, da wir viel über die Elektronenmikroskopie und über mögliche analytische Zusätze, wie etwa Röntgenspektrometer, lernten. Ein weiteres wichtiges Ergebnis dieser Zusammenarbeit war die Überführung eines neuen Dewars. Bei dem wurde nicht mehr eine Superisolation für die thermische Abschirmung genutzt, sondern Metallstrahlungsschirme. Dadurch konnten die Haltezeiten deutlich verlängert und das Gewicht des Dewars um etwa 50% reduziert werden, siehe Abb. 5.

Abb. 5: Edelstahldewar - eine gemeinsame Entwicklung mit dem UPT Brno

Wir trafen uns mit den Kollegen aus Brno regelmäßig zweimal im Jahr, abwechselnd in Berlin und Brno. Wir reisten immer mit dem Zug,

der war insbesondere zwischen Prag und Brno wegen der dort kurven-
reichen Strecke sehr langsam. Meist benutzten wir Nachtzüge. Eine
Fahrt ist mir besonders in Erinnerung. Wir starteten in Brno gegen 22.00
Uhr. Nach kurzer Zeit stellte ich fest, dass sich mein Reisepass noch im
Hotel befand. Er musste dort immer abgegeben werden. Ich fuhr also
bloß bis zum nächsten Halt, der war in Prag, stieg dort aus und kehrte
wieder nach Brno zurück. Gegen 4.00 Uhr morgens war ich im Hotel
und bekam meinen Pass ausgehändigt. Dann konnte ich noch einmal den
Weg nach Berlin antreten. Ich traf gegen 9.00 Uhr wieder in Prag ein.
Da der Tag sowieso gelaufen war, machte ich in Prag einen ausgedehn-
ten Stadtrundgang und fuhr erst gegen Abend nach Hause. Schwierig
gestaltete sich allerdings zu dieser Zeit die Information der Angehörigen
über derartige Verspätungen, es gab ja noch keine Handys.

Interessant bei diesen Reisen war, dass Übernachtungen im Hotel immer in Doppelzimmern mit dem mitreisenden Kollegen erfolgten. Ein-
zelzimmer waren unüblich, bei Reisen nach Tschechien gab es sogar oft
größere Zimmer. Das ist aus heutiger Sicht unvorstellbar!

Westliches Ausland

Kooperationen mit dem westlichen Ausland waren sehr rar. Bereits
kurz nach meinem Start als Bereichsleiter ergab sich aber für mich eine
erste Gelegenheit. Das von uns entwickelte Staubprobennahmegerät mit
seiner Eigenschaft, Grob- und Feinstaub etwa entsprechend seiner Lun-
gengängigkeit zu separieren, war für eine Firma in der Nähe von Frank-
furt/M. interessant. Um aber den Vertrieb in der BRD zu ermöglichen
war eine Zulassung durch das berufsgenossenschaftliche Institut für Ar-
beitssicherheit (heute IFA) in St. Augustin erforderlich. Mit dem Direktor des arbeitswissenschaftlichen Instituts in Berlin, das die Entwicklung
bei uns beauftragt und begleitet hatte, besuchten wir also Bonn, mit dem
Zug über Köln. Dort kamen wir nachmittags an und hatten noch etwas
Zeit bis zur Weiterfahrt. Also sahen wir uns erst mal Köln an, über die
Domplatte in die Hohe Straße, und drückten uns die Nasen an den Auslagen der Geschäfte platt. Ich erinnere mich noch immer, wie beeindruckend ich die bis zum Boden reichenden Schaufenster fand. Die Diskussionen im IFA waren sehr freundlich, aber nicht sehr erfolgreich. Man
fand unser Konzept zwar interessant, hatte aber Anteile an der Entwicklung eines Konkurrenzgerätes, das bei Sartorius gefertigt wurde und war
an einer Unterstützung unserer Entwicklung nicht interessiert. Es ist also
nichts geworden aus unseren Exportträumen, aber immerhin war die
Reise interessant.

Auch der Besuch von Konferenzen im westlichen Ausland war eher die Ausnahme. Im Jahr 1987 fand in Davos eine Konferenz zu nicht gekühlten energiedispersiven Röntgendetektoren statt. In dieser Zeit wurden darunter hauptsächlich CdTe- und HgI_2-Detektoren verstanden. Ich bekam von meinem Chef die Erlaubnis und den Auftrag an dieser Konferenz teilzunehmen. Dazu wurde ich mit Devisen ausgestattet, allerdings recht knapp - die Schweiz war schon zu dieser Zeit nicht gerade preiswert. Schon die Anfahrt mit dem Zug war beeindruckend. Über München und St. Margarethen ging es bis Chur und von dort mit der Rhätischen Bahn nach Davos. Die Züge in der Schweiz waren extrem sauber und dann auch noch pünktlich, absolut ungewohnt. Die Vorträge zu den Detektoren waren alle sehr informativ. Allerdings wissen wir inzwischen, dass es auch andere nicht zu kühlende Detektoren gibt, die einfacher zu handhaben waren und über eine höhere Leistungsfähigkeit verfügten. Ich hatte auch einen Vortrag zu HgI_2-Detektoren vorbereitet. Die Konferenzsprache war Englisch. Diese Sprache konnte ich zwar ganz gut lesen, aber die Sprechfertigkeit war doch sehr gering, es fehlten die Gelegenheiten zum Sprechen. Ich hatte also den Vortrag wörtlich vorbereitet. Jeden Tag saß ich abends an dem Papier und verbesserte das Englisch auf Grund der in den anderen Vorträgen gehörten Formulierungen. Trotzdem war mein Auftritt offenbar nicht sehr beeindruckend.

Imponiert hat mir ein Vortrag eines Mitarbeiters der Uni Siegen, der über gasgefüllte Detektoren referierte. Er hatte nur eine Overhead-show und referierte etwa 40 Minuten frei, damals unvorstellbar für mich. Ich traf den Herrn dann wenig später in Siegen wieder, als ich einen Institutsbesuch dort machte.

Das wenige verfügbare Reisegeld beschränkte meinen Bewegungsradius in Davos erheblich, unsere Ostmark wurde dort zu meiner Überraschung nicht akzeptiert. Die Konferenzgebühren beinhalteten glücklicherweise die Versorgung der Teilnehmer, zumindest Frühstück und Abendessen. Das wurde von mir, aber auch von einigen anderen Konferenzteilnehmern aus den Ostblockländern und Israel genutzt, um sich satt zu essen. Das bereitgestellte Brot war immer sehr schnell weg und wurde uns von den Kellnern mit einem Lächeln immer rasch nachgeliefert. Dadurch benötigte ich kein Geld für die Verpflegung und konnte schließlich sogar ein Autoradio für meinen Trabbi mitnehmen. Auch die Berge konnte ich besteigen. In den langen Mittagspausen war es möglich das Jakobshorn in Rekordzeit zu besteigen und über den Kamm wieder ins Tal zurückzuwandern. Meine erste selbstständige Bergtour in den Alpen!

Kontakte mit den Organen der Staatsmacht

Eine Frage, die immer wieder gestellt wurde, ist die nach den Kontakten zu den Organen der Staatsmacht. Diese waren sehr vielfältig, rein fachlich aber durchaus auch administrativ.

Kontakte auf Grund der Gerätefertigung

Der Staatsratsvorsitzende bzw. der Ministerpräsident der DDR Willi Stoph, die Funktion wurde gelegentlich gewechselt, war ein Hobbygärtner. Als solcher verfügte er über ein Gewächshaus in der Waldsiedlung in Wandlitz, das auch mit einer kleinen Wetterstation ausgestattet war. Eines Tages erhielten wir einen Anruf seines Büros – ob wir in der Lage seien, den Windmesser seiner Wetterstation zu reparieren. Wir äußerten spaßhaft gegenüber seinem Büroleiter in dem Telefonat, dass natürlich der Genosse Staatsratsvorsitzende wissen muss, woher der Wind weht. Die Reaktion am anderen Ende des Telefons war zunächst eisiges Schweigen. Nachdem wir feststellten, dass der Windmesser in unserer Firma produziert wurde, wurde der Auftrag angenommen. Natürlich musste das sehr schnell gehen, sonst waren Wartezeiten von einigen Wochen üblich, hier musste die Reparatur aber sofort erfolgen. Wir boten einen Besuch in Wandlitz an, der wurde aber abgelehnt. Das Gerät wurde mit einem Volvo, dem damaligen Regierungsfahrzeug, zu uns gebracht. Die Begleitmannschaft stand während der gesamten zweitägigen Reparatur neben uns, über Nacht wurde das Gerät wieder mitgenommen. Wir hätten ja anstatt eines neuen Kugellagers auch ein explosives Ersatzteil einbauen können.

Eine andere nette Begegnung mit der Marine ergab sich aufgrund der von uns produzierten ozeanologischen Sensoren zur Bestimmung der Schallgeschwindigkeit. Diese waren für die Marine von Interesse, da die Schallgeschwindigkeit in Wasser von dessen Temperatur und Salzgehalt abhängt und sich bei der Schallausbreitung Reflektionen an den verschiedenen Schichtungen ergeben können. Für die Ortung in U-Booten war das wichtig, weil diese Reflektionen tote Winkel erzeugen, in denen sich feindliche Boote verbergen können. Die Wasserschichtung ist natürlich witterungsabhängig, d.h. ändert sich mit der Jahreszeit. Diese Schichtungen sollten untersucht werden. Daher bestellte die Marine eine ganze Serie, bestehend aus dem Sensor sowie einer an der Reling stehenden Winde und der notwendigen Auswerteelektronik, siehe Abb. 6.

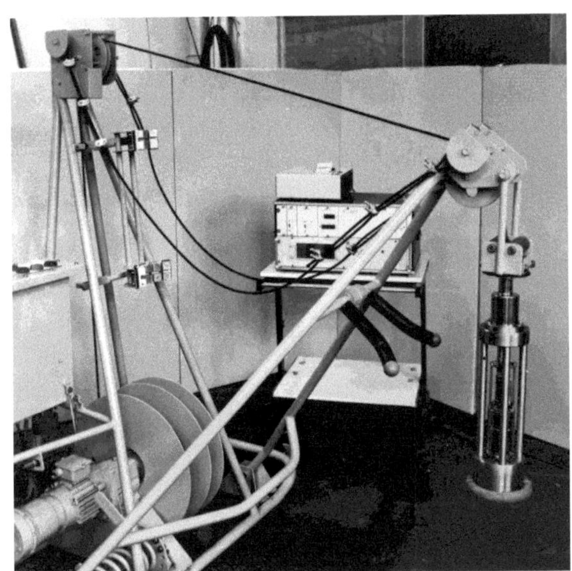

Abb. 6: Schallgeschwindigkeitsmessgerät für den Einsatz im Meerwasser

Diese Geräte wurden vor der endgültigen Bestellung gemeinsam mit der Marine auf See getestet. Dazu waren wir mit dem Forschungsschiff der Akademie ‚Professor Penk‘ und einem Schiff der Marine auf der Ostsee unterwegs. Wir durften an dieser Testung teilnehmen, mein Produktionschef fuhr auf dem Marineboot und ich auf dem Forschungsschiff, was deutlich bequemer und auch interessanter war. Wir testeten die Geräte parallel auf beiden Schiffen an verschiedenen Positionen, zwischendurch wurden auf dem Forschungsschiff aber auch andere Messungen durchgeführt und elektronisch aufbereitet. Aber es war auch ausreichend Zeit vorhanden, die Seereise zu genießen, z.B. Dorsche aus 80 m Tiefe zu fangen und ganz frisch zu räuchern und zu braten. Wir hatten die ganze Zeit gutes Wetter. Nur am letzten Tag in Kap Arcona kam Sturm auf, die Wellen waren bis 8 m hoch. Auf der Brücke sah das noch spannend aus, aber in der Koje konnte ich nur liegen und im Rhythmus des Stampfens atmen, um das Essen an seinem Platz zu belassen.

Diese Reise war nur mit einer Reiseerlaubnis für das nichtsozialistische Ausland möglich, da wir uns auch außerhalb des Hoheitsgebiets der DDR aufhielten. Ich verfügte bereits über eine solche Erlaubnis von den Verhandlungen zu dem Staubprobennahmegerät, für den Trip mit dem Marineboot ging es auch ohne Reiseerlaubnis.

Eine weitere, eher komische Begegnung mit der Armee ergab sich durch eine spezielle Applikation des Bildauswertesystems Densitron. Dabei wurden im Zentralen Lazarett der NVA in Bad Saarow Schirmbildaufnahmen ausgewertet. Der über den Gradienten der Grauwerte definierte Raum zwischen den Lungenflügeln bestimmt die Lage und Größe des Herzens. Über eine Linearkombination von Abständen in einem Gitter, das in diesen Raum gelegt wurde – ähnlich wie bei modernen Gesichtserkennungsalgorithmen – war eine erstaunlich gute Prognose für das Auftreten von Herzinfarkten möglich. Diese Entwicklung sollte dem stellvertretenden Verteidigungsminister, dem auch das Gesundheitswesen in der Armee unterstand, vorgeführt werden. Bei einer solchen Demo muss natürlich alles klappen. Daher bekam ich einen Anruf von einer Armeestelle und wurde aufgefordert, einen Mitarbeiter abzustellen, der den störungsfreien Betrieb des Densitrons während der Vorführung sichern sollte. Meine Antwort war: „Ich habe keinen Mitarbeiter dafür". „Warum?" war die kurze Frage. Ich konnte nur antworten, dass der geeignete Mitarbeiter für diese Aufgabe gerade für den Reservistendienst bei der Marine eingezogen ist. Ich wurde nach der Einheit gefragt und mir wurde erklärt, man werde sich darum kümmern. Drei Tage vor der Vorführung erschien der Mitarbeiter bei uns im Bereich, völlig ahnungslos. Er sagte, er sei für eine Woche abgestellt, um einen Bio-Computer zu entwickeln. Nachdem ich ihm den Zusammenhang erklärt hatte verabredeten wir uns für die Fahrt nach Freiberg zu dieser Vorführung. Er erschien natürlich in seiner schicken dunkelblauen Maats-Uniform, allerdings trug er nicht die dazu vorgeschriebenen dunkelblauen Socken, sondern braune. Dafür wurde er von irgendeinem der anwesenden Oberste prompt runtergeputzt. Die Demonstration der Methode ging störungsfrei und erfolgreich über die Bühne, trotz der falschen Sockenfarbe.

Kontakte mit der Stasi

Eine häufige Fragestellung war immer wieder die nach der Stasi. Inzwischen glauben alle über deren Aktivitäten genau Bescheid zu wissen. Zweifellos gab es da unterschiedliche Erfahrungen. Ich kann hier nur über meine eigenen berichten.

Eigentlich war die Stasi allgegenwärtig. Im Institut gab es einen ‚Sicherheitsbeauftragten', der auch Mitglied des Leitungskollektivs war, also bei jeder Leitungssitzung am Tisch des Direktors saß und von dem jeder wusste, dass er ein Stasioffizier war. Er beteiligte sich an den Diskussionen im Leitungskollektiv, es gab durchaus eine Reihe direkter Kontroversen mit ihm.

Generell ist festzustellen, dass sich in den letzten 2 – 3 Jahren vor der Wende, in denen die wirtschaftliche Situation in der DDR immer kritischer wurde, eigentlich fast alle persönlichen Gespräche um Perspektiven zur Lösung dieser Problematik drehten. Und der wichtigste Ansatz wurde von den meisten Menschen darin gesehen, die alte Führung abzulösen. Den ‚Alten‘ um Honecker, Stoph, Mittag und Hager traute keiner eine Änderung zu, es mussten neue Kräfte her. Aber dazu gab es im Sozialismus außer der ‚biologischen‘ Lösung keinen vorgegebenen Algorithmus. Aber trotz dieser ständigen Diskussionen, habe ich nie Vorladungen oder Rückkopplungen seitens der Stasi erlebt. Offensichtlich gab es eine Vielzahl IMs, aber über deren Wirksamkeit oder die Effektivität der Auswertung von deren Berichten kann man geteilter Meinung sein. Ich persönlich habe keine Überprüfung wahrgenommen und auch nur einen IM gekannt; der hat sich nach der Wende offenbart.

Es war üblich, nach Dienstreisen ins Ausland – sowohl Ost als auch West - einen Bericht anzufertigen, in dem die Ergebnisse von Diskussionen festgehalten wurden. Das war sinnvoll, da damit die Ergebnisse der Reise fixiert und somit kontrollierbar wurden. Bei den wenigen Reisen ins westliche Ausland sollten die Berichte auch einen Teil enthalten, der mögliche politische Diskussion zusammenfasste. Nach dem Besuch besonderer Einrichtungen im westlichen Ausland, gab es zum Dienstreisebericht gelegentlich auch zusätzliche Gespräche mit dem Sicherheitsoffizier. Diese drehten sich dann um Einschätzungen zu den Aufgabenstellungen, zur Ausstattung der besuchten Einrichtungen oder der politischen Meinung einzelner Mitarbeiter. Dieses Verfahren habe ich aber auch später kennengelernt. Da wurde allerdings nicht mit dem Sicherheitsoffizier, sondern mit dem Firmenchef gesprochen. Später, in meinem zweiten Leben, habe ich bei Besuchen größerer Firmen und besonders sensitiver Forschungseinrichtungen, etwa in Los Alamos, in Oak Ridge oder bei Sandia festgestellt, dass dort die Sicherheitsbestimmungen um ein Vielfaches stringenter waren, als ich es dereinst kennengelernt hatte. Zum Beispiel wurde mir von einem Mitarbeiter von Los Alamos erzählt, dass bei seiner Einstellung ausführliche Aussagen zu den bis dahin erfolgten Auslands-Kontakten gefordert wurden. Das betraf alle Auslandsreisen der letzten 10 Jahre mit den jeweiligen Hotelaufenthalten, nebst Zimmerangaben und Kontakten. So detailliert hat die Stasi nicht gefragt!

Eine andere oft geäußerte Behauptung die Stasi betreffend ist, dass man sich einer Zusammenarbeit mit der Staatssicherheit nicht ohne Probleme entziehen konnte. Auch da habe ich eine andere Erfahrung gemacht. In den frühen 80iger Jahren wurde ich einmal zum Wehrkreiskommando eingeladen. Ich befürchtete schon zum Reservistendienst eingezogen zu werden, da der Kelch des Grundwehrdienstes an mir vorbeigegangen war. Vor dem Studium wollte man mich nicht haben, nach dem Studium, einschließlich Forschungsstudium, war ich fast 26 Jahre alt. Bis zu diesem Alter konnte man gerade noch zum Grundwehrdienst eingezogen werden. Es blieb nur noch eine Möglichkeit zur Einberufung, und die verstrich – zu meinem Glück. Bei meinem Besuch im Wehrkreiskommando ging es jedoch nicht um einen Reservistendienst, sondern um eine Tätigkeit für den militärischen Abschirmdienst. Das Gespräch drehte sich zunächst um die Erhaltung des Friedens, den Schutz des Sozialismus und die Notwendigkeit, sich dafür auch persönlich einzusetzen. Diesen Argumenten konnte ich mich nicht entziehen. Ich sagte daher zu und es wurde vereinbart, mir zu einem späteren Zeitpunkt konkrete Aufgaben zu übertragen. Das lief sehr konspirativ ab. Es gab Treffen in Restaurants in deren Verlauf mir aufgetragen wurde, den Ehemann einer Cousine, die ich in meinem Leben nur einmal gesehen hatte und der bei Porsche in Zuffenhausen tätig war, auszufragen. Dazu sollte ich einen Brief vorbereiten und diesen mit dem ‚Führungsoffizier‘ abstimmen. So hatte ich mir den Schutz des Sozialismus nicht vorgestellt. Ich überlegte einige Zeit und entschloss mich dann für das nächste Treffen einen Brief zu schreiben. Der sah aber etwas anders aus, als der Führungsoffizier es sich gewünscht hatte. Ich teilte darin mit, dass es für mich unvorstellbar sei, Mitglieder meiner Familie auszuspionieren und ich generell eine andere Vorstellung von der Zusammenarbeit gehabt hätte. Infolgedessen würde ich meine Zusage zurückziehen. Ich versicherte, künftig nicht über die bisherigen Kontakte zu sprechen. Der Führungsoffizier las den Brief und sagte nur: ‚Schade‘. Nach diesem Vorfall konnte ich keinerlei Nachteile in meiner weiteren Arbeit und Karriereentwicklung feststellen.

Diese Erfahrungen sind sicher nicht allgemeingültig, aber wahrscheinlich auch keine Ausnahme. Ich möchte aber noch eine weitere Bemerkung zu den IMs machen, da diese immer wieder angegriffen und stigmatisiert werden. Die Stasi war offensichtlich ein recht effektiver Geheimdienst. Allerdings arbeitete er nicht nur nach außen, sondern auch nach innen. Das geschieht aber auch in anderen Ländern. Dabei waren die Methoden nicht immer sehr fein, aber auch das lässt sich für andere Geheimdienste feststellen. Natürlich diente und dient noch immer die Stasi als ein besonderes Feindbild, in vielen Fällen nicht zu Unrecht. Aber interessant ist, dass bei der Aufbereitung der Aktivitäten die Führung der Stasi mit wenigen Ausnahmen unangetastet blieb. Im Gegenteil, die oft sehr kompetenten Führungsoffiziere fanden schnell in Pullach ein neues Domizil. Einigen Stasi-Mitarbeitern wurde auch der Prozess gemacht, sicher zu Recht. Aber viele Gesetzesverstöße konnte man ihnen dabei auch nicht nachweisen. Wenn allerdings ein IM entlarvt wurde, war das meist mit einem großen Aufschrei verbunden, besonders laut, wenn es sich dabei um bekannte Persönlichkeiten handelte. Schon allein die Vermutung, dass jemand als IM tätig war, oft ohne auch nur die Spur eines Beweises vorzulegen, reichte und reicht noch heute nach 30 Jahren für eine Vorverurteilung. Natürlich war die Bespitzelung unangenehm und auch frustrierend, wenn man aus den Stasi-Unterlagen erfuhr, wer an einem dran war. Diese Offenlegungen zerstörten aber auch oft Familien, Freundschaften und Beziehungen. Dabei waren die von den IMs weitergegebenen Informationen oft Dinge, die sowieso jeder wusste oder sich zusammenreimen konnte.

Diese Bemerkungen sollen keine Entschuldigung für die Tätigkeit von IMs sein. Man konnte sich ja auch weigern, ein IM zu sein. Aber nicht jeder verfügte über die Stärke dazu. Andererseits ist es erstaunlich, wie viele Dissidenten nach der Wende in der DDR auftauchten, war doch fast jeder von ihnen nachträglich ein Kämpfer gegen den Sozialismus und gegen den Staat, wovon während der DDR-Zeit allerdings nicht viel zu spüren war. Viele Menschen sorgten sich um den Zustand des Staatswesens, vor allem um dessen weitere Entwicklung. Das wurde auch wie bereits beschrieben oft und fast überall heftig diskutiert, aber das waren deshalb noch lange keine Dissidenten.

Zusammenarbeit mit dem DESY

Aufgabenstellungen

Im Deutschen Elektronensynchrotron (DESY) in Hamburg wurde in den 80-iger Jahren ein Großexperiment vorbereitet, das HERA-Projekt. Es handelte sich dabei um zwei Beschleunigerringe, in denen sich Elektronen und Protonen gegenläufig bewegen sollten. Die Ringe hatten einen Durchmesser von etwa 2.3 km und waren fast 30 m unter der Erde wie eine U-Bahn gebaut. Die Ringe kreuzten sich an zwei um 180° versetzten Stellen. Es bestand die Hoffnung, das Higgs-Teilchen damit nachzuweisen. Die Speicherringe wurden staatlich finanziert und das DESY übernahm dafür die Koordinierung. An beiden Kreuzungsstellen der Speicherringe wurde je ein Detektor platziert, jeder mit einem Budget von ca. 100 Mio D-Mark. Diese Detektoren waren eine Ansammlung verschiedener einzelner Detektormodule und erreichten ein Volumen von jeweils etwa 10x10x10 m³. Beide wurden von einer Kollaboration aus Forschungsinstituten, die auf dem Gebiet der Hochenergiephysik arbeiteten, entwickelt, finanziert und in deren Verantwortung auch aufgebaut. Das Institut für Hochenergiephysik der AdW in Zeuthen (IHP), inzwischen dem DESY angegliedert, war in die Kollaboration für den H1-Detektor involviert. Die Regelung für die Zusammenarbeit besagte, dass entsprechend dem voraussichtlichen Anteil der an der Experimentauswertung beteiligten Physiker die Leistungen beim Aufbau des Detektors erbracht werden sollten. Dazu war das IHP aber zu klein. Es bat deshalb um die Mitarbeit der anderen Akademieinstitute. Die wurde aber von allen Instituten des Forschungsbereiches Physik zunächst abgelehnt, da bereits die eigenen Aufgaben den Einsatz aller Mitarbeiter erforderte. Dann hatte der Direktor des IHP die Idee den Direktor des ZWG zu einem Besuch ins DESY mitzunehmen. Am Tag danach fand der Leibniz-Tag statt. Das war eine jährliche feierliche Veranstaltung zur Gründung der Akademie der Wissenschaften in Berlin durch Leibniz. Ich saß neben dem Direktor des ZWG, der voll Enthusiasmus über die im DESY gesehene Instrumentierung und die dort eingesetzten modernsten Technologien berichtete. Dann fragte er, ob nicht auch Röntgenstrahlung ionisierende Strahlung sei. Nachdem ich das bejahte meinte er, dass ich mich um die Zusammenarbeit mit dem DESY kümmern soll. Das hieß, eine Kooperation anzubahnen und zu organisieren. Das war natürlich eine hochinteressante, aber auch ziemlich fordernde Aufgabenstellung. Der erste Besuch im DESY konnte sehr schnell erfolgen. Meine vorhandene Reiseerlaubnis gestattete eine sofortige Reise nach Hamburg. Ich wurde von dem Teamleiter des IHP begleitet und in die Teams beim DESY eingeführt. Wir wurden von den Mitarbeitern dort mit großer Neugier, fast wie Exoten, betrachtet. Aber immer stand die Arbeit im Mittelpunkt, natürlich wurden wir auch nach den Aufgaben in unseren Instituten und vor allem nach unseren Lebensumständen befragt.

Im Laufe der Zeit ergaben sich verschiedene Aufgabenstellungen, die von uns ausgeführt wurden. Da das IHP sich erst sehr spät mit unserer Kapazität am laufenden Projekt beteiligen konnte, waren die meisten Aufgaben bereits verteilt und wir mussten das übernehmen, was für andere uninteressant gewesen war. Die erste Aufgabe war die Herstellung von etwa 4000 Kabeln zum Auslesen der Detektoren. Im wechselwirkungsnahen Bereich des Detektors wurden vor allem Mehrdraht-Proportional-Detektoren eingesetzt, bei denen jeder Draht gesondert ausgelesen werden musste. Die hatten daher jeweils zwei Anschlüssen. Die Detektorsignale wurden zuerst in einem Vorverstärker aufbereitet und dann über unsere Kabel in die Auswerteeinheit übertragen, die in Containern neben dem Detektor untergebracht war. Um ein Übersprechen der Signale zu vermeiden, mussten die beiden Kabel jedes Detektordrahtes verdrillt werden. Da sich auf einem Modul jeweils acht Vorverstärker befanden, wurden acht mit unterschiedlicher Periode verdrillte Drahtpaare in einem Kabel zusammengefasst. Es war außerdem notwendig, einen speziellen Steckverbinder zu entwerfen, um möglichst platzsparend Vorverstärker und Kontakt unterzubringen. Die Kabel konnten nicht in der DDR gefertigt werden, daher wurde eine Firma im Schwarzwald damit beauftragt. Die Fertigung dort wurde von uns überwacht, d.h. alle 3 – 4 Wochen fuhr ein Mitarbeiter von Berlin mit der Bahn nach Villingen-Schwenningen und kontrollierte dort die Fertigungsqualität. Im ZWG wurden für den Anschluss an die Vorverstärker spezielle Stecker entworfen und gefertigt, einschließlich der nachfolgenden Konfektionierung der Kabel. Dabei war die exakte Länge der Kabel von Bedeutung. Deshalb war einer unserer Konstrukteure vor Ort im DESY, um sich ausschließlich mit der Bestimmung von Kabellängen zu beschäftigen. Ist nur ein einzelnes Kabel zu verlegen und es ist einen Meter zu lang, legt man einfach eine Schleife und das Problem ist gelöst. Handelt es sich aber um ein Kabelbündel mit einem Durchmesser von 30 bis 40 cm ist das nicht mehr möglich. Dann sind die Kabellängen vorher tunlichst genau zu bestimmen. Diese als Auftrag durchgeführten Arbeiten bildeten den Anfang der Zusammenarbeit. Eine weitere Stufe war die

Entsendung von Mitarbeitern, um in Hamburg beim Aufbau der Speicherringe bestimmte Aufgaben zu übernehmen. Im Protonenring waren über 400 supraleitende Magnete angeordnet, um die Protonen auf die Kreisbahn zu lenken und in Bündeln zu konzentrieren. Mitarbeiter der AdW waren z.B. in die Teams zur Testung und Kalibration der supraleitenden Magnete eingegliedert und arbeiteten beim Aufbau, der Kontrolle und Erhaltung des Vakuums in beiden Strahlrohren mit.

Diese Arbeiten mussten vor Ort, d.h. in Hamburg durchgeführt werden. Die Finanzierung dafür wurde vom DESY übernommen. Wir bekamen ein Tagegeld von 64 DM, von dem alles zu bezahlen war. Die Übernachtung war für uns in den Wohnheimen des DESY möglich. Das kostete zwischen 30 und 40 DM, der Rest musste für Verpflegung und Reisekosten verwendet werden. Natürlich war die DM für uns etwas besonders und wir versuchten möglichst viel zu sparen, d.h. das Essen brachten wir von zu Hause mit und in Hamburg unternahmen wir kaum etwas. Jedoch wollten wir uns natürlich auch die Stadt ansehen. Das DESY ist vom Stadtzentrum gut 8 km entfernt, die Fahrt mit der S-Bahn kostete etwa 3 DM, die wollten wir oft nur für eine Fahrt ausgeben, eine Strecke liefen wir also zu Fuß. Wenn ich dann in der Stadt war und die bunten Auslagen der Geschäfte sah und dabei feststellte, dass in bestimmten Abteilungen der Kaufhäuser die Produkte zu 80% in der DDR gefertigt worden waren, hier aber nur zu einem Zehntel des DDR-Preises angeboten wurden, war die Frustration groß. Die wurde noch verstärkt durch das Gefühl, diese Eindrücke nicht mit dem Ehepartner teilen zu können. Deshalb kehrte ich dann wieder schnell nach Ossendorf zum DESY zurück. Dort in der Wissenschaftlerbaracke angekommen, sagte ich mir: „So ein Quatsch, nutze die Gelegenheit Dir den Westen anzusehen." Wenn ich anschließend nach Hause kam, insbesondere mit dem Zug nach Berlin und durch den Tränenpalast an der Friedrichsstraße wieder in die DDR einreiste, war es irgendwie ein Gefühl wie, endlich daheim. Auch wenn oder vielleicht auch weil wieder alles grau in grau war.

Die Zusammenarbeit mit den Kollegen im DESY war sehr angenehm, sie interessierten sich sehr für unser Leben, wobei das allerdings manchmal auch belastend war. Mit dem stellvertretenden Direktor des DESY führten wir oft Gespräche. Er fragte dann regelmäßig: ‚Na, wie sind sie denn nach Hamburg gekommen. Ach, mit dem Auto. Na ja, bei ihnen kann man ja nicht richtig mit dem Auto fahren, bei uns gibt es freie Fahrt für freie Menschen'. Oder ‚Ach, haben Sie denn diesmal ihre Frau mitgebacht, wir unternehmen solche Reisen ja oft mit unseren

Frauen'. Übrigens habe ich das dann später auch getan, als das zweite Leben voll im Gange war.

Hamburgreisen

Die Fahrten zum DESY waren sehr einfach. Es gab keine Vorgaben, wie man zu fahren hatte. Ob per Auto oder Eisenbahn, wir konnten das selbst entscheiden. Die ersten Male fuhr ich mit der Eisenbahn, zuerst durch den Tränenpalast am Bahnhof Friedrichstrasse über Bahnhof Zoo und dann ohne Halt nach Hamburg. Auf dem Rückweg stieg ich dann oft in Bahnhof Zoo aus und lief durch den Teil meiner Stadt, den ich nicht kannte, obwohl ich darin wohnte. Man musste dann nur aufpassen, dass die Rückkehr über die Friedrichsstraße zu einem Zeitpunkt erfolgte, zu dem ein anderer Zug aus Hamburg ankam.

Die andere Variante war mit dem Auto zu fahren. Auch das war in der Regel einfach. Allerdings konnten hier schon eher Probleme auftreten. Ich erinnere mich an eine Fahrt zu dritt in einem Trabbi. Die A 24 war schon fertig. Das half, relativ schnell nach Hamburg zu kommen. Die letzte Raststätte vor der Grenze in Suckow wurde von uns immer dazu genutzt, den Tank zu füllen. Dann reichte das Benzin im Trabbi, um nach Hamburg und wieder zurück nach Suckow zu kommen und so sparten wir Westgeld fürs Tanken. So auch in diesem Fall. Die letzte Autobahnabfahrt vor der Grenze mit dem Hinweisschild, dass eine Weiterfahrt nur mit gültigen Reisedokumenten erlaubt ist, überfuhren wir. Wir waren ja damit ausgestattet. Nach wenigen Kilometern überholte uns ein Polizeifahrzeug, hielt uns an und fragte, ob wir gültige Reisedokumente vorweisen könnten. Wir bejahten diese Frage, mussten aber aussteigen und diese vorzeigen. Dann durften wir weiterfahren. Die nächste Kontrolle erwartete uns bei Einfahrt ins Grenzgebiet, also etwa 5 km vor der eigentlichen Grenze. Hier hielt uns ein Schlagbaum auf, der von der Polizei bewacht wurde. Die Prozedur wiederholte sich, wir mussten aber nicht aussteigen. Danach erreichten wir die eigentliche Grenze. Hier befand sich zunächst wieder ein Schlagbaum, nun aber von Grenzbeamten bewacht. Der uns bereits bekannte Vorgang wiederholte sich noch einmal, wir waren schon geübt und dachten es wird wieder alles gut gehen. Aber hier bemängelte man, dass unser Autokennzeichen nicht in den Reisepass eingetragen war. Das war eine einfache Formsache. Man hätte es vor der Reise selbst mit einem Kugelschreiber eintragen können. Aber hier an der Grenze erwies sich das als ein Problem. Es hätte ja sein können, dass wir den tollen Trabbi in Hamburg veräußern wollten. Zunächst rief man in Berlin an, um sich zu vergewissern, dass wir wirklich nach Hamburg durften. Nach dieser Bestätigung wurde uns mitgeteilt, dass wir zurück nach Grevesmühlen zum Kreispolizeiamt müssten, um durch einen Stempel im Reisepass bestätigen zu lassen, dass die Fahrt mit diesem Auto genehmigt war. Wir fuhren also zurück nach Grevesmühlen, bekamen den Stempel ohne lange Wartezeit und konnten dann die Fahrt gen Westen mit der uns schon vertrauten Prozedur wieder aufnehmen. Nun gelangten wir bis zur eigentlichen Grenze. Dort wurde uns an einem ‚Drive Through' Schalter der Reisepass abgenommen, kontrolliert und über ein abgedecktes Transportband etwa 10 m zu einem zweiten Schalter weiterbefördert. Wir legten diese Strecke mit dem Auto zurück, unsere Pässe wurden nun noch einmal kontrolliert und dann wieder zurückgegeben, also Hightech par exellence. Dann endlich konnten wir unbehelligt weiterfahren.

Auch das war lustig. Kurz vor der Abfahrt Talkau machte uns ein Hinweisschild auf Unebenheiten im Straßenbelag aufmerksam. Allerdings spürten wir die kaum bei Trabbitempo. Verglichen mit der Qualität der Autobahnen auf DDR-Seite, war die im Westen hervorragend. Für uns waren die geringen Straßenschäden vernachlässigbar. Das hat sich inzwischen geändert und auch im Westen hat der Straßenbelag nicht mehr die damalige Qualität. Aber vielleicht gilt ja nun auch hier was wir schon früher in der DDR wussten: Die Autobahnen stehen seit ihrem Bau unter Denkmalsschutz und dürfen daher nicht verändert werden.

Nach dieser Odyssee zurück nach Grevesmühlen tauchten nun zwei Probleme auf, wir kamen nicht mehr an der Raststätte Suckow vorbei, d.h. wir mussten in Hamburg tanken, was gar nicht so einfach war, denn welche Tankstelle bot schon ein Gemisch für Zweitakter an. Das andere Problem war, dass wir zu unserem Termin im DESY zu spät kamen und die Erklärungen für unsere Verspätung die Desyaner zum Schmunzeln anregte.

Eine andere Fahrt zum DESY hat sich auch eingeprägt. Diesmal mit meinem Chef. Er hatte kurz zuvor ein neues Auto bekommen - einen dunkelblauen Lada 1600. Er war sehr stolz auf dieses Auto und meinte, damit in den Westen fahren zu müssen. Die Prozedur war schon bekannt. Als wir dann die Grenze passiert hatten, sagte er, jetzt fahren wir mal richtig Auto, beschleunigte auf 160 kmh^{-1} und genoss das freie Fahren eines freien Menschen. Auf einmal machte es „Schscht" und ein BMW rauschte wie ein Schatten an uns vorbei, mit über 200 kmh^{-1}. Das war ein erster Dämpfer seiner Autoeuphorie. Den zweiten erlebte er auf dem Gelände von des DESY. Da waren tatsächlich auch einige Ladas zu sehen. Die wurden aber vorwiegend von Azubis und Rentnern gefahren, und er war immerhin Chef eines wissenschaftlichen Institutes mit 1700 Leuten!

Detektorentwicklung

Nach einigen Monaten wurde uns dann noch eine weitere Aufgabe vom DESY übertragen – der Aufbau einer Mehrdrahtkammer für eine Ortsbestimmung von Ereignissen im Rückwärtsbereich, d.h. entgegen der Flugrichtung der Protonen. Es handelte sich um eine 6 cm dicke Scheibe mit einem Durchmesser von 180 cm. Vier Kammern waren vorgesehen, in denen die Zähldrähte, mit Gold beschichtete Wolframdrähte mit Durchmessern von 20 μm, um jeweils 90° verdreht waren. Zwischen den einzelnen Anodendrähten bestand ein Abstand von 2,5 mm. Deren Distanz zu den Katoden, mit Kohlenstoff beschichtete Polymerfolien, betrug 4 mm. Die Ortsbestimmung erfolgte durch das Auslesen der senkrecht aufeinander stehenden Drähte. Das war für uns eine völlig neue Technologie, die aber sehr interessant war, bot sich doch die Möglichkeit, die Herstellung von elektronischen ortsauflösenden Röntgendetektoren kennen zu lernen. Diese Reihenfolge ist für eine Entwicklung zwar ungewöhnlich - eigentlich beginnt man bei solchen Projekten mit kleineren Dimensionen und geht dann zu größeren über- für uns war aber diese Richtung angesagt.

Mit wesentlicher Unterstützung der Kollegen aus Zeuthen wurde das Detektorkonzept entwickelt und in der Kollaboration verteidigt. Nach der Bestätigung mussten wir uns die für den Aufbau notwendigen Kenntnisse aneignen. Am besten ließ sich das durch Besuche und Diskussionen mit Kollegen machen, die schon vergleichbare Detektoren gebaut hatten. Deshalb besuchten wir das Institut für Hochenergiephysik der Universität Manchester, das Paul-Scherrer-Institut in Villigen, das Institut für Physik in Orsay und auch das Institut für Schwerionenphysik in Dubna. Dorthin delegierten wir später auch zwei Elektromechaniker, damit diese vor Ort richtiges Löten lernen. Die Zähldrähte mussten alle gelötet werden. Das waren bei einem effektiven Detektordurchmesser von 160 cm etwa 640 Drähte pro Detektorscheibe, die alle beidseitig gelötet werden mussten, d.h. es ergaben sich bei dem vierlagigen Detektor über 6000 Lötstellen. Die Schwierigkeit bestand darin, dass die Drähte auf einer Hochspannung von ca. 2 kV liegen sollten, d.h. es war mit einer erheblichen elektrostatischen Abstoßung zu rechnen. Um eine gegenseitige Auslenkung der Drähte zu verhindern, mussten diese Wolframfäden straff gespannt werden. Das bedeutete, ein fester Rahmen war für jede Detektorkammer zwingend, um die mechanischen Spannungen aufzunehmen. Vor allem durfte es keine Spitzen im Lötzinn geben, um Hochspannungsüberschläge zu vermeiden. Das war nicht einfach. Nach dem ‚Lehrgang' in Dubna wurde der Ablauf für die Arbeiten genau festgelegt. Die zwei „ausgebildeten" Mitarbeiter durften jeweils nur 20 min arbeiten, dann wurde eine genauso lange Pause eingelegt. Besonders kritisch waren die jeweils letzten Lötpunkte eines Detektors, da bei einem Fehler hier die gesamte bisherige Arbeit umsonst gewesen wäre.

Eine besondere Erinnerung war die Bereitstellung eines Rechners durch das DESY, der für die Entwicklung des Detektors, insbesondere für die Testung der Auslesung der Mehrdrahtkammer, eingesetzt werden sollte. Es handelte sich dabei um einen Mac – schon damals im Jahr 1987 etwas Besonderes! Der Rechner wurde vom DESY einfach einem Mitarbeiter mit dem Auto mitgegeben. Beim Grenzübertritt stellte der den Rechner vorsichtshalber ordnungsgemäß beim Zoll vor. Er wurde beauftragt, den Rechner in der Zollstelle in Berlin nochmals vorzustellen. Dort wurde er einbehalten – er war zwar vorwiegend für wissenschaftliche Zwecke ausgelegt, aber sowas verstand der Zoll damals nicht, heute vielleicht auch noch nicht? Der Zoll bewertete nur den riesigen Preisunterschied zu den bei uns hergestellten Rechnern, was in deren Lesart zu Zollvergehen einlud. Nun begann die mühselige Tour, den Rechner aus dem Zoll auszulösen.

Im ersten Schritt zog ich mir einen Anzug mit Krawatte an und suchte das Hauptzollamt in der Hoffnung auf, etwas zu erreichen – natürlich war das vergeblich. Der nächste Schritt war ein Kontakt zum stellvertretenden Akademiepräsidenten, der dem Rang einem stellvertretenden Minister gleichgestellt war. Der sagte, ja ich kenne da jemanden, der kennt jemanden und ich landete bei einem Abteilungsleiter im Außenhandelsministerium. Auch der dortige Vortrag brachte Verständnis aber kein positives Ergebnis. Schließlich gingen wir den vorgeschriebenen, aber offensichtlich nicht sehr bekannten Weg und bekamen den Rechner nach etwa 6 Wochen ausgehändigt. Wir waren froh, ihn nun endlich bei unseren Arbeiten nutzen zu können.

Schwierig war es allerdings, diese Situation unseren Partnern im DESY zu erklären. Sie konnten das nicht verstehen und belächelten uns wieder einmal. Zwischenzeitlich bestand sogar die Befürchtung, dass der Rechner konfisziert blieb.

Bei der Größe des gesamten H1-Detektors, also etwa 1000 m³, war größte Zuverlässigkeit gefordert. Waren die einzelnen Komponenten des Detektors erst zusammengebaut, war eine Reparatur nicht mehr möglich. Daher wurden viele Teile redundant aufgebaut, und auch so konfiguriert, dass einzelne Teile abschaltbar waren, damit beim Ausfall eines Teils nicht die gesamte Komponente ausfällt.

Unser Detektormodul wurde erst nach meinem Verlassen des ZWG beendet. Die Fertigung stellte eine besondere Herausforderung dar, aber auch der Transport nach Hamburg und die Implementierung in den Gesamtdetektor musste sehr sorgfältig vorbereitet und durchgeführt werden, um die fragilen Strukturen nicht zu zerstören (siehe Abb. 7).

Die endgültige Fertigstellung des kompletten H1-Detektors und damit der Beginn der Forschungsarbeiten am Hera-Projekt erfolgte 1992. Bis 2007, d.h. über 15 Jahre untersuchten Elementarteilchenphysiker damit unter anderem die innere Struktur von Protonen. Ich war zu diesem Zeitpunkt schon nicht mehr Mitarbeiter des ZWG und habe diese Ereignisse daher nicht mehr aktiv miterlebt. Aber ich weiß, unser Detektor funktionierte erwartungsgemäß und hatte eine Lebensdauer, die mit den anderen Detektorkomponenten nicht nur vergleichbar war, sondern diese sogar noch übertraf. Wir haben damals also eine gute Arbeit geleistet.

Fazit

Die Zusammenarbeit mit dem DESY war für uns eine sehr interessante Aufgabenstellung, die uns auch auf die Tätigkeit nach der Wende vorbereitete. So lernten wir die Arbeit in einer sehr großen Kollaboration und an einem umfangreichen Projekt kennen. Das Zusammenspiel der einzelnen Komponenten und damit auch der einzelnen an der Arbeit beteiligten Gruppen war Neuland für uns.

Wir wurden immer freundlich aufgenommen, sicher auch, weil wir, zumindest zu Beginn der Projekte, einen gewissen Exotenstatus hatten. Kurz vor dem Abschluss der Arbeiten, also auch noch vor der Wende, waren etwa 15 Mitarbeiter der Akademie ständig vor Ort in Hamburg. Bemerkenswert ist dabei, dass in den zwei Jahren der Zusammenarbeit keiner der beteiligten Mitarbeiter in Hamburg geblieben ist. Nach der Wende wurden aber einige unserer Mitarbeiter, die am HERA-Projekt beteiligt waren vom DESY mit Zeitverträgen übernommen. Das war für sie sehr wichtig, insbesondere unter Berücksichtigung der ungewissen Zukunft, die alle Mitarbeiter der Akademie, aber besonders die des ZWG damals beschäftigte.

Abb. 7: Unser Detektormodul für den H1-Detektor

Die Kooperation mit DESY war für uns auch wichtig, da wir lernten, benötigte Materialien und Baugruppen in der richtigen Qualität zu recherchieren und dann auch schnell zu beschaffen. Die damit verbundene höhere Effektivität versetzte uns nicht nur in die Lage, die Aufgaben im DESY schnell zu bewältigen, sondern auch später im zweiten Leben Projektplanung und -durchführung besser abzuwickeln.

Das private Leben

Neben der beruflichen Betätigung gab es auch ein privates „erstes" Leben, das natürlich auch von den wirtschaftlichen und politischen Umständen beeinflusst wurde. Trotzdem kann ich für mich und meine Familie aber auch für viele Freunde und Bekannte feststellen: Es war ein erfülltes und auch glückliches Leben.

Was waren die wesentlichen Merkmale?

Soziale Struktur

Die soziale Differenzierung in der DDR war außerordentlich gering. Die Unterschiede zwischen arm und reich waren sehr klein. Das lässt sich an verschiedenen Tatsachen festmachen.

Die Löhne und Gehälter hatten nur eine sehr geringe Spreizung. So war etwa der Lohn meines Hofarbeiters, der den Hof fegte und für das Materiallager verantwortlich war, etwa 650 Mark/Monat. Mein Gehalt als Bereichsleiter war etwa 4-mal höher, und ich hatte ein ziemlich hohes Gehalt. Die Gehälter von Kombinatsdirektoren oder Ministern war auch nur um maximal 50% höher. Sicher, sie genossen zusätzliche Privilegien. Aber die Unterschiede, wie sie heute zu beobachten sind, wo Konzernlenker bis zu 1000-mal höhere Einkommen als das Mindesteinkommen erzielen, waren undenkbar. Diese gewaltigen Unterschiede gab es nicht und sie sind auch durch Privilegien, die in der DDR hohen Staatsangestellten gewährt wurden, nicht kompensierbar. Und wer nach der Wende die Waldsiedlung in Wandlitz besuchte und dort die Häuser gesehen hat, wird feststellen, fast jeder Handwerker in Westdeutschland hatte größere und schönere Häuser.

Es gab aber nicht nur eine geringe soziale Differenzierung, es gab auch keine Ausreißer. Obdachlose oder Bettler waren in der DDR nicht bekannt. Als ich das erste Mal das DESY besuchte und in Hamburg auf der Straße Bettler traf, brach eine Welt für mich zusammen; das reiche Westdeutschland konnte seinen Bürgern nicht ausreichend Geld zum Wohnen geben.

Die Bedeutung von Geld

In der DDR war der Umgang mit Geld völlig anders als es jetzt der Fall ist. Es wurde viel weniger über Geld gesprochen. Es machte nicht den Unterschied. Geld war in der Regel ausreichend vorhanden, um das

Leben vernünftig zu gestalten. Erst nach der Wende wuchs die Bedeutung von Geld rapide. In der DDR war es wichtiger Beziehungen zu haben, um an bestimmte Produkte heranzukommen. Dazu einige Beispiele:

Wir hatten einen Wochenendgarten, in dem wir von Mai bis Oktober die meisten Wochenenden verbrachten. Hier stand unser Bungalow, der aber nur zwei Räume hatte. Wir schliefen mit unseren beiden Kindern in einem Zimmer. Als sie älter wurden, war ihre Unterbringung in einem gesonderten Raum wünschenswert. Wir dachten also über einen Anbau nach. Der sollte aus Holz sein, ebenso wie der Bungalow. Optimal wären natürlich gespundete Bretter gewesen, aber die waren wie Goldstaub. Die Lösung sah dann wie folgt aus. Etwa eine Woche lang war ich jeden Tag bei Öffnung eines Holzlagers in Berlin anwesend. Nach drei oder vier Tagen kannte mich der Verkäufer und wir kamen etwas intensiver ins Gespräch. Ich sagte ihm, dass ich ca. 5 m² Bretter benötigte. Er teilte mit, wann ich mit meinem PKW-Hänger kommen könnte. Dann bekam ich einseitig gehobelte Bretter, viele Randbretter dabei, also solche, auf deren Rückseite noch teilweise die Rinde zu sehen war. Die Kosten dafür waren vernachlässigbar. Mit den Brettern fuhr ich stolz in den Garten. Nun begann eine umfangreiche Arbeit. Zuerst wurden die Bretter einseitig geschliffen, die gehobelten Flächen waren nicht besonders glatt. Anschließend wurden die Bretter mit einer handgeführten Oberfräse genutet, was einen höllischen Lärm machte. Nach diesem Sommer haben wir viele Freunde unter den Nachbarn verloren. Dann endlich konnte ich die Wände des Anbaus aufstellen. Dieser Anbau beschäftigte mich fast den gesamten Sommer. Nach der Wende habe ich die Toilette im Bungalow mit gekauften gespundeten Brettern ausgekleidet. Dazu benötigte ich ein Wochenende, und das Ergebnis sah noch viel besser aus.

Ein anderes Beispiel: Für unser Wohnzimmer suchten wir einen Teppich. Diese gab es im Warenhaus am Alexanderplatz in der Möbelabteilung, aber nur äußerst selten. Man musste bei der Öffnung vor Ort sein, um einen der wenigen vorhandenen Teppiche zu bekommen. Ich stand also häufig morgens vor dem Nebeneingang des Warenhauses, der Weg zur Teppichabteilung von dort war etwas kürzer. Nach einigen Tagen stürmte ich wie immer die Treppe in die zweite Etage zur Teppichabteilung hinauf. Es lag ein Stapel Teppiche dort. Ich griff nach einem und ließ ihn nicht mehr los – bis zur Kasse. Die von uns gewünschte Grundfarbe stimmte, dass konnte ich ja sehen, aber das vollständige Muster sah ich dann erst nach dem Kauf zu Hause – es entsprach zum Glück unserem Geschmack.

Die Preisstruktur der DDR insgesamt war völlig unterschiedlich und überhaupt nicht vergleichbar mit den Preisen in der Marktwirtschaft. Lebenswichtige Produkte wurden gestützt und waren daher sehr preiswert. Es gab eindeutig politische Brotpreise, ein kg Brot kostete 50 Pfennig oder die Mieten lagen bei maximal 5% des Gesamteinkommens. Das hatte dann allerdings zur Folge, dass der Privatbesitz von Immobilien ruinös sein konnte, da Mieteinkünfte bei Weitem nicht die Erhaltungskosten deckten. Das führte dann dazu, dass die Substanz vieler Häuser besonders jener in Privatbesitz verkam. Auch die Versorgung mit Wasser oder Fernwärme war sehr preiswert, oft bereits pauschal im Mietpreis, also den maximal 5% des Gesamteinkommens enthalten. Diese sogenannte ‚zweite Lohntüte‘ ist bei einer Bewertung der Lebensumstände in der DDR zu berücksichtigen.

Auf der anderen Seite waren Gebrauchsgüter sehr teuer. Dazu zählten z.B. Hauswirtschaftsgeräte, Unterhaltungselektronik oder Autos. Man musste nicht nur lange auf ein Auto warten, es kostete auch verhältnismäßig viel. Der Preis für einen Trabbi entsprach etwa einem Jahresgehalt, für einen Wartburg sogar etwa drei Jahresgehälter, und das nach Wartezeiten von mehr als 10 Jahren. Unseren ersten Trabbi bekamen wir, weil ein Kollege eine Anmeldung hatte, das Auto aber nicht haben wollte. Da immer alle Familienmitglieder über eine Anmeldung verfügten, also auch Frau und Mutter, konnten wir etwa alle 4 Jahre ein neues Auto kaufen. Das war dann auch nicht mehr so teuer, da das alte etwa für 80 – 90% des Neupreises verkauft werden konnte. Nach drei Trabbis konnten wir uns einen Wartburg zulegen. Für den waren die Anmeldezeiten noch länger. Ich bekam aber im Frühjahr 1989 die Auszeichnung ‚Verdienter Techniker‘. Damit verbunden war auch eine Geldprämie, immerhin von 7 000 Mark. Mir wurde gesagt, dass man dieses Geld für ein Auto anlegen kann, wenn man einen Brief an den IFA-Vertrieb, die Verkaufsorganisation für alle Autos in der DDR, schreibt, in dem auf die Auszeichnung hingewiesen wird. Das habe ich getan und bekam dann tatsächlich einen Wartburg, am 3.Oktober 1989, also 5 Wochen vor der Grenzöffnung. Zuerst war die Freude groß, nun zwei Autos in der Familie zu haben, so dass wir nicht mehr zum Auto-Sharing gezwungen waren. Aber 5 Wochen später war die Welt plötzlich eine andere. Mir war klar, dass unsere Autos schnell an Wert verlieren würden. Bereits Mitte November verkauften wir daher den Trabbi über eine Anzeige an einen Kunden aus der Lausitz. Der hatte wahrscheinlich noch nicht mitbekommen, dass die Grenze geöffnet war. Wir bekamen für ein 4 Jahre altes Auto den Neupreis! Da war der Preis für den Wartburg zu verkraften. Der hatte schon einen 4-Takt-Motor, der auf einer alten, von VW übernommenen Produktionslinie gefertigt wurde. Leider wurde aber nur der Motor und nicht auch das Getriebe von VW übernommen. Im Golf und im Wartburg waren Motor und Getriebe unterschiedlich zueinander angeordnet. Daher musste beim Wartburg das alte Getriebe an den Motor gebastelt werden. Das hatte zur Folge, dass sich der zweite Gang schon nach 3 Wochen nicht mehr einlegen ließ. Man musste also immer direkt vom ersten in den dritten Gang schalten. Außerdem hatte der Motor noch ein anderes Problem; er war nicht an das Fahrgestell angepasst. Bei Geschwindigkeiten um 120 – 130 kmh^{-1} fing der Wagen an zu schwingen, das aber bei höheren Geschwindigkeiten aber wieder verschwand. Allerdings war dann bei den höheren Geschwindigkeiten die Windanfälligkeit der hohen Karosse gefährlich. Aber Spaß machte das Fahren mit einem solchem Motor schon, waren wir doch bis dahin einen Trabbi gewöhnt!

Kultur

Hervorzuheben war in der DDR, dass der Zugang zu Kultur für jeden möglich war. Jeder konnte sich Kultur leisten, und es wurde auch, unabhängig von der Bildung und der sozialen Lage, jeder an Kultur herangeführt. Wir hatten während der Oberschulzeit ein Theater-Abo, das die beiden Ostberliner Opern, das Deutsche Theater, das Berliner Ensemble und andere Theater einschloss. Die Karten kosteten jeweils 3 - 4 Mark. Die waren zwar nicht in der ersten Reihe, aber wirklich für jeden erschwinglich.

Später, in den 80iger Jahren gingen wir etwa monatlich einmal ins Theater, immer ohne die Karten vorher gekauft zu haben. Es werden in jedem Theater Karten aus der Mitte der ersten und zweiten Reihe zurückgehalten, für den Fall eines Theaterbesuches der Königin von England. Da die aber nie kommt, werden diese Karten immer etwa 30 min vor der Aufführung verkauft. Im Deutschen Theater kostete eine dieser Karten um die 12 Mark. Das war in jedem Fall bezahlbar. In gleicher Weise waren auch anderen Kulturgüter, Museen oder Konzerte für jeden erreichbar.

Auch Bücher waren sehr preiswert. Fachbücher dabei auch in der Regel didaktisch besser als entsprechende Bücher aus dem Westen. Wenn ich etwa ein bis zweimal im Monat in einen Buchladen ging, kam ich meist mit zwei oder drei Büchern - Belletristik - raus, und das hatte dann zusammen nie mehr als 10 – 12 Mark gekostet.

Reiselust

Grundlagen für meine immer noch bestehende Reiselust wurden schon zeitig angelegt. Meine Eltern hatten viele Geschwister, die alle in Westdeutschland wohnten und die wir auch regelmäßig besuchten, zumindest bis zum Mauerbau. Die erste Reise machte ich mit 4 oder 5 Jahren mit meinem Vater nach Minden, später dann auch in die Nähe von Bonn, ins Tecklenburger Land und in die Lüneburger Heide. Besonders in Erinnerung sind mir zwei Reisen geblieben, die ich ohne Eltern machte. 1959 war ich mit meiner Mutter in Westberlin, sie wollte sich über Möglichkeiten einer Landverschickung erkundigen. Da wurde uns angeboten, dass ich in etwa drei Stunden mit einem Flugzeug nach Hannover fliegen könnte. Ich fand mich also drei Stunden später in einem alten Rosinenbomber wieder, die Blechsitze waren entlang der Fensterfront angeordnet, so dass man sich den Hals verrenken musste, um nach draußen zu sehen, aber es war spannend! In Hannover auf dem Flugplatz holte mich niemand ab, daher wurde ich erstmal auf den Bahnhof gebracht, wo ich in der Bahnhofsmission übernachtete. Das Schlimmste für mich war, glaube ich, dass ich keinen Schlafanzug dabeihatte. Am nächsten Tag wurde ich in einen Zug nach Walsrode gesetzt, wo mich mein Onkel abholte.

Eine weitere Reise ging nach Osttirol, in die Nähe von Lienz. Unsere Kirchgemeinde hatte eine Patenschaft mit einer Kirchgemeinde in Westberlin, in Zehlendorf. Dort machten die Ministranten – es waren katholische Gemeinden – eine Jungendfahrt nach Österreich. 1961 wurde angeboten, einen Ministranten aus unserer Gemeinde mitzuschicken. Ich hatte das Glück, ausgewählt zu werden. Es ging also Ende Juli los, mit dem Bus nach München, dann mit dem Zug durch den Tauerntunnel nach Spittal und von dort nach Lienz und weiter nach Abfaltersbach. Es war sehr spannend, die dortigen Berge zu besteigen und in der oberen Drau zu baden. Während dieser Reise lernte ich auch Monopoly kennen. Das Spiel hat mir so gefallen, dass ich es zu Hause aus Sperrholz und Zeichenkarton nachbaute. Es erreichte uns dort aber auch über Kurzwelle, d.h. völlig verrauscht, die Nachricht vom Bau der Berliner Mauer am 13. August, 1000 km von zu Hause entfernt. Die Heimreise eine Woche später erfolgte auf dem gleichen Weg wie die Hinfahrt. Ich hatte damals einen Kinderausweis aus Westberlin. Von Westberlin brachte mich dann ein Bekannter meiner Eltern nach Hause. Das war der letzte

Tag, an dem Kinder ohne Begleitung ihrer Eltern die Grenze passieren durften.

Wir machten aber auch in jedem Jahr Urlaub. Das fing schon zu Kinderzeiten an. Da waren es oft Kinderferienlager, die von den Betrieben der Eltern organisiert wurden. Das war immer über 2 Wochen eine unbeschwerte Zeit. Auch meine Eltern konnten sich Urlaube leisten, zwar nicht in Italien, aber in den Ferienheimen der Betriebe oder der Gewerkschaft, die auch in der DDR viele Möglichkeiten boten. Das ging bei mir bis zum 14.Lebensjahr. Danach fuhr ich ohne Eltern ins Schulzeltlager, zuerst mit dem Fahrrad, dann per Anhalter an die Ostsee oder auch quer durch Polen. Als ich dann eine eigene Familie hatte, fuhren wir die ersten Jahre immer an die Ostsee. Der Strand war einfach ideal als großer Buddelkasten für die Kinder. Sobald die besser laufen konnten zog es uns dann in die Berge zum Wandern. Dafür kamen Ziele in der Tschechoslowakei in Frage: Riesengebirge, Altvater-Gebirge, Beskiden, Mala Fatra oder Tatra, immer mit dem Zelt. Für vier Personen musste immer alles in und auf den Trabant passen. Die Kinder lagen auf den Rücksitzen, die voll mit Schlafsäcken und Decken bepackt waren, auf dem Dach das Zelt und die Campingmöbel und im Auto die Verpflegung. Es machte uns immer viel Spaß und wir lernten die verschiedenen Gebirge kennen und das Naturerlebnis zu schätzen.

Natürlich wären wir auch gern in die Alpen gefahren, oder auch nach Paris oder in andere Gegenden der Welt. Aber das ging halt nicht. Der stärkste Grund dafür war aus meiner Sicht, dass nicht ausreichend Reisemittel zur Verfügung standen. Schon für Reisen in das sozialistische Ausland gab es limitierte Umtauschsätze, da die Währungen nicht frei konvertierbar waren. Da aber die Reisemöglichkeiten für uns so beschränkt waren, entwickelte sich bei mir nie der wirkliche Drang, derartige Reisen zu unternehmen. Der Wunsch war sicher latent vorhanden, aber er wurde nie bestimmend oder wuchs sich gar als Grund für einen Ausreisewunsch aus.

Das war offensichtlich bei anderen Menschen anders. Sie fühlten sich eingesperrt und wollten das Land unbedingt verlassen. Sie wussten aber offensichtlich nicht, dass es nicht ausreicht, Reisefreiheit zu genießen, sondern man benötigt auch das Geld dazu. Ich habe dann viele Wessis kennengelernt, die zwar die Freiheit, aber nicht das Geld zum Reisen hatten und daher zu Hause bleiben mussten. Aber in der DDR gab es viele Ausreisewillige. Heutzutage würden einige davon auch als Wirtschaftsmigranten bezeichnet werden, damals waren es aber Flüchtlinge aus politischen Gründen, die in der BRD mit offenen Armen aufgenommen wurden.

Eines haben wir uns aber aus der Zeit der DDR bewahrt – die Neugier auf andere Länder und fremde Kulturen. Erst wenn man die Welt „geschaut" hat, kann man eine eigene Weltanschauung entwickeln.

Politikinteresse

Bei vielen Menschen in der DDR war das Interesse an Politik sehr groß. Das hatte verschiedene Gründe. Zum einen sicher die ideologisch geprägte Erziehung und Ausbildung, aber dieser Einfluss müsste - gewiss in unterschiedlicher Weise ausgerichtet - in jedem Land zu beobachten sein. Ein anderer Grund war das Interesse an und die Sorge um die Situation im Lande. Wie bereits festgestellt, drehten sich die meisten privaten Gespräche, zumindest in den letzten Jahren vor der Wende, um die weitere Entwicklung des Landes. Damit wurde auch die politische Entwicklung sehr genau verfolgt. Sicher waren die Zeitungen alle mehr oder weniger zensiert und in ihren Aussagen gesteuert. Aber wir hatten ein Gespür dafür, warum es welche Nachrichten gab, welche Informationen verschwiegen wurden und wie das zu interpretieren war. Wir lasen die Zeitung vor allem zwischen den Zeilen. So konnte man die zutreffenden Informationen erlagen. Theaterstücke und Literatur wurden mit großem Interesse verfolgt, insbesondere wenn sie kritisch aktuelle Probleme aufgriffen und sich damit auseinandersetzten. Jede Anspielung wurde verstanden, goutiert und diskutiert. Kritische Bücher oder Artikel wurden unter der Hand kopiert und weitergegeben.

Wir waren sehr neugierig und wollten wissen, was in anderen Ländern passiert. Immer wieder machten wir nach der Wende die Erfahrung, dass die Kenntnisse der meisten Ossis über die Welt deutlich fundierter waren als die der Wessis. Allerdings machten wir auch die Erfahrung, dass Wessis nicht nur die waren, die uns vorher in der DDR als angebende, laut und dumm daherredende Leute auffielen, die mit Geld, das zu einem hohen Wechselkurs getauscht wurde um sich schmissen. Es gab auch im Westen viele, die sich ernsthaft mit der sozialen und politischen Entwicklung auseinandersetzten und einen kritischen Blick auf die Welt hatten. Die sind nur durch ihr Verhalten in der DDR nicht aufgefallen.

Später lernte ich aber auch, dass es nicht unbedingt einer Zensur bedarf, um die Informationsvermittlung zu steuern. Wenige Wochen vor dem Einmarsch der amerikanischen Truppen in den Irak im Jahr 2003 hatte ich ein Gespräch in Berlin mit zwei Amerikanern, politisch durchaus interessierte Wissenschaftler. Wir diskutierten über den bevorstehenden Krieg im Irak und beide waren der Meinung, dass der unbedingt notwendig ist, da der Irak über Massenvernichtungswaffen verfügt. Ich sah dafür überhaupt keine technologischen Voraussetzungen, aber sie ließen sich nicht überzeugen. Ein Jahr später bei einem weiteren Gespräch hatte sich ihre Meinung deutlich gewandelt. Die Realitäten haben sich anders dargestellt als erwartet. Trotzdem waren sie anfangs von der Notwendigkeit dieses Krieges durch die ständige Bearbeitung seitens der Medien überzeugt.

Nach diesem Beispiel habe ich die Aussagen meiner Eltern über ihre Unkenntnis der Situation während des dritten Reiches besser verstehen können und ich überdachte auch - nicht nur - meine Haltung während der DDR.

Wendezeiten

Persönliches Erleben der politischen Veränderungen

Wie schon beschrieben, beobachtete und diskutierte in den letzten Jahren der DDR, insbesondere aber 1989, ein großer Teil der Bevölkerung die politischen Ereignisse. Gründe dafür waren die immer weiter verfallende Infrastruktur, die geringe Effektivität der Wirtschaft, der infolge der grenzüberschreitenden Medien nicht verborgen bleibende größer werdende Unterschied zwischen Ost und West sowie die unrealistischen Aufgabenstellungen für Wissenschaft und Industrie in der DDR. Diese Tatsachen und die ständig wachsende Zahl von Ausreisewilligen vermittelten immer deutlicher die Erkenntnis: So kann es nicht weitergehen. Wir betrachteten das aber immer unter dem Blickwinkel einer Verbesserung der DDR, eine Vereinigung der beiden deutschen Staaten stand nicht zur Diskussion. Diese Einstellung resultierte nicht nur aus der Erfahrung, dass jedes Ausbrechen aus dem Verbund der sozialistischen Staaten mit einer Intervention der Sowjetunion beendet werden würde, sondern vor allem aus dem Bestreben, die eigene Heimat besser zu machen. Unterstützt wurden diese Ideen natürlich durch Veränderungen, die sich unter Gorbatschow in der Sowjetunion vollzogen. Glasnost und Perestroika, d.h. Offenheit und Umbau waren auch bei uns wünschenswert. Aber nichts dergleichen geschah. Im Gegenteil, die alten Herren des Politbüros blieben stur bei ihrer Linie. Das wurde für mich besonders deutlich, als im Februar 1989 die Tagesordnung für den nächsten Parteitag der SED, der im Mai 1990 stattfinden sollte, bekannt gegeben wurde. Die Hauptreferate sollten von dem alten Dreigestirn Honecker, Stoph und Sindermann gehalten werden. Das bedeutete: Es bleibt alles beim Alten, es wird keine signifikanten Änderungen in der Politik geben, der Geist von Glasnost und Perestroika wird die DDR nicht erreichen. Diese Erkenntnis war ernüchternd und sorgte sicher auch dafür, dass sich die Ausreisewelle noch verstärkte und sich auch neue Wege suchte, etwa über die Botschaft in Prag oder die Ständige Vertretung in Berlin. Die Diskussionen über die Zukunft des Landes nahmen entsprechend zu, insbesondere zum 40. Jahrestag der DDR im Oktober, als aus diesem Anlass Gorbatschows Berlin besuchte. Die übliche Parade Unter den Linden wurde zu einer Demonstration für ihn und seine Ideen. Das war ungewohnt und die Kritik an Honecker verstärkte sich. Die Medien änderten ihre Aussagen, es gab plötzlich nicht mehr nur „Hofberichterstattung", sondern auch Auseinandersetzungen mit den aktuellen Problemen. Es war eine außerordentlich interessante und auch aufregende Zeit. Ich war jeden Tag pünktlich zu Hause, um die neuesten Fernseh-Nachrichten zu sehen. Für mich war es völlig ungewohnt, meinen Arbeitsplatz so zeitig zu verlassen. Doch der Drang, die aktuellen Nachrichten zu verfolgen war größer als jeder Druck bei der Arbeit. Das waren Zeiten, in denen die ‚Aktuelle Kamera‘ viel interessanter war als ‚Tagesschau‘ oder ‚Heute‘. Die Ablösung Honeckers 10 Tage nach der Parade war dabei nur eines der bemerkenswerten Ereignisse. Vor allem die realere Darstellung unserer Lebenswirklichkeit und die offene Diskussion von Problemen gab uns viel Hoffnung. Die politische Situation spitzte sich immer mehr zu. Insbesondere in Kirchenkreisen wurden die Probleme immer häufiger diskutiert. Das wurde von der Stasi genau beobachtet. Am 7. Oktober ging sie mit Gewalt gegen Kirchenbesucher vor, trotz dringender Aufrufe zur Gewaltfreiheit. Viele der Protestierer wurden verhaftet und nach Rummelsburg verbracht. Das verschärfte nochmals die Situation. Für die bereits seit Anfang September in Leipzig stattfindenden, bisher gewaltfreien Montagsdemonstrationen bestand die Gefahr, dass nun auch diesen mit Gewalt entgegengetreten werden würde. Es gab einen viel beachteten Aufruf von drei SED-Bezirkssekretären, einem Theologieprofessor sowie zwei Künstlern, dem Gewandhauskapellmeister Kurt Masur und dem Kabarettisten Bernd-Lutz Lange zu Gewaltfreiheit. Der wurde zum Glück befolgt. Auch die nächsten Montagsdemonstrationen in Leipzig, aber auch in Dresden, Karl-Marx-Stadt und Plauen blieben weitgehend gewaltfrei.

Es gab dann noch einen Höhepunkt, den 4. November in Berlin. Ich war die Woche vor diesem Samstag in Siegen und Mainz. In Siegen waren Gespräche am Institut für Experimentalphysik der Uni Siegen mit Professor Walenta und seinen Mitarbeitern notwendig. Von dort sollten die Vorverstärker für unsere Mehrdrahtkammer für das H1-Projekt kommen. Wir wohnten bei Professor Walenta im Haus und trafen uns jeweils morgens und abends am Esstisch und unterhielten uns über die politische Situation. Es war für uns nicht einfach, einerseits den unerträglichen Zustand zu sehen und trotzdem zu versuchen, die Fragen nach den Ursachen und dem Verhalten der Regierung der DDR zu beantworten. Gerade in dieser Zeit wurde den in der Prager Botschaft festsitzenden Menschen die Ausreise gestattet. Das wurde von uns allen bei diesen Diskussionen mit Erleichterung aufgenommen.

Von Siegen machten wir noch einen Abstecher nach Mainz. Dort war der Vertreter von KEVEX angesiedelt, der mir in den ersten Jahren so viel Unterstützung beim Aufbau der ersten Detektorsysteme gegeben hatte und mir dabei auch mal eine Stelle angeboten hatte. Nach einem kurzen Besuch bei ihm machten wir uns dann am Abend des 3. November auf den Weg nach Hause. Am Samstagmorgen gegen 2 Uhr waren wir wieder in Berlin. An diesem Samstag fand dann auch die große angemeldete Demonstration auf dem Berliner Alex statt. Im Rundfunk wurden Warnungen ausgesprochen, dass die Teilnahme gefährlich werden könnte. Wir ließen die Kinder zur Sicherheit zu Hause. Die Demonstration verlief dann aber ausgesprochen friedlich. Der Demonstrationszug führte über Liebknechtstraße, Marx-Engels-Platz und Grunerstraße zurück zum Alex. Die organisierenden Künstler hatten phantasievolle Spruchbänder und Plakate vorbereitet, die auf sehr humorvolle Weise die Regierungsriege auf die Schippe nahmen. Wir hatten eher das Gefühl, es handelt sich um ein Happening und nicht um eine Protestdemonstration. Die Vorträge der dann sehr unterschiedlichen Redner, waren alle geprägt von der Forderung nach einem Neuanfang, nach dem Erhalt der positiven Seiten der DDR, aber auch nach mehr Freiheit und Änderungswillen. Eine Vereinigung von Ost und West stand zu dieser Zeit nicht zur Diskussion. Noch stand die Losung ‚Wir sind das Volk‘ im Mittelpunkt. Es war sehr beeindruckend, gemeinsam mit mehr als einer halben Million Menschen der eigenen Meinung Ausdruck zu verleihen. Wir gingen mit einem guten Gefühl nach Hause.

Kurz danach, am 7. November, wurde nach der bereits Mitte Oktober erfolgten Ablösung Erich Honeckers als Generalsekretär der SED auch die Regierung umgebildet und Hans Modrow als neuer Regierungschef berufen. Das gab uns Hoffnung, obwohl die politische Entwicklung schon zu weit fortgeschritten war, um wirklich durch eine Regierungsumbildung noch eine Umwandlung des Staates erreichen zu können.

Am Abend des 9. November, es war ein Donnerstag, gab es dann die denkwürdige Pressekonferenz der neuen Regierung, in der Schabowski am Ende fast nebenbei mitteilte, dass man übrigens beschlossen habe, dass nun für Besuchsreisen in die BRD nicht mehr die Angabe von Gründen erforderlich sei. Ich nahm das mit Befriedigung zur Kenntnis und dachte, nun hat es endlich ein Ende mit den ständigen Diskussionen zu Reisen in die BRD. Dass hiermit der erste Schritt für die Vereinigung Deutschlands gelegt wurde, war mir zu diesem Zeitpunkt nicht klar.

Am nächsten Tag kam ich dann früh ins Institut. Es war gegen 6.30 Uhr. Auf der halben Treppe kamen mir meine Sekretärin, meine Assistentin sowie mein Produktionschef entgegen. Sie fragten: ‚Hast du schon gehört, die Grenzen sind offen. Wir müssen das sehen‘. Ich sagte: ‚Na wenn Ihr das sehen wollt, dann müsst ihr los'. Von unserem Bereichsgebäude zum Grenzübergang Sonnenallee waren es etwa 3 km. Sie fuhren zu dorthin, ließen das Auto stehen, überquerten die Grenze, fuhren mit einem Linienbus die Sonnenallee entlang bis zum Hermannplatz, bekamen dort gratis eine Bild-Zeitung, gingen auf die andere Straßenseite und begaben sich auf gleichem Weg wieder zurück. Nach einer guten Stunde trafen sie wieder im Bereich ein und erledigten an dem Tag ihre Arbeit. Dieses Verhalten fand ich bemerkenswert, aber auch irgendwie typisch; viele DDR-Bürger wollten sich den Westen mal ansehen, dortbleiben kam aber eigentlich nicht in Frage.

Mein erster Besuch mit der Familie in Westberlin erfolgte am Samstag (11.11.). Für uns war der Übergang Heinrich-Heine-Straße der nächstliegende. Wir gingen aber nicht zu Fuß, sondern fuhren mit dem noch neuen Wartburg. Das war auch gut so. Die Straße war voller Menschen, die alle in Richtung Grenzübergang liefen. Aber mit dem Auto trauten sich offensichtlich noch nicht so viele in den Westteil der Stadt. Wir kamen schnell über die Grenze. Und es war erstaunlich, die sonst immer grimmigen Grenzer waren plötzlich freundlich. Einer hatte sogar eine Blume im Gewehrlauf, so wie es die Bilder von der Nelkenrevolution in Portugal gezeigt hatten. Das grimmige Auftreten, glaube ich, war nicht ideologisch bedingt, es war einfach der Tatsache geschuldet, dass die Grenzer bis dato immer alle und alles abweisen mussten. Nun konnten sie endlich den Leuten den Gefallen tun und sie passieren lassen. Das machte ihnen viel mehr Spaß. Den gleichen Effekt konnte man dann bald auch bei Verkäuferinnen beobachten. Nachdem Ihre Regale gut gefüllt waren und sie ihren Kunden endlich die Kaufwünsche erfüllen konnten, waren sie nicht mehr so abweisend. Bis zu einer wirklichen Freundlichkeit ist es in Berlin allerdings noch ein weiter Weg!

Als wir den Grenzübergang passiert hatten und am Moritzplatz standen, kam plötzlich ein Konvoi amerikanischer Armeefahrzeuge auf den Platz zugefahren. Wir hatten nach Kuba, Chile und Vietnam unsere Vorurteile und waren starr vor Angst. Aber der Konvoi drehte nur eine Runde um den Moritzplatz und verschwand wieder in die Prinzenstraße. Wir waren froh und steuerten als erstes Ziel den Platz der Luftbrücke an und dort die Filiale der Dresdner Bank. Wir wollten das Begrüßungsgeld abholen. Sicher ist sicher dachten wir, denn nun konnten plötzlich alle DDR-Bürger das Geld erhalten. Das würde etwa 1.5 Milliarden D-Mark bedeuten und es entstand die Frage, ob das alle bekommen würden? Also standen wir mindestens eine Stunde an und bekamen unser erstes Westgeld. Von dort fuhren wir nach Neukölln in die Karl-Marx-Straße

– etwas Nostalgie musste schon sein. Wir schlenderten die Straße entlang, die Geschäfte hatten alle geöffnet und versuchten das „Begrüßungsgeld" der Ostberliner gleich wieder abzuschöpfen. Die Geschäftsleute hatten alle Altbestände aus ihren Lagern geholt und die ältesten Sachen gleich auf dem Fußweg präsentiert. Häufig war nicht mal die Zeit geblieben, den Staub der vergangenen Jahre abzuschütteln. Viele Besucher setzten auch gleich einen Teil des Geldes um. Und so floss das Geld letztlich zurück als Unterstützung für die Wirtschaft im Lande, wie später auch viele der Soli-Gelder. Insbesondere Kleidung und Spielzeug waren die Renner. Mich ärgerte aber, wie wirklich der letzte Schund den Ahnungslosen angedreht wurde. Mit der Zeit lernten dann aber die DDR-Bürger, dass so wie in der Gesellschaft auch bei der Produktqualität die Differenzierung im Westen deutlich größer war. In der DDR gab es Produkte von mittlerer und etwas besserer Qualität. Nun lernten wir, dass im Westen nicht alles Gold ist was glänzt, dass die Qualität der Produkte sehr hoch sein konnte, aber auch der größte Schruz angeboten wird. Und insbesondere den sahen wir an den ersten Tagen, allerdings für viel Geld.

Am Abend des 11. November fuhren wir ein zweites Mal nach Westberlin, dann aber mit der S-Bahn. Der Sohn, der am Vormittag in der Schule war, hatte sein Begrüßungsgeld noch nicht. Diesmal fuhren wir zum Bahnhof Zoo und erkundeten das Zentrum West. Um diese Zeit war auch der Andrang an den Banken schon deutlich geringer und wir wurden schnell bedient.

In den nächsten Wochen besorgten wir uns einen Stadtplan von ganz Berlin, bei uns gab es immer nur Pläne für den Ostteil. Mit diesem Plan erkundeten wir die Stadt in der wir lebten. Fast jedes Wochenende suchten wir uns gezielt eine Gegend aus und fuhren dorthin: Zehlendorf, Halensee, Wilmersdorf, Spandau usw. In besonderer Erinnerung ist ein Ausflug an einem Wochenende im Frühjahr. Wir fuhren zum Grunewaldsee. Es war sonnig und die Luft schon lau. Wir stellten fest, dass wir nicht die Einzigen waren, die dieses schöne Wetter nutzen wollten. Wie bei einer Demonstration wälzte sich eine Karawane in Zehnerreihen entgegen dem Uhrzeigersinn um den See. Das war völlig anders als bei Spaziergängen in den brandenburgischen Wäldern. Wir stellten mit Erstaunen fest, nicht wir in der DDR waren die Eingesperrten, sondern die Westberliner.

Die politische Entwicklung machte nun große Schritte. Kohl schlug bereits Ende November im Bundestag einen 10-Punkte-Plan zur Wiedervereinigung vor. Dafür wurde er kurz vor Weihnachten in Dresden gefeiert und die Losung ‚Wir sind das Volk' wechselte schnell in die neue Losung ‚Wir sind ein Volk', deren Initiator auch heute noch nicht bestimmt werden kann. Von nun an konnte eine Polarisation beobachtet werden. Viele, einschließlich der Oppositionsgruppen, waren der Ansicht, die DDR kann verbessert werden, andere dagegen, vor allem westdeutsche Politiker, wollten die Vereinigung mit der BRD. Eines wurde aber offensichtlich, es lagen keine Konzepte in den Schubladen, wie im Fall einer Wiedervereinigung zu verfahren sei. Und das, obwohl in der BRD vor der Wende ständig darüber geredet wurde. Das zeigt sich auch bei dem Versprechen blühender Landschaften, das kurz vor den letzten Wahlen der DDR im März 1990 von Helmut Kohl quasi als Wahlversprechen gegeben wurde. Man dachte offensichtlich, dass die Wirtschaft der DDR über eine ausreichende Stärke verfügte, um weiter zu bestehen. Eigentlich stimmte das auch, aber es waren die gleichen Produkte, wie auch in der BRD. Im Westen gab es ausreichende Produktionsreserven, um leicht auch den ostdeutschen Markt mit diesen Waren zu versorgen. Die wurden dann auch gern gekauft, es war schließlich Westware. Auch fand keine Berücksichtigung, dass die Exportmärkte der DDR zusammenbrechen würden. Wenn man nicht mehr mit dem ‚Spielgeld' des Ostblocks bezahlen konnte, sondern harte Währung einsetzen musste, konnte man auch gleich die Westprodukte kaufen. Und so wurden es dann in der Tat schnell blühende Landschaften, da die DDR-Industrie einbrach und sich auf den Industriegeländen das Unkraut breit machte.

Die Treuhandgesellschaft trug ein Übriges dazu bei. Hier wurde nicht versucht Bewahrenswertes zu erhalten, sondern die DDR-Firmen wurden einfach verramscht. Das allerdings gezielt. Es gibt unzählige Beispiele dafür, hier seien nur zwei erwähnt. Es gab in Berlin (Ost) eine Quarzschmelze als VEB. Die musste privatisiert werden. Es bot sich eine Kooperation mit einer Quarzschmelze in Baden-Württemberg an. Der Kontakt wurde hergestellt, das beiderseitige Interesse war groß. Es würde auch keine Überlagerung der Interessensgebiete geben, da sich Produkte und Technologien vorteilhaft ergänzten. Das Unternehmen in Baden-Württemberg bekundete seine Absicht an einer Übernahme und alles wurde dafür vorbereitet, d.h. es wurden der westdeutschen Firma technologische und betriebswirtschaftliche Unterlagen bereitgestellt und auch alle Informationen zum Kundenpotential übergeben. Die Übernahme war schon so weit vorbereitet, dass sämtliche Entscheidungen und auch Rechnungen in Baden-Württemberg genehmigt und abgezeichnet werden mussten. Als es dann zur endgültigen Unterschrift kommen sollte, war das Interesse plötzlich erloschen, aber alle wichtigen Informationen und Unterlagen waren in Baden-Württemberg und blieben auch dort. Die Berliner Quarzschmelze überließ man dann ihrem Schicksal.

Das andere Beispiel betrifft den Bereich, in dem wir arbeiteten. Wir verfügten über einige Produkte mit Alleinstellungsmerkmalen. Es entwickelte sich die Hoffnung, eine Firma zu gründen und weiterarbeiten zu können. Die ersten Versuche wurden noch von mir unternommen. Es war schon schwierig auch nur ein Bankkonto einzurichten. Wir hatten die Möglichkeit, zusätzlich Leistungen für das DESY zu erbringen und diese bezahlt zu bekommen. Wir wollten diese Gelder auf einem gesonderten Konto anlegen, um sie dann für einen späteren Firmenstart nutzen zu können. Die Commerzbank war im ersten Quartal des Jahres 1990 nicht bereit für ‚Ostler‘ ein Konto zu eröffnen. Später, unter der Ägide der Treuhand, wurde auch versucht, den Bereich zu verkaufen. Er wurde verschiedenen Interessenten angeboten. Der Kaufpreis ging bis zu EINER D-Mark herunter. Das Interesse war aber nicht so groß. Erst als letzten Ausweg wurde einer Gruppe von Mitarbeitern ein Management Buy Out gestattet. Sie gründeten die Firma Röntec.

Die Chance für ein besseres Deutschland wurde vergeben. Sicher wäre mehr von der DDR erhaltenswert gewesen als der grüne Rechtsabbiegepfeil. Inzwischen hat man dazu gelernt. Es gibt nun Ärztehäuser, die früher Polikliniken hießen, und es gibt Kitas, die früher man Kindergärten nannte usw. Aber eigentlich ging es um viel mehr. Bei einer Wiedervereinigung hätten die guten Ideen und Erfahrungen beider Seiten genutzt werden können. Das lag aber nicht im Interesse der westdeutschen Politik, vor allem aber nicht im Interesse der westdeutschen Industrie. Die konnte sich auf diesem Wege neue Vertriebsgebiete erschließen und Wettbewerber einfach ausschalten. Durch die späteren Aktionen der Treuhand wurden ihnen dann sogar noch oft Gelder für die Sanierung aus dem Solidaritätsfonds bereitgestellt, die nicht immer zweckbestimmt eingesetzt wurden, sondern auch in die Mutterbetriebe im Westen investiert wurden.

Der Beitritt der DDR, der dann im entsprechenden Vertrag beschlossen wurde, stülpte der DDR ein neues System über. Der Vertrag wurde, so denke ich, auch ungleich ausgehandelt. Von Seiten der BRD agierten echte Profis, seitens der DDR Politikanfänger, die sich dadurch eine staatliche Funktion sicherten und zuweilen später sogar kriminell auffielen.

Mit dem Beitritt ergab sich für viele Menschen in den neuen Bundesländern eine völlige Änderung der Lebensumstände. Unser gesamtes bisheriges Leben wurde in Frage gestellt. Das war insbesondere bei denen der Fall, die eine große ‚Staatsnähe' aufwiesen. Und das betraf viele, auch viele Hochschulabsolventen. Die, die in staatlichen Organisationen arbeiteten sowieso. Da wurde sehr stark ausgesiebt. Es waren alle Stellen in den Ämtern und Ministerien besetzt. Auch die meisten Hochschullehrer wurden ausgewechselt. Und die neuen, die diese Stellen übernahmen und alle aus den alten Bundesländern stammten, waren in ihren Instituten oft nur zweite oder gar dritte Wahl. Gute Wissenschaftler hatten in den alten Bundesländern schon gute Stellen. Diese Situation war in der Industrie und in der Treuhand noch ausgeprägter. Da war von vornherein klar, dass diese Stellen nur befristet sein würden, was viele dazu verführte, das schnelle Geld zu machen – in der Regel auf Kosten der Beschäftigten im Osten. So verwundert es nicht, dass bestimmte Vorurteile sich noch immer halten und gepflegt werden. Allerdings denke ich auch, dass bei einer Wiedervereinigung unter anderem Vorzeichen, d.h. bei einem ‚Beitritt' der Bundesrepublik zur DDR diese Einschnitte sehr viel einschneidender gewesen wären.

Für uns ergaben sich viele Änderungen nicht nur im beruflichen, sondern auch im privaten Leben. Ich erinnere mich z.B. an meine erste Steuererklärung. Ich hatte die selbst gemacht, um zu verstehen, welche Ein- und Ausgaben zu berücksichtigen waren. Im ersten Leben waren diese Sachen einfach. Wir konnten unser Leben weitgehend vom Sofa aus organisieren. Das wurde jetzt anders. Ich erinnere mich, dass aber auch die Finanzämter in den neuen Bundesländern erhebliche Schwierigkeiten hatten, die Bearbeitung der Steuerunterlagen durchzuführen. Ich hatte meine Unterlagen rechtzeitig abgegeben. Es dauerte und dauerte mit der Bearbeitung. Als wir dann zwischenzeitlich umzogen, wurden die Unterlagen umgehend an das Finanzamt in Kleve geschickt. Dort ging die endgültige Bearbeitung schnell und wir bekamen durch die Verzögerungen in Berlin nicht nur zu viel gezahlte Steuern zurück, sondern sogar noch Zinsen für die zu langsame Bearbeitung. Allerdings lagen die Zinsen deutlich unter dem damals üblichen Bankenniveau.

Tiefgreifende Veränderungen bestimmten für eine lange Zeit das Leben in den neuen Bundesländern. Die Anpassungen waren für viele Menschen nicht einfach. Für die Bundesdeutschen stellte schon die Umstellung auf ein neues Postleitzahlensystem ein Problem dar. Da kamen ganz andere Änderungen auf die ‚Ostler' zu. Für fast alle bedeuteten sie einen Bruch in ihrer persönlichen Biographie. Aber viele haben diese

Änderungen auch gemeistert, nicht zuletzt auch durch ihre ordentliche Ausbildung.

Wissenschaftlerabwicklung

Die Wende bedeutete für viele Wissenschaftler der DDR einen Bruch in ihrer Biographie. An den Universitäten wurden Lehrstuhlinhaber wegen zu starker ‚Staatsnähe' abgelöst. Da spielte die fachliche Qualifikation keine Rolle, sie wurden ausgesondert und mussten sich neue Beschäftigungen suchen. Im Zuge dessen versuchten sich einige „unterdrückte" Wissenschaftler in die freigewordenen Funktionen heraufzuarbeiten. Aber in der Regel wurden „Westimporte" vorgezogen, auch wenn deren fachliche Qualifikation nicht an die der ehemaligen Lehrstuhlinhaber heranreichte. Adere Bewertungskriterien der wissenschaftlichen Leistung spielten dabei auch eine Rolle. Die Anzahl von Publikationen war im Osten nicht von so großer Bedeutung, allerdings wurde auf deren Qualität Wert gelegt.

Eine besondere Situation ergab sich für die Mitarbeiter der Akademieinstitute. Für die gesamte Grundlagenforschung an der Akademie wurde eine Evaluierung durchgeführt. Das bedeutete, alle Arbeitsgruppen in allen Instituten wurden in ihrer Leistungsfähigkeit bewertet. Die Evaluierung erfolgte durch ausgewiesene Wissenschaftler aus der BRD. Das war gut, denn für eine fundierte Einschätzung war auch das entsprechende Wissen erforderlich. Allerdings war das auch ein Nachteil, die zu Bewertenden waren die künftigen Konkurrenten um die Fördertöpfe. Und in diesem Fall wurde das Prinzip „teile und herrsche" bevorzugt. Gute Leute wurden möglichst in die eigenen Gruppen eingegliedert. Nur wenige größere Gruppen blieben nach der Evaluierung erhalten, viele wurden auf verschiedene Arbeitsgruppen aufgeteilt oder neu zu gründenden Instituten zugeordnet, noch mehr blieben aber auf der Strecke, insbesondere wenn sie nicht in der Grundlagenforschung arbeiteten, also z.B. wie wir aus dem Gerätebau kamen. Die standen dann zuerst auf der Straße. Einige gründeten mit den von ihnen bearbeiteten Produkten eigene Firmen. Sie mussten sich dabei nicht nur mit der Entwicklung ihrer Produkte und deren Markteinführung beschäftigen, sondern waren darüber hinaus durch das Erlernen der neuen Lebensumstände, der Gesetze der Marktwirtschaft, der unbekannten Anforderungen für einen breiten Vertrieb ihrer Produkte, der neuen Steuergesetzen und vieles mehr gefordert. Andere wieder fanden sich in der Industrieforschung der BRD wieder.

Speziell für die Röntgenanalytik kann man feststellen, dass in fast allen Westfirmen, die auf diesem Gebiet tätig waren und sind, wesentliche Anstöße für neue Produktentwicklungen von ehemaligen ‚Ossis‘ gegeben wurden. Als Produktentwickler oder F&E-Verantwortliche leisteten sie in ihren neuen Firmen eine wichtige Arbeit. Allerdings wurden nur von wenigen eigene Firmen gegründet. Die Reproduktionszeit im wissenschaftlichen Gerätebau ist sehr lang. Liegt eine Produktidee vor, muss diese ausgearbeitet werden. Anschließend können die ersten Geräte aufgebaut werden. Erst nach deren Verkauf fließt das erste Geld zurück. Dieser Zeitraum dauert mindestens 1,5 bis 2 Jahre. Aber in dieser Phase fallen schon Kosten an. Eine Produktentwicklung kann nicht von einer Person allein realisiert werden. Bei analytischen Geräten sind Kenntnisse der analytischen Methode, aber auch Erfahrungen auf den Gebieten der Elektronik und Rechentechnik und auch der Konstruktion notwendig. Darüber hinaus gab es gerade in den ersten Jahren, als viele Wissenschaftler auf der Straße standen, auch keine Bereitschaft der Banken für ‚Ossis‘ Kredite auszureichen. Da war es oft notwendig, sich bei Westfirmen anzudienen und dort die eigenen Ideen einzubringen.

Vorbereitung auf eine berufliche Neuorientierung

Die Situation im Bereich

Mit den politischen Änderungen war auch unsere berufliche Zukunft in Frage gestellt. Das ZWG war eine haushaltsfinanzierte Einrichtung, d.h. wir bekamen das Geld vom Staat und verkauften unsere Geräte auf dem Markt. Die Einnahmen flossen dann wieder an den Staat zurück. Aber diese Art von Wirtschaftstätigkeit war mit marktwirtschaftlichen Bedingungen nicht vereinbar. Es machte sich daher schnell Angst bei den Mitarbeitern breit. Sie wussten weder was mit dem Institut passieren, noch was mit ihren Arbeitsplätzen geschehen würde. Die erste Reaktion war die Gründung eines Betriebsrats. Betriebsräte waren in der DDR bis dahin nicht bekannt, es gab also auch keine Vorstellungen über dessen Aufgaben. Unser Betriebsrat verstand sich als Vertreter der Volkseigentümer an den Betrieben. Sie wollten vor allem überwachen, wie die Tätigkeit der jeweiligen Leiter die Arbeitsplätze sichert und dass deren Staatsnähe nicht zu groß war. Im ZWG gründete sich der erste Betriebsrat im Hauptteil der Einrichtung in Adlershof. Die erste Aktion, an die ich mich erinnere, war eine Abstimmung über das Leitungskollektiv. Der Direktor wurde in seiner Funktion bestätigt, aber eine Reihe seiner Stellvertreter und Bereichsleiter wurden es nicht, sie mussten abgelöst werden. Erschreckend für einige von uns war die Tatsache, dass der Direktor diesen Forderungen ohne Einspruch nachgab. Die abgelösten Mitarbeiter wurden durch andere ersetzt, die dann vom Betriebsrat bestätigt wurden. Dass eine lange und auch vertrauensvolle Zusammenarbeit auf diese Weise und so schnell beendet werden konnte hat die anderen Mitglieder des Leitungskollektiv doch sehr verunsichert. Wir waren uns nicht sicher, wann die Nächsten von uns dem Betriebsrat nicht mehr genehm sein würden.

Das war auch die Zeit, in der sich die zu DDR-Zeiten in ihrer Karriere Unterdrückten glaubten, ihre Zeit sei nun gekommen. Ich erinnere mich da an einen immer sehr zurückhaltenden wissenschaftlichen Mitarbeiter. Er war nun der Meinung endlich zu einem Karrieresprung ansetzen zu können und übernahm im Zuge dessen Verantwortung im Betriebsrat. Allerdings stellte er bereits nach wenigen Wochen fest, dass diese Aufgaben mit Arbeit verbunden war und gab die Mitarbeit im Betriebsrat rasch wieder auf.

In meinem Bereich bildete sich auch ein Betriebsrat. Ich erinnere mich an eine öffentliche Sitzung nach der Arbeitszeit im Bereich, in der das Statut beraten wurde. Die folgenden Festlegungen sind mir in Erinnerung geblieben: Der Betriebsrat mischt sich nicht in die Leitungstätigkeit ein, gibt aber die Richtlinien für die Arbeit des Betriebes vor. Weiterhin behält sich der Betriebsrat vor, über die Besetzung von Leitungspositionen einschließlich des Bereichsleiters abzustimmen.

Die Absicht einer Nichteinmischung in die Leitungstätigkeit war sicher sinnvoll, aber letztlich stellte sich heraus, dass auch eine gewollte Nichteinmischung problematisch sein konnte. Ein Vertreter des Betriebsrates nahm an jeder Leitungssitzung teil, äußerte sich dort aber nicht. Einen Tag später allerdings wurde ein Protokoll, das von diesem Vertreter angefertigt wurde, am schwarzen Brett veröffentlicht. So war es unmöglich, Überlegungen anzustellen und Ideen zu beraten, die noch nicht für die Öffentlichkeit bestimmt waren.

Auch die Ideen bezüglich der Vorgabe von Handlungsrichtlinien und der Bestätigung des Leitungspersonals waren sehr zweischneidig. Man konnte die Richtlinien befolgen aber erfolglos sein und wurde daraufhin wegen Erfolglosigkeit abgelöst. Oder man hielt sich nicht an die Richtlinien, war erfolgreich und wurde dann wegen Nichteinhaltung selbiger abgelöst. Motivierend war das nicht. Bezüglich des Einflusses auf die Besetzung der Abteilungsleiterposition machte ich klar, dass ich damit nicht einverstanden sein kann. Wenn der Bereich mit einer bestimmten

Zielstellung geleitet werden sollte, musste es dem Leiter vorbehalten bleiben, das dazu benötigte Personal selbst zu bestimmen. Dieser Punkt wurde schließlich akzeptiert. Ich wurde übrigens auch in meiner Funktion bestätigt.

Bei diesen Personalentscheidungen machte sich der Betriebsrat in der Regel keine Gedanken darüber, was mit den nicht bestätigten Leitungsmitgliedern passierte. Man war vor allem auf die eigene berufliche Sicherheit fokussiert.

Produktidentifizierung

Unabhängig von diesen innerbetrieblichen Diskussionen bereiteten wir uns auf die Zukunft vor. Unser Chef engagierte im Winter 1990 eine Unternehmensberatung, die uns Hinweise geben sollte, wie die Führung von Firmen unter den neuen Bedingungen erfolgen könnte. Eine sich daraus ergebende Aufgabe war, die Produkte unseres Portfolios zu bestimmen, die auch unter marktwirtschaftlichen Bedingungen bestehen könnten. Das war nicht einfach, verlangte es doch ein hohes Maß an Ehrlichkeit bei der Einschätzung der Arbeit der vergangenen Jahre, war aber auch stark von der Wettbewerbssituation abhängig, die wir aufgrund fehlender Informationen nicht in jedem Fall genau genug kannten.

Für unseren Bereich ergaben sich immerhin vier wettbewerbsfähige Produkte. Das war deutlich mehr als in anderen Bereichen. Die meteorologischen Geräte und auch die automatische Wetterstation waren nicht schlecht, würden sich aber auf dem neuen Markt nicht behaupten können. Sie waren nicht deutlich besser als die Produkte, die bereits auf dem Markt angeboten wurden. Allein in der BRD gab es zwei bekannte Firmen, die ein vergleichbares Produktportfolio hatten. Gegen einen auf dem Markt etablierten Konkurrenten anzutreten ist sehr schwierig. Nur bei den bereits erwähnten Ozonsonden hatten wir ein Alleinstellungsmerkmal. Da gab es nur einen Konkurrenten in den USA. Wie bereits beschrieben, wurden die Sonden außerhalb Berlins gefertigt. Wir hatten mit Hilfe des Meteorologischen Dienstes Kontakte zum finnischen Hersteller von Radiosonden aufgenommen. Von dort wurde uns Interesse am Vertrieb der Sonden signalisiert. Trotzdem überlebte dieses Produkt leider nicht. Die Ehefrau des Mitarbeiters, der die Produktion außerhalb Berlins durchführte, war Zahnärztin. Für ihn war damit der Job als Hausmeister bei seiner Frau sicherer als der Bau und der Vertrieb von Ozonsonden. Schade! Das hätte ein gutes Geschäft werden können.

Das nächste überlebensfähige Produkt waren die zeitgepulsten Laser und die zeitaufgelöste optische Spektroskopie. Hieraus entwickelten sich zwei Firmen, die beide inzwischen weltweit erfolgreich tätig und nun im Technologiepark in Berlin-Adlershof beheimatet sind.

Die letzten beiden wettbewerbsfähigen Produkte betrafen die Röntgenspektroskopie. Es waren einerseits die energiedispersiven Detektoren als analytische Ergänzung für Elektronenmikroskope sowie energiedispersive Röntgenfluoreszenz-Spektrometer. Hier waren die ersten Versuche mit der Anregung durch polarisierte Strahlung erfolgreich. Beide Entwicklungen konnten in zwei Firmen weitergeführt werden, die heute im Weltmarkt etabliert sind und ihn in ihrem Produktbereich sogar mitbestimmen.

Mit diesen Vorbereitungen sahen wir nun der weiteren Entwicklung entgegen. Allerdings war uns klar, dass selbst wenn die Umsetzung dieser Produkte erfolgreich sein sollte nicht alle Arbeitsplätze unserer Mitarbeiter gerettet werden können. Nur ein Teil von ihnen würde mit diesen Produkten später eine Beschäftigung finden, da viele Tätigkeiten, die unter marktwirtschaftlichen Bedingungen ausgesourct werden, in der DDR in den Betrieben selbst vorgehalten wurden.

Auch nach außen versuchten wir Kontakte aufzubauen, um Ideen über den Fortbestand der Firma zu erlangen. Unser Bereich war früher einmal eine KG, bei der die größeren Anteile noch beim Firmengründer lagen. Von der allgemeinen Verstaatlichungswelle im Jahr 1972 war, wie schon berichtet, auch diese KG betroffen, d.h. sie wurde dem früheren Besitzer abgekauft. Das war für ihn zu dieser Zeit nicht gravierend, da er das Rentenalter erreicht hatte und aus Gesundheitsgründen sowieso aufhören musste. Aber er hatte eine Tochter und einen Sohn. Der Sohn wohnte in Westberlin. So gab es Bedenken, dass nun Ansprüche zur Rückgabe der Firma geltend gemacht werden könnten. Irgendwie kam ich in Kontakt mit dem Sohn, damals auch schon um die Fünfzig. Ich machte einen Besuch in Wedding und stellte erfreut fest, dass er an eine Rückforderung nicht dachte und die Verstaatlichung als rechtens akzeptierte.

Kontakte zur Uni Bremen

Einmal während unserer Aktivitäten im DESY fuhr ich auf dem Heimweg mit dem Auto zum Helmholtz-Zentrum in Geesthacht. Dort existierte eine Gruppe, die sich mit Totalreflexions-Röntgenspektroskopie (T-XRF) beschäftigte. Ich stellte unsere Arbeiten zur Fluoreszenzanregung mit polarisierter Strahlung vor. Ich behauptete, dass damit vergleichbare Effekte wie mit der T-XRF erzielbar wären. Das sah man in Geesthacht völlig anders, bat mich aber, Publikationen zu unseren Arbeiten bereitzustellen. Man werde sich das ansehen und die Papiere vielleicht weitergeben. Wir hatten nicht so viele Publikationen, das stand bei uns als gerätebauende Einrichtung nicht im Mittelpunkt. Aber was verfügbar war schickten wir nach Geesthacht.

Am 6. Oktober 1989 besuchte uns der Direktor des DESY in Berlin. Wir diskutierten mit ihm bei einem Abendessen über Möglichkeiten zur Erweiterung der Zusammenarbeit. Das Abendessen fand in einem Restaurant am Müggelsee statt. Nach Abschluss der Diskussionen fuhr ich mit ihm zum Grenzübergang Sonnenallee, da die Stadtmitte durch den Fackelzug, bei dem Gorbatschow zum Ärger unserer Staatsführung gefeiert wurde, völlig verstopft war. Der nächste Tag, der 7. Oktober, war Feiertag. Ich hatte aber noch einiges aufzuarbeiten und war im Bereich, allein. Plötzlich klingelte es. Ich öffnete die Tür und es stand ein kleiner Herr in einer braunen Lederkombi vor mir. Er wünschte einen Herrn Haschke zu sprechen. Ich antwortete, er hätte Glück, der sei gerade anwesend. Es war ein Professor von der Uni Bremen, dem aus Geesthacht unsere Informationen übergeben worden waren. Wir stellten schnell fest, dass wir an ähnlichen Fragen zur Optimierung der Nachweisstärke der Röntgenfluoreszenz arbeiteten. Wir mit der Anregung mit polarisierter Strahlung, an der Uni Bremen parallel auch mit monoenergetischer Strahlung. Er schlug vor, die Gespräche fortzusetzen und vielleicht eine Kooperation zu starten. Aber an diesem 7. Oktober war noch nicht daran zu denken, wie das geschehen sollte. Das änderte sich dann aber einen Monat später, mit dem 9. November. Eineinhalb Jahre später erfolgte dann ein Besuch aus Berlin in Bremen. Wir fuhren mit einem Auto nach Bremen und informierten uns gegenseitig in einigen Vorträgen über unsere Arbeiten. Am Abend trafen wir uns dann im Haus eines Postdocs, in dem wir kampieren konnten. Dort wurden nicht nur die fachlichen Probleme diskutiert, sondern auch politische Fragen – und diese teilweise sehr kontrovers. Der AG-Chef war ein dezidierter Atomkraftgegner und auch sonst deutlich links. Der Gedankenaustausch bei viel Rotwein zog sich bis spät in die Nacht hinein und wir mussten aufpassen, dabei nicht links überholt zu werden. Ich erinnere mich nur, dass ich am nächsten Morgen irgendwo auf der Autobahn nach Berlin im Auto wieder aufgewacht bin. Das war der Beginn einer Zusammenarbeit mit den

Kollegen aus Bremen, die zumindest mit einigen von ihnen bis heute sehr fruchtbar ist.

Der Beginn einer neuen Tätigkeit

Ein weiterer Kontakt ergab sich durch eine Reihe von Zufällen. Ein Freund schlug mir im Dezember 1989 vor, ihn zu einem Treffen der Wirtschaftsjunioren der CDU in Westberlin in die Filiale der Dresdner Bank in der Kantstraße zu begleiten. Die trafen sich dort offensichtlich regelmäßig. Sie waren bei unserem Besuch an Informationen über die Situation der Wirtschaft in der DDR interessiert und wollten auch Kontakte knüpfen. Das bot auch für uns die Gelegenheit, genau das Gleiche zu tun. Die Veranstaltung war sehr interessant. Die CDU-Wirtschaftsjunioren waren zwar nicht alle im Juniorenalter, wir aber auch nicht mehr. An dem Abend ergaben sich viele Diskussionen und auch Kontakte, die wir später teilweise auch nutzen konnten. Am Ende der Veranstaltung lud uns der Hausherr, d.h. der Filialleiter der Dresdener Bank mit einigen Wirtschaftsjunioren in sein Büro ein. Dabei informierte er uns über das erste Deutsch-Deutsche-Mittelstandstreffen, das Anfang Januar 1990 im ICC stattfinden sollte und gab uns auch dazu Einladungen. Ich besuchte also dieses Treffen. Das war aber ziemlich einseitig, so viel Mittelstand gab es in der DDR nicht. Aber es wurde eine dicke Konferenzmappe mit vielen Informationen verteilt. Eine davon war ein Formblatt, mit dem kostenlos eine Annonce in der DDR-Kontaktbörse des Handelsblattes geschaltet werden konnte. Ich füllte dieses Formblatt aus. Als Text wählte ich: ‚Sind Hersteller von energiedispersiven Röntgenspektrometern und suchen Unterstützung bei der Bereitstellung von Rechentechnik sowie beim Vertrieb‘.

Das Mittelstandtreffen zeitigte keine bleibenden Ergebnisse und Eindrücke, auch Reaktionen auf die Annonce blieben zunächst aus. Im März allerdings bekam ich plötzlich täglich mehrere Briefe von Unternehmensberatern, Büroausstattern, Banken mit Kreditangeboten usw. Nach einigen Tagen kam auch ein Brief vom Handelsblatt mit der Information, dass meine Annonce nun veröffentlich sei und in dem man mich bat, Informationen über mögliche Resultate bereitzustellen. Nun war mir der Papierschwall verständlich. Es kamen auch zwei Anfragen von Firmen. Ich kann mich nur noch an eine erinnern. Die traf mit Telex ein, an E-Mail war zu der Zeit noch nicht zu denken. Infolge der Entwicklung der meteorologischen Station verfügten wir über ein Telex-Gerät bei uns im Haus, dessen Nummer ich in der Annonce angegeben hatte. Die Anfrage war kurz: ‚Haben ihre Annonce im Handelsblatt gelesen, sind an einem Kontakt interessiert.' Ich schrieb zurück, dass wir gern einen Besuch empfangen. Die Rückantwort kam schnell mit einem Terminvorschlag. Der Besuch fand dann am 10. April 1991 in unserem Bereich statt. Ich stand gerade im Sekretariat und telefonierte als zwei Herren den Raum betraten. Ich erkannte einen davon. Es war der ehemalige stellvertretende Direktor des Zentralinstituts für Optik und Spektroskopie der ADW und korrespondierendes Akademiemitglied, mit dem ich während meiner Zeit als Stellvertreter des Direktors des ZWG viel zusammengearbeitet hatte und der im August 1989 während einer Urlaubsreise nach Jugoslawien die DDR verlassen hatte. Er war nun F&E-Chef bei der Firma Spectro. Zunächst wusste ich nicht, wie ich mich gegenüber einem ‚Republikflüchtling' verhalten sollte. Wir gingen in mein Büro und der Chef von Spectro begann sein Unternehmen vorzustellen. Während der Erzählung machte ich mir dann klar, dass ja die Grenzen geöffnet sind und es keinen Grund gibt, jemandem die Flucht nachzutragen. Das Gespräch verlief informativ. Anschließend zeigte ich beiden Herren unsere Produkte und der Chef von Spectro lud mich zu einem Gegenbesuch ein. Ich dachte mir, warum eigentlich nicht. Eine solche Gelegenheit sollte ich nutzen. Er schlug vor, Tickets für einen Flug nach Düsseldorf in Tegel zu hinterlegen und mich in Düsseldorf abzuholen. Ich sagte zu, machte aber den Einwand, dass ich einen Vertreter des Betriebsrates mitnehmen müsse. Er war einverstanden, aber offensichtlich nicht sehr glücklich damit. Der Gegenbesuch erfolgte bereits nach knapp zwei Wochen. Ich kam in Begleitung des Betriebsratsvertreters nach Tegel, aber es war nur ein Ticket hinterlegt. Was tun? Ich rief in Kleve an und teilte mit, dass es schwierig sei ohne Betriebsratsvertreter zu kommen, ich aber das fehlende Ticket von meinem Begrüßungsgeld kaufen könnte. Nachdem mir versichert wurde, dass ich die Auslagen zurückbekommen würde, konnten wir fliegen und wurden in Düsseldorf vom Chef persönlich abgeholt. Er hatte am Abend zuvor an einer Vorstandssitzung der FDP in NRW teilgenommen, wo er zu dieser Zeit Schatzmeister war. Wir fuhren in seinem 700er BMW nach Kleve, für uns schon ein bemerkenswertes Erlebnis. Bei etwa 160 kmh^{-1} drehte er sich zu dem Betriebsratsvertreter um und meinte, es könne jetzt bei diesen Geschwindigkeiten etwas lauter werden. Als Trabbi-Fahrer nahm ich aber gar keine Fahrgeräuschen wahr. In Kleve wurde uns die gesamte Firma vorgestellt. Beim Abschlussgespräch fragte er mich: ‚Was würden sie tun, wenn der Himmel aufginge und 2 Millionen in ihren

Schoß fielen?' Ich dachte zuerst, mein Gott, wenn du wüsstest, was ich damit tun würde, erinnerte mich dann aber an unsere Vorbereitungen auf die Marktwirtschaft und meinte, ich würde eine Firma für die als wettbewerbsfähig identifizierten Produkte gründen. Er fragte welche das wären. Die Ozonsonden kamen sowieso nicht in Frage und bei der Laserspektroskopie war damals noch nicht an eine industrielle Nutzung zu denken. Die EDS-Systeme am Elektronenmikroskop waren ihm zu sehr abhängig von den Mikroskop-Herstellern. Es blieb also die energiedispersive Röntgenspektroskopie. Das würde auch eine gute Ergänzung zur Elementanalytik mit der Funkenspektroskopie und der ICP sein, die bei Spectro bereits betrieben wurden. Insbesondere hoffte man offensichtlich, Kunden in der Metallurgie, die Funkenspektrometer kauften, auch Röntgenspektrometer anbieten zu können.

Es wurde beschlossen, diese Idee genauer zu prüfen und dazu den Prototypen des Gerätes mit polarisierter Anregung an der TU Dresden zu besichtigen. Dieser Termin wurde dann auch schon innerhalb der nächsten zwei Wochen realisiert. Zurück in Berlin führte mich mein erster Weg nach Dresden zu den Kollegen an der TU. Die versuchte ich davon zu überzeugen, dass die Gründung einer gemeinsamen Firma mit Spectro für alle interessant sein könnte und zunächst eine einigermaßen sichere Beschäftigung bedeuten würde. Auch bei den TU-Mitarbeitern gab es eine große Unsicherheit, da mit einer Abkehr von der applikationsorientierten Forschung zu rechnen war und auch eine deutliche Reduzierung des Mittelbaus entsprechend der Situation an den Universitäten im Westen erwartet wurde. Daher wuchs ihre Bereitschaft an einer Anstellung in der Industrie.

Zum Zeitpunkt der Vorführung in Dresden mit dem F&E-Chef war ich gerade im Urlaub im Erzgebirge. Ich fuhr herunter nach Dresden zu der Demo und anschließend mit den Kollegen aus Dresden nach Berlin, wo uns der gesamte Vorstand von Spectro im Hotel Esplanade erwartete. Es wurde über die Ergebnisse der Gerätedemo berichtet. Dann schlug man uns die Bildung der Spectro X-Ray vor, bei der 25% von mir und zwei Mitarbeitern der TU gehalten werden sollten und der Rest von Spectro. Im Anschluss wurden noch die nächsten Schritte besprochen, insbesondere die Erarbeitung eines Geschäftsplanes, den ich zwei Wochen später auf dem Spectro-Stand auf der Analytica in München übergeben sollte. Aber zuerst fuhr ich aus Berlin wieder ins Erzgebirge zu meiner Familie in den Urlaub. Die restlichen Tage waren nicht wirklich Urlaub. Ich dachte ständig darüber nach, ob ich den Schritt wagen kann, was dann mit den Kollegen im Bereich werden wird, wie dessen

Weiterbestehen gesichert werden kann und wie ich es ihnen beibringen könnte. Zum Ende des Urlaubs meldete ich mich bei meinem Chef an und fuhr auf dem Weg nach Hause direkt bei ihm vorbei. Er war schon durch den Betriebsrat informiert, dessen Vertreter an den Beratungen in Dresden und Berlin wieder teilgenommen hatte. Die Aussicht, den ersten Mitarbeiter zu verlieren, machte ihn nicht glücklich, er hoffte den größten Teil der Einrichtung retten zu können. Und dabei waren natürlich die Bereiche, mit verwertbaren Produkten, besonders wichtig.

Für mich war letztendlich bei meiner Entscheidung maßgebend, dass ich schon länger eine neue Herausforderung suchte, dass ich nicht wusste, wie lange der Betriebsrat mich weiter akzeptieren würde, aber vor allem war mir klar, dass ich sehr bald viele Leute zu entlassen haben würde. Davor hatte ich Angst! Am ersten Tag nach dem Urlaub marschierte gleich am Morgen der gesamte Betriebsrat in mein Büro und wollte wissen, wie ich mich entscheiden werde. Ich teilte ihnen daraufhin mit, dass ich den Bereich demnächst verlassen werde und legte auch ausführlich meine Gründe dafür dar. Das wurde nicht von allen verstanden, aber letztlich war es eine vernünftige Entscheidung, nicht nur für mich, sondern auch für den Bereich, kaufte doch Spectro dann über mehrere Jahre dort regelmäßig Detektoren. Die ersten Detektoren wurden erst bezahlt, als das Management Buy Out und die Gründung der Nachfolgefirma Röntec erfolgt war. Damit war mit Firmengründung ein Grundstock von etwa 350 T D-Mark vorhanden. Diese Detektorkäufe machten mindestens für drei Jahre 80% des gesamten Umsatzes aus. Damit konnten wir dazu beitragen, die Firma und damit auch eine Reihe von Arbeitsplätzen zu erhalten. So konnte sich Röntec schließlich zu einem etablierten Lieferer von röntgenanalytischen Komponenten und Geräten entwickeln.

Nach der Übergabe des Geschäftsplanes auf der Analytica wurden schnell Nägel mit Köpfen gemacht. Die Firma Spectro X-Ray wurde am 1. Juli gegründet und ich nahm meine Tätigkeit in Berlin-Tempelhof auf. Spectro hatte dort eine Niederlassung, in der Optiken für die Funken- und ICP-Spektrometer gebaut wurden. Es wurden ein paar Räume für uns freigemacht und die Arbeit begann. Weitere Mitarbeiter nahmen im August und September die Arbeit auf. Wir waren zu sechst, aber in Berlin Teil einer größeren Spectro-Einheit und konnten deren Dienstleistungen mitnutzen.

Der Besuch der Analytica in München war mein erster Besuch einer Analytik-Messe im westlichen Ausland. Das war sehr aufschlussreich.

Ich bekam einen Eindruck, welchen Stand wir wirklich hatten. Die Informationsquellen für uns bis dahin waren Publikationen und vielleicht einige Firmenprospekte. Das Internet gab es ja noch nicht. Da war es schwer, einen umfassenden Überblick zu bekommen und eine richtige Bewertung der eigenen Produkte vorzunehmen. Natürlich zeigen Messen immer das Neueste und das dann auch möglichst spektakulär. Trotz dieses Wissens hinterließ dieser Messebesuch bei mir einen starken Eindruck. Es war ernüchternd zu sehen, was es alles gab. Ich stellte fest, dass wir noch nicht einmal über alle Wettbewerber informiert waren. So hatte ich z.B. von der Fima Jordan Valley vorher nie etwas gehört. Rückblickend war besonders interessant, dass ARL erstmals ein Goniometer mit einem Moire-Getriebe vorstellte. Das war ein wichtiger Schritt weg von hochgenauer Mechanik hin zu einer elektronischen Gerätesteuerung. Damals lagen die Preise für leistungsfähige wellenlängendispersive Geräte im Bereich von 400 – 500 T D-Mark. Bei energiedispersiven Geräten bewegten sie sich zwischen ca. 140 – 160 T D-Mark. Diese Preisrelationen haben sich inzwischen deutlich geändert. Leistungsfähige energiedispersive Geräte liegen immer noch in diesem Bereich (bei Berücksichtigung der Euro-Umtauschrelation), für wellenlängendispersive Geräte wurden dagegen die Preise fast auf die Hälfte reduziert. Das liegt sicher auch an der Veränderung des Geräteaufbaus aber vor allem an der immer steigenden Leistungsfähigkeit der ED-Gerätetechnik, zu der wir mit unseren Arbeiten einen nicht unwesentlichen Teil beitragen konnten. Aber das wird später noch besprochen werden.

Das zweite Leben

Start mit polarisiert angeregter Röntgenfluoreszenz

Die ersten Schritte in der neuen Welt

Nach dem Beginn der Arbeiten in Tempelhof kamen wir schnell voran, konnten wir doch auf einige bereits vorhandene Ergebnisse zurückgreifen.

Einen hohen Aufwand erforderten die notwendigen Abstimmungen mit Spectro. Das Gerätedesign sollte in die Linie von Spectro passen, und die war vorrangig durch Zweckmäßigkeit und preiswerter Fertigung geprägt. Auch war es notwendig, die Konstruktion auf die Fertigungsmöglichkeiten und –gewohnheiten von Spectro abzustimmen. Dazu waren einige Diskussionen in Kleve erforderlich. Es gab also viele Besuche in Kleve. Die dazu notwendigen Fahrten waren damals immer eine Herausforderung. Die Ost-West-Verbindung von Berlin zum Niederrhein auf der A2 war zu dieser Zeit sehr stark befahren, aber weitgehend nur zweispurig. Der Ost-West-Verkehr nahm ja drastisch zu. Das führte dazu, dass die Autobahn völlig überlastet war und schon die kleinste Störung zu riesigen Staus führte. Man wusste also nie, wie lange eine Fahrt dauern würde. Ich kann mich an Fahrten erinnern, bei denen ich die 600 km in 4,5 Stunden geschafft habe, allerdings nur nachts oder am Wochenende, aber auch an Fahrten, die bis zu 11,5 Stunden gedauert haben. Alle Umgehungen auf der Strecke kannte ich trotz des Fehlens eines Navi-Systems genauestens, und musste sie alle mehrfach nutzen.

Die ersten Fahrten nach Kleve vor dem eigentlichen Start der Anstellung bei Spectro sowie in den ersten Wochen nach dem Arbeitsbeginn absolvierte ich mit meinem Wartburg. Das bedeutete jeweils, zwei 20 l Kanister mit Benzin im Kofferraum zu haben. Das war billiger und ich brauchte kein ‚Westgeld‘ fürs Tanken. In meinem Vertrag mit Spectro war auch ein Dienstwagen vereinbart. Ich war natürlich heiß darauf, ein ‚Westauto‘ zu bekommen. Aber das musste in Kleve gekauft werden, da Spectro Anteile am Klever Autohaus (VW und Audi) hielt. Ich fuhr daher Mitte August mit meiner Frau im Wartburg nach Kleve und fragte nach dem Auto. Gemeinsam mit dem F&E-Chef fuhren wir zum Autohaus. Dort standen drei Audi 80 von denen ich mir einen aussuchen konnte. Ich nahm den flaschengrünen, der passte zur Farbe der Handtasche meiner Frau. Ich verwies darauf, dass ich am nächsten Tag nach

Berlin fahren müsste und dazu das Auto benötige. Man sagte, kein Problem, am nächsten Nachmittag würde das Auto fertig sein. Ich fragte wann ich es abholen könnte, aber es wurde mir zum Sitz von Spectro gebracht. Wenn man vorher 10 Jahre auf ein Auto warten musste, einen ganzen Tag für das Abholen einplante und dann von dessen Farbe überrascht wurde, waren das völlig neue Erfahrungen.

Der Audi wurde gegen 15.00 Uhr gebracht. Meine Frau wartete im Wartburg vor dem Verwaltungsgebäude von Spectro. Der Wunsch, sich das neue Auto gleich genauer anzusehen war groß, aber das wollten wir nun auch wieder nicht vor den Augen der Spectro-Mitarbeiter machen. Also fuhren wir zuerst auf die Autobahn Richtung Bonn und dort auf den ersten sich bietenden Parkplatz. Wir schauten uns alles an, Sitze, Radio, Kofferraum usw. Dann wollten wir weiter zu einem Labor nach Bonn, aber das Auto sprang nicht an. Der Starter reagierte, aber es wollte nicht anspringen. Als gelernter Ossi suchte ich zunächst nach dem Sicherungskasten und testete die Sicherungen. Ein erneuter Startversuch war dann erfolgreich. Wir fuhren also nach Bonn, absolvierten dort den Laborbesuch und starteten dann Richtung Heimat. Dabei verpassten wir auf der A 59 die richtige Abfahrt und fanden uns plötzlich mitten in Köln wieder. Das nutzten wir gleich zu einem Rundgang durch die Innenstadt. Köln war für meine Frau eine unbekannte Stadt. Gegen 21.00 Uhr machten wir uns dann endgültig auf den Weg Richtung Berlin. Vorneweg meine Frau im Wartburg, ich folgte ihr im neuen Audi. Das ging gut bis kurz vor der Grenze in Helmstedt. Dort verlor der Wartburg plötzlich Öl. Ich sah es von hinten, da es aus dem Getriebe tropfte, meine Frau sah es an der Ölanzeige. Wir fuhren auf die Raststätte Helmstedt. Gegen 2.00 Uhr morgens rief ich einen Abschleppdienst an. Der war ziemlich ungehalten und fragte mich, ob ich nicht um diese Zeit eine andere Möglichkeit zum Abschleppen sehe. Die Frage war nicht ganz unberechtigt, wir hatten ja den Audi. Also wurde das Abschleppseil herausgeholt und wir fuhren des nachts von Helmstedt bis Berlin, mit dem Wartburg am Haken, was überaus gefährlich und obendrein auch nicht erlaubt war. Berlin erreichten wir im Morgengrauen, also gegen 5.00 Uhr. Das war nicht ohne, mit 70 kmh^{-1} und im Dunkeln auf der Autobahn zu fahren. Alle LKWs waren schneller, fuhren dicht auf und überholten mit lautem Gehupe. Aber wir schafften es unfallfrei. Dann versuchten wir erstmal ordentlich zu schlafen. Aber so gegen 10.00 Uhr rief man mich aus der Firma in Berlin an. Irgendetwas war wichtig und ich sollte kommen. Also raus aus den Betten und auf zur Firma. Zuerst musste ich aber meine Frau nach Karlshorst zur Arbeit bringen. Der Wartburg war ja defekt, also fuhren wir mit dem Audi los. Vor dem Tierpark in Friedrichfelde wurden gerade Bäume ausgeästet und es gab einen Stau. Gegen 11.00 Uhr war es schon heiß und plötzlich ging der Audi aus. Wir dachten es läge am fehlenden Benzin, denn seit Bonn hatten wir nicht getankt. Aber wir hatten Glück im Unglück, wir standen vor dem Haus, in dem ein Freund wohnte. Meine Frau fuhr also mit der Straßenbahn die letzte Station nach Karlshorst und ich suchte den Freund auf. Ich erzählte ihm, dass ich ein neues Auto hätte, das vor seinem Haus steht, aber leider nicht mehr fährt, da Benzin fehlt. Er lieh mir seinen Trabbi mit dem ich nach Hause fuhr, einen Kanister aus dem Wartburg holte, ihn volltankte und damit dann den Audi betankte. Und siehe da, das Auto fuhr wieder. Allerdings nicht lange. Bereits in Köpenick vor dem Rathaus staute es wieder und das Auto ging aus. Ich schob es in eine Seitenstraße ins Parkverbot, wurde dort aber schnell von einem Polizeiwagen aufgegriffen. Aber die Polizisten waren hilfreich, sie teilten mir mit, dass kürzlich in der Wendenschloßstrasse eine VW- und Audi-Werkstatt neu eröffnet hatte und orderten dann auch über Funk einen Abschleppwagen von dort. Inzwischen unterhielten wir uns. Die BRD war gerade vorher Fußballweltmeister geworden und sie sagten: Mensch IHR seid ja Fußballweltmeister, da sie die Klever Autonummer sahen. Ich als Urberliner dachte mir nur, bleibt mal bei dieser Auffassung. Der Abschleppwagen kam, und nahm den Audi an den Haken. Auf dem Autohof in der Wendenschloßstrasse fragte der Chef, was denn das Problem sei und bat mich, den Wagen anzulassen. Er sprang problemlos an, was wir so interpretierten, dass die Einspritzpumpe durch den leeren Tank Luft gezogen hatte und sich nun wieder gefangen hat. Ich konnte also wieder fahren, bis zum nächsten Morgen. Auf dem Weg zur Arbeit auf dem Tempelhofer Damm gab es wie üblich einen Stau und der Motor verabschiedete sich schon wieder. Nun hatte ich aber genug. Die nächste Vertragswerkstatt befand sich nur 200 m weiter. Dorthin ging ich. Wieder wurde ich mit einem Abschleppwagen abgeholt und erneut sprang der Motor beim Vorführen auf dem Hof der Werkstatt an. Aber ich wollte das Problem geklärt haben. Man versprach mir das Auto bis zum Wochenende fertig zu haben. Da wollten wir zur Ostsee nach Fischland und das neue Auto Freunden vorführen. Aber es dauerte fast eine Woche, bis der Fehler gefunden wurde. Bis dahin wurden fast alle Motorteile gewechselt und ein Vorführwagen dafür ausgeschlachtet. Letztlich stellte sich heraus, dass sich im Spritverteiler ein Wassertropfen befand. Der verdunstete bei Temperaturen über 100 grd und verstopfte dann die Düsen für den Kraftstoff. Bei geringeren Temperaturen kondensierte das

Wasser wieder und der Motor wurde mit Sprit versorgt. Eine kleine Ursache mit großer Wirkung. Mein Vertrauen in die Qualität von Westautos war damit doch erheblich beeinträchtigt. Ich muss allerdings auch sagen, dass diese einmalige Erfahrung sich später stark relativierte und alle unsere späteren Autos kaum Probleme aufwiesen.

Autofahren

Das Autofahren wurde eine wichtige Betätigung für mich. In der ersten Zeit waren es die Fahrten von Berlin an den Niederrhein, zu Zeiten als die Autobahn noch nicht an den Verkehr zwischen Ost und West angepasst war. Später waren es dann die Fahrten zu Kunden oder auch zwischen Niederrhein, Taunus und Berlin, nachdem ich zu Röntgenanalytik gewechselt hatte. In den meisten Jahren kam ich damals auf jeweils etwa 60 000 km pro Jahr. Nimmt man eine Durchschnittsgeschwindigkeit von 80 kmh^{-1} an, sind das etwa 750 Stunden Autofahrt pro Jahr, also etwa die Arbeitszeit von 4 Monaten und das meist nach der eigentlichen Dienstzeit, d.h. ich setzte mich nach Feierabend ins Auto und die Fahrt zum nächsten Ziel begann. Da war die Verfügbarkeit eines schnellen und bequemen Autos schon hilfreich. Bei Spectro waren das Audis, einmal auch eine spezielle Ausführung mit 5 Zylindern und 20 Ventilen. Der fuhr in der Spitze bis zu 240 kmh^{-1}. Bei Röntgenanalytik waren es dann Volvo Kombis, die waren sicher und auch mit sehr bequemen Sitzen ausgestattet. Die Autos waren immer geleast und wurden daher nach 2, spätestens 3 Jahren ausgewechselt. Schließlich beim IfG fuhr ich dann einen gebrauchten Daimler. Der war sehr schwer und daher nicht so spritzig wie die vorigen Autos, aber man saß darin wie auf einem Sofa.

Die weiten Strecken, die zu fahren waren und die schnellen Autos verleiteten natürlich auch zu schnellem Fahren. Ich glaube, ich war ein ganz ‚erfolgreicher‘ Punktesammler. Die meisten erhielt ich auf der Autobahn in irgendwelchen Baustellen mit Geschwindigkeitsbegrenzungen. Beim Fahren, später dann auch noch ggf. mit dem Telefon am Ohr, waren Verkehrsschilder nur schwer zu registrieren. Dreimal musste ich den Führerschein für einen Monat abgeben. Das erste Mal noch am Niederrhein. Da holte mich meine Sekretärin morgens am Haus ab, abends nahmen mich dann Kollegen mit oder meine Frau sprang ein. Beim zweiten Mal, dann schon im Taunus, konnte ich mir die Zeit besser aussuchen. Ich gab den Führerschein kurz vor Weihnachten ab, die nächsten beiden Wochen war ich sowieso zu Hause. Dann folgte eine Woche mit

Fahrerservice durch einen Kollegen, die letzte Woche schließlich verbrachte ich im Ausland bei einer Messe. In diesem Fall war der Führerscheinverlust erträglich.

Meine zügige Autofahrerei hat sich, natürlich völlig zu Unrecht, bis in die USA herumgesprochen. Der Grund war eine Fahrt von Berlin nach Hamburg. Es war kurz vor Weihnachten und der F&E-Chef von EDAX wollte sich in Berlin die Fertigung der Eagle ansehen. Danach hatte er noch einen Termin in Hamburg. Ich hatte schon Weihnachtsurlaub, wohnte aber noch in Kalkar am Niederrhein. Ich bot aber an, nach Berlin zu fahren, um bei der Besichtigung dort dabei zu sein. Der EDAX-Vertreter kam am späten Morgen an, ich holte ihn von Tegel ab und wir fuhren nach Adlershof zu Besichtigung. Am frühen Nachmittag setzten wir uns dann in den Volvo und fuhren nach Hamburg. Das Wetter war trocken und zwei Tage vor Heiligabend war die Autobahn nicht voll. Ich schaffte die 300 km in etwas über 2 Stunden. Mein Mitfahrer war durch den Jetlag müde und schlief die meiste Zeit. Aber von Zeit zu Zeit wurde er munter, öffnete kurz die Augen und sah nach draußen. Für ihn, der 55 Miles, also etwa 90 kmh^{-1} gewöhnt war, ging das zu schnell, also schloss er die Augen sofort wieder und schlief besser weiter. Irgendwie muss sich diese Fahrt in der Röntgencommunity der USA rumgesprochen haben. Ich kam übrigens an diesem Tag noch bis nach Hause, kurz vor dem Fest.

Das erste Gerät

Die Arbeiten bei Spectro an dem ersten Gerät gingen gut voran. Bereits Anfang November war das erste Muster fertig. Genau zu dem Zeitpunkt fand in Neubrandenburg eine Spektrometer-Tagung statt. Spectro hatte dort einen Stand für seine Funkenspektrometer gemietet. Am Abend vor der Tagung stellten wir unser Gerät auf einen Lieferwagen, der von einem Freund geliehen war, und drehten eine Testrunde, um festzustellen, dass alles gut verzurrt war und transportfähig war. Am Morgen des Tagungsbeginns fuhren wir nach Neubrandenburg. Der Firmenchef war vor Ort und sehr erstaunt, dass wir mit dem ersten Gerät eintrafen und organisierte den Platz auf dem Firmenstand. Die Hardware war zusammengebaut und auch getestet, die Software konnte das Gerät bedienen, aber Auswertungen der Messungen waren noch nicht möglich. Die generelle Software hatten wir genau wie den Detektor von Röntec gekauft, Spektrenerfassung und Darstellung waren identisch, die Quantifizierung musste aber neu erstellt werden. Unser neu eingestellter Software-Mitarbeiter hatte zu tun, die Software in der kurzen Zeit an die neue Hardware anzupassen. Auswertealgorithmen wurden erst später bearbeitet. Die Software wurde vom Röntec so geliefert, dass auf jedem Screen das Röntec-Logo zu sehen war. Bitten, das Logo heraus zu nehmen oder uns den Zugriff zu ermöglichen, wurden abschlägig beschieden. Es war aber unser Ehrgeiz, nicht mit dem Logo einer anderen Firma aufzutreten. Diese Nuss konnten wir noch rechtzeitig nur kurz vor Ausstellungsbeginn knacken.

Das X-Lab (siehe Abb. 8) wurde auf der Ausstellung vorgeführt. Auch die ehemaligen Kollegen von Röntec waren mit einem Stand vertreten und kamen bei uns vorbei, um sich unser Gerät anzuschauen. Sie bemerkten natürlich, dass ihr Logo verschwunden war. Sie baten uns, die Software nochmals zu starten und stellten fest, dass wir keinen Hinweis auf den Ursprung der Software beim Laden des Programms eingefügt hatten. Das veranlasste sie, zur Ausstellungsleitung zu gehen und sich über uns zu beschweren, da wir angeblich unlauteren Wettbewerb betrieben. Sie verlangten, uns von der Ausstellung zu entfernen. Mit dieser Information kam der Leiter der Ausstellung zu uns. Es war ihm unangenehm, da Spectro etwa 80% der Sponsorengelder für die Ausstellung bereitgestellt hatte. Wir versprachen das Problem mit Röntec zu klären und durften bleiben. Bei Röntec entschuldigten wir uns für das Versäumnis und schlugen vor, kurzfristig einen Vertrag über die zukünftige Zusammenarbeit abzuschließen.

Von Röntec wurde ein Vertragsentwurf vorbereitet und uns ein paar Tage später vorgelegt. Darin erklärte sich Röntec bereit, Detektoren und Software zu liefern, wir uns zur Abnahme einer Mindestmenge verpflichten. Ferner sah dieser Vertrag vor, dass bei Nichterreichen der angegebenen Liefermenge bzw. bei Bezug von entsprechenden Komponenten von anderen Firmen wir eine Vertragsstrafe von 1 Million Mark zu zahlen hätten. Ich zerknüllte den Vertrag und warf ihn in den Papierkorb. Damit gingen wir zunächst auseinander.

Nun war es für uns wichtig einen zweiten Lieferanten für Detektoren zu finden. Es ergaben sich verschiedene Möglichkeiten. Der erste Weg führte uns zur Firma Karl Mitterfellner, die in Deutschland Jordan Valley vertrat. Ich hatte das erste Mal einen Vertreter dieser Firma auf der Analytica im April 1990 getroffen und dort meine Visitenkarte noch vom ZWG hinterlassen. Wir vereinbarten einen Besuch und wurden offensichtlich in der Annahme empfangen, für die Akademieinstitute Geräte einzukaufen zu wollen. Wir fragten nach den Liefermöglichkeiten von Detektoren und Nachweiselektronik. Das Gespräch war zuerst offen und locker. Als wir dann aber mitteilten, dass wir bei Spectro eine neue

Gerätelinie mit Röntgenspektrometern aufbauen wollen änderte sich die Stimmung plötzlich und wir kamen zu keinem Ergebnis.

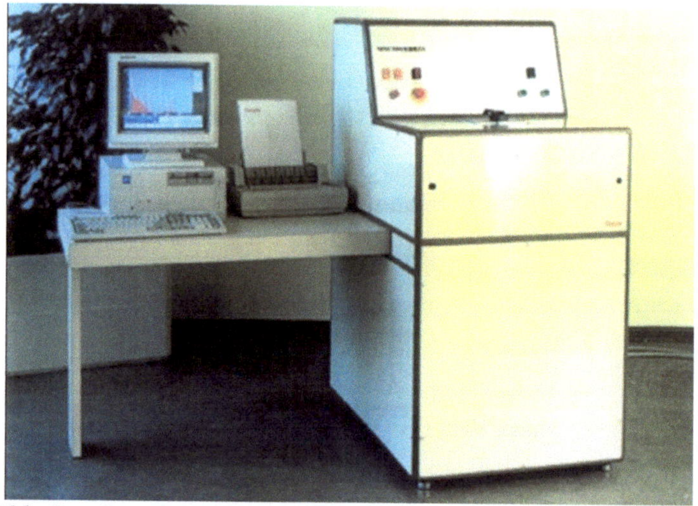

Abb. 8:   Das erste Spectro X-Lab

Dann nahmen wir Kontakte zu anderen Detektorfirmen auf. Dort war man an einer Zusammenarbeit durchaus interessiert. Wir kauften einen Detektoren, stellten aber schnell fest, dass er nicht unseren technischen Anforderungen entsprach. Bei der nächsten Lieferung eines Detektors von Röntec stand dieser Detektor aber für jeden sichtbar mitten im Raum. Von diesem Zeitpunkt an gab es keine Probleme mehr mit Lieferungen vom Röntec. Das war auch unbestreitbar die beste Lösung für beide Seiten. Wir benötigten besonders rauscharme Detektoren, um den Vorteil der untergrundreduzierten Anregung mit polarisierter Strahlung nicht wieder im Detektor zu verlieren. Den Aufbau des Röntec-Detektors kannten wir genau und konnten Hinweise zu dessen Verbesserung geben. Durch den Kauf der Detektoren durch Spectro hatte Röntec in den ersten Jahren einen gesicherten Absatz. Ferner verbesserten die von uns initiierten Verbesserungen die Leistungsfähigkeit der Detektoren und konnten auch bei Elektronenanregung genutzt werden.

Die ersten Verkäufe

Für das erste X-Lab existierte bereits ein Kunde - das Zentrale Geologische Institut (ZGI), in dessen Auftrag die TU Dresden und das ZWG die Entwicklung begonnen hatten. Dorthin wurde auch das erste Gerät geliefert. Bis zu dessen Lieferung war dann auch das Problem mit der Software weitgehend geklärt, d.h. es tauchten keine Röntec-Logos mehr auf und eine Quantifizierung wurde zwischenzeitlich auch von uns entwickelt. Das ZGI war zu dieser Zeit im heutigen Gebäude des Verkehrsministeriums untergebracht. Das Gebäude war intakt, allerdings wurden nicht alle Räume in dem riesigen Haus genutzt, da es noch einige Kriegsschäden gab. Nach dem Beschluss zum Regierungsumzug wurde zuerst das Umweltministerium dort untergebracht, nach einer sehr aufwendigen Renovierung. Nach wenigen Jahren zog dann das Verkehrsministerium dort ein, natürlich nach einer wiederum kostenaufwendigen Renovierung des gesamten Hauses.

Die Kollegen im ZGI hatten zur gleichen Zeit ein wellenlängendispersives Gerät von Philips gekauft. Das arbeitete noch mit DOS-Befehlen und hatte im Spurenbereich schwerer Elemente eine deutlich geringere Empfindlichkeit. Es wurde daher vorrangig für genaue Analysen von Hauptkomponenten eingesetzt. Unser Gerät wurde vor allem für die Spurenanalytik genutzt. Die Kollegen im ZGI waren sehr zufrieden, nicht zuletzt auch, weil die Bedienung über eine graphische Oberfläche wesentlich bequemer war. Nach einigen Wochen bekamen wir aber eine Frage vom ZGI, da die Ni-Werte im Spurenbereich um etwa 4 – 5 ppm zu hoch lagen. Die Nachweisgrenze für Ni lag bei etwa 0.5 ppm und damit waren diese Abweichungen nicht durch Statistik erklärbar, zumal immer größere Konzentrationen bestimmt wurden. Wir überprüften mehrfach die Kalibration. Mit unseren Proben stimmten die Ergebnisse, mit den Proben des ZGI aber traten die Abweichungen auf. Nach etwa drei Wochen vergeblichen Suchens vereinbarten wir schließlich eine Überprüfung des gesamten Analyseprozesses vor Ort. Dabei stellte sich heraus, dass nach dem Pressen der pulverförmigen Proben einige restliche Pulverkörnchen von den Presstabletten mit einem vernickelten Spatel abgestrichen wurden. Der dabei entstehende Abrieb auf der Probe verursachte die Abweichungen im ppm-Bereich. Mit der Verwendung eines Kunststoffspatels waren diese Abweichungen verschwunden und alle waren froh. Aber das verdeutlicht die hohe Empfindlichkeit der Methode.

Das zweite Gerät wurde zu einem Abfallverwerter der Strabag ins Ruhrgebiet verkauft. Dort sollte es zur Wareneingangskontrolle eingesetzt werden. Die energiedispersive Spektroskopie eignet sich für diese Aufgabe, da durch die simultane Erfassung eines breiten Elementbereiches schnell eine komplette Information zum Probenmaterial geliefert wird. Unsere Geräte hatten durch die spezielle Anregung auch eine ausreichende Empfindlichkeit. Die Firma war nicht nur an einem Röntgenspektrometer interessiert, sondern auch an einem ICP-Spektrometer von Spectro. Ich fuhr also mit dem Chefverkäufer von Spectro für Deutschland zu den Verhandlungen nach Essen, die dort von einem Strabag-Einkäufer geführt wurden. Es war klar, der Nutzer wollte unsere Geräte, aber der Preis musste reduziert werden. Ich kannte eine solche Situation bis dahin nicht. In der mir bekannten Wirtschaft war ein Preis ein Preis, und der war nicht verhandelbar. Mit diesen Erfahrungen trat ich dort an. Letztlich mussten wir für die zwei Spektrometer einen Paketpreis akzeptieren, der einen Nachlass von etwa 20% bedeutete. Ich konnte gar nicht verstehen, dass wir für unser gutes Gerät so viel Nachlass gewähren mussten. Anstatt wie geplant direkt wieder nach Berlin zu fahren, ging ich in eine Gaststätte und spülte den Frust so runter, dass an eine Autofahrt nicht mehr zu denken war.

Auch bei der Installation des Gerätes lernten wir dazu. Wir lieferten das Gerät von Berlin selbst aus. Dazu mieteten wir einen Transporter den unser Produktionschef nach Herten fuhr. In der DDR wären die Labormitarbeiter an einem neuen Gerät interessiert gewesen und hätten bei der Entladung und dem Aufbau mit angepackt. Weit gefehlt in Herten. Die Mitarbeiter dort sahen zwar zu, aber Hilfe für unseren sich abmühenden Mitarbeiter kam nicht in Frage. Der strampelte sich ab und bat letztlich einen Müllanlieferer an, der ihm dann half.

Schließlich wurde ein drittes Gerät an Absolventen der Uni Bremen verkauft. Die hatten wir bei unserem ersten Treffen in Bremen kennen gelernt. Für das von ihnen gegründete Umweltlabor waren sie an einem empfindlichen Röntgenspektrometer interessiert. Die Verkaufsverhandlungen wurden an der Uni im Beisein des ehemaligen Chefs geführt. Die Installation erfolgte dann aber im Auftragslabor des Technologiezentrum der Uni. Bei diesem Gerät erzielten wir einen guten Preis, allerdings musste später etliches draufgezahlt werden, da mehrere Detektorfenster zerstört wurden. Im Labor wurden viele Umweltproben gemessen, auch Abfälle. Diese gasten bei der Messung aus, wobei auch halogenhaltige Dämpfe freigesetzt wurden. Das Beryllium der Detektorfenster reagierte mit den Halogenen. Es fraß Löcher in die Fenster und zerstörte die Detektoren. Das wurde noch durch die Verwendung von Beryllium-Folien unterstützt, die nicht auf mechanischem Weg durch Walzen, sondern durch eine galvanische Abscheidung hergestellt wurden. Nach der Verwendung von gewalzten Folien sowie dem Schutz der Fenster durch eine dünne Polymer-Folie konnte dieses Problem beseitigt werden. Diese Erfahrung kostete uns aber zwei Detektoren.

Erste Applikationen

Die ersten Applikationen, die vom Vertrieb von Spectro an uns herangetragen wurden, kamen vorwiegend aus der Metallurgie, d.h. Analysen von Metallen und Schlacken, typische Einsatzgebiete der wellenlängendispersiven Röntgenspektroskopie (WD-RFA). Bei Spectro war man der Auffassung, dass diese Aufgaben bei den Funkenspektrometer-Kunden mit einer RFA bearbeitet wurden und daher auch von uns lösbar sein mussten. Aber die Hauptkomponentenanalytik ist nicht gerade eine Stärke der energiedispersiven Röntgenspektroskopie – der statistische Fehler war bei den geringen Zählraten der Si(Li)-Detektoren einfach zu groß. Trotzdem war es aber wichtig, unseren Verkäufern zu zeigen, dass unsere Technik leistungsfähig ist. Wir bearbeiteten daher viele analytische Probleme mit viel Aufwand, um zu einigermaßen zufriedenstellenden Lösungen zu gelangen. Wichtig war für uns der ICP-Vertrieb, dieser hatte Kontakte zu Nutzern mit spurenanalytischen Problemen, z.B. im Umweltbereich. Hier konnten wir eher punkten. Unterstützend bei Gerätevorführungen war aber immer die Tatsache, dass wir mit unserem Gerät Demos schnell vor Ort machen konnten. Es war deutlich kleiner als WD-Geräte und auch die Inbetriebnahme war nicht aufwendig. Bereits 30 min nach dem Aufstellen in einem Labor konnten die ersten Messungen gestartet werden. Das war gegenüber einem WD-Gerät um 2 Tage schneller und vermittelte auch den Eindruck einer einfachen und robusten Technik – ein wichtiges Verkaufsargument.

Es gab auch einige Applikationen, die später nicht zu Verkäufen führten, aber in der Bearbeitung viel Spaß machten. Noch in Berlin bekamen wir Besuch eines älteren Herrn aus Wien, der mit Katodolumineszenz Edelsteine identifizierte und insbesondere Fälschungen damit erkennen wollte. Bei der Katodolumineszenz leuchteten die Edelsteine in verschiedenen Farben, was auf Spuren von Übergangsmetallen in den Edelsteinen zurückzuführen war. Diese sollten mit der hohen Empfindlichkeit des X-Lab nachgewiesen werden. Das war kompliziert, da die Steine unregelmäßig geformt waren. Die Anregung der unregelmäßig geformten Steine von unten erforderte spezielle Probenhalterungen, außerdem musste die Größe der zu analysierenden Fläche reduziert werden. Diese Anpassungen waren aufwendig, aber es war spannend und ergab auch analytisch interessante Resultate. Allerdings ohne ein vertriebstechnisches Ergebnis, denn eine Bestellung blieb aus. Es ging letztlich nur um das Forschungsergebnis. Aber der alte Herr war sehr freundlich, er schickte uns in den nächsten beiden Jahren zu Weihnachten eine Original Sachertorte aus Wien.

Eine weitere interessante Fragestellung war mit einem plötzlichen Sterben von Fledermäusen an einer Autobahnbrücke verbunden. Ein Professor der FH Fresenius in Idstein brachte uns einige tote tiefgefrorene Fledermäuse mit nach Kleve. Wir machten an den kompletten Tieren Messungen, vor allem am Brustteil und suchten nach toxischen Metallen, allerdings erfolglos. Im Laufe der anschließenden Diskussion zu den Analysenergebnissen vergaßen wir die Fledermaus, die noch im Gerät lag und inzwischen langsam auftaute. Als der Besucher die Firma verließ, war die Fledermaus noch immer im Gerät. Ich konnte sie nur in Alu-Folie einpacken, mit nach Hause nehmen und in den Tiefkühlschrank legen. Allerdings mit dem Ergebnis, dass meine Frau in dieser Zeit den Tiefkühlschrank mied und ich dort alles reinlegen und rausnehmen musste.

Umzug nach Kleve

Nach der Wiedervereinigung fielen in West-Berlin all die Steuervergünstigungen weg, die vorher eingeführt wurden, um die Wirtschaft zu fördern. Damit war für Spectro die Produktionsstätte in Berlin nicht mehr attraktiv. Auch wurden die wöchentlichen Fahrten mit dem LKW zwischen Kleve nach Berlin bei dem zunehmenden Verkehr zu aufwändig. Aus diesem Grund wurde schon 1991 beschlossen, die Fertigung der Optiken für die optischen Spektrometer nach Kalkar zu verlegen. Wir mit den Röntgenspektrometern blieben aber noch in Berlin. Bereits ein Jahr später lief aber der Mietvertrag für die von uns genutzten Räume aus. Die kurz vorher getroffene Entscheidung, die Hauptstadt nach Berlin zu verlegen, ließ viele Immobilienträume in den Himmel schießen und die Mieten gleich mit. Daher waren Entscheidungen über den künftigen Standort unserer Spectro X-Ray erforderlich. Wir hatten zwei Optionen: Wir konnten in der Nähe von Berlin bleiben und in einem der bald zu erwartenden Technologieparks in eigenes Firmengebäude bauen oder, die andere von Spectro bevorzugte Variante, ein Umzug an den Niederrhein. Nachdem wir uns bezüglich der ersten Möglichkeit einige ernüchternde Informationen eingeholt hatten, auch hier existierte durch die Hauptstadtverlegung zwar Goldgräberstimmung, allerdings gab es noch nirgendwo klare Pläne für Orte, Zeitabläufe und Kosten – wurde deutlich, dass die zweite Variante zu bevorzugen war. Spectro unterstützte nach Kräften die Entscheidung für einen Firmenumzug. Es begann mit einer Einladung von uns mit den Familien an einem Wochenende nach Kleve. Wir trafen am Samstag gegen 14.00 Uhr in Kleve ein und wurden dort vom Stadtdirektor erwartet. In NRW war zu dieser Zeit der Stadtdirektor der hauptamtliche Leiter der Stadtverwaltung, der Bürgermeister dagegen eine ehrenamtliche Wahlfunktion. Wir fuhren mit ihm zu verschiedenen Baugebieten, wo er uns Baugrundstücke der Stadt zeigte und diese zu sehr günstigen Konditionen zum Kauf anbot. Das gleiche passierte eine Stunde später in Kalkar. Für Kalkar gab es zu dieser Zeit das Programm ‚Kalkar 2000‘. Damit sollten neue Technologiefirmen angesiedelt werden. Mit deren Hilfe sollten die Aufwendungen, die beim Bau des schnellen Brüters für die Stadt entstanden waren, sowie der Ausfall an Gewerbesteuern, der durch die Entscheidung den Reaktor nicht anzufahren, kompensiert werden. Am Sonntagvormittag, natürlich erst nach der Messe, stand uns der Chef des Amtes für Arbeit zur Verfügung, um auch unsere Frauen über mögliche Arbeitsplätze nach einem Umzug zu beraten.

Wir entschieden also den Umzug nach Kleve zu wagen. Das war nicht einfach, da dieser Umzug mit den Familien erfolgen musste. Wir waren uns alle nicht sicher, ob das die richtige Entscheidung sein würde. Es war schließlich auch noch nicht klar, ob unser Produkt bei Spectro auf Dauer erfolgreich sein würde. Aber der Umzug mit der Firma wäre nur sinnvoll, wenn die wichtigsten Mitarbeiter ihn mittragen würden. Um das zu erreichen musste ich immer vorneweg marschieren und überzeugen, auch wenn ich selbst noch eigene Bedenken hatte. Allerdings war zu diesem Zeitpunkt auch Berlin nicht mehr so attraktiv. Die Stadt hatte sich in den beiden Jahren der Einheit stark verändert. Sie war nicht mehr sicher. Abends in S- und U-Bahn sowie auf den Straßen hatte die Gewalt zugenommen. Vor unserem Haus standen plötzlich Demonstranten aus Kreuzberg mit irgendwelchen Plakaten. Die Stadt war dramatisch schmutziger geworden – das alte Abfallentsorgungssystem SERO existierte nicht mehr, aber ein neues funktionierte nicht, obwohl viel mehr Abfall anfiel. Die Zeitungen waren durch viele Werbeeinlagen dreimal dicker als früher. Die Größe der Abfallkübel ist aber nicht entsprechend mitgewachsen. Die Zeitungen wurden daher auf der Straße vor dem Haus abgelegt. Bei Regen liefen wir dann durch eine zentimeterdicke Papierpampe. Die Hauswand war mit Graffitis verziert. Es war also kein wirklicher Verlust aus der Stadt wehzugehen. Trotzdem, die Entscheidung von der Großstadt aufs Dorf zu ziehen war schon schwer. Vor allem für die Familie. Ich würde in Zukunft oft unterwegs sein, aber nicht meine Frau. Sie hatte ihre Arbeit verloren. Allerdings war für sie die Entscheidung dann doch nicht so schwierig, denn sie hatte eine klare Forderung: Keine Wohnung! Sie wollte wenigstens in ein eigenes Haus ziehen.

So kam es sowohl zum Firmenumzug als auch etwas später zum Umzug der Familien. Von den 6 Mitarbeitern waren 5 dabei. Spectro schickte uns schon vorher zwei Klever Mitarbeiter zum Einarbeiten, die dann nach dem Umzug nach Kleve diesen Personalverlust gleich kompensieren konnten.

Das neue Heim

Eine Voraussetzung für den Umzug aufs Land war also der Bau eines Hauses. Das war nicht einfach. Unsere finanziellen Mittel waren natürlich bei Weitem nicht ausreichend. Beim Umtausch Ostmark gegen Westmark bekamen wir gerade die für einen 1:1-Umtausch erlaubten 4000 Mark für jedes Familienmitglied zusammen. Aber es gab eine Förderung in NRW für den Hausbau und auch Spectro gewährte uns ein günstiges Arbeitgeberdarlehen. Damit war der Eigenkapitalanteil bei den Verhandlungen mit der Bank relativ hoch. Leider waren aber die Zeiten nicht gut für niedrige Zinsen, im Gegenteil! Der einzige Vorteil war, dass die Banken Sondertilgungen gestatteten.

Bei der Auftragsvergabe für das Haus hatten wir Glück. Spectro war damals der größte Arbeitgeber im Landkreis und alle Bauunternehmen waren an Aufträgen interessiert, natürlich in der Hoffnung auf Folgeaufträge. Für uns war es aber eine Herausforderung den Hausbau zu planen. Zuerst besuchten wir eine Musterhausaustellung in Wuppertal. Dort hatten verschiedene Firmen ihre Modelle aufgebaut. Wir fanden eines das uns gefiel und besorgten uns davon einen Werbeprospekt. Damit gingen wir zum Architekten und vereinbarten mit ihm einige Änderungen. Baubeginn war Ende August 1992, dann ging es schnell voran. Aber es galt, eine Reihe von Problemen zu lösen. Zunächst waren einige Festlegungen zum Bau selbst erforderlich, Fenster, Türen, Fliesen usw. mussten ausgesucht werden und das alles aus der Entfernung von Berlin. Der Firmenumzug nach Kalkar fand Mitte Oktober 1992 statt. Unser Haus wurde aber erst Ende Februar des folgenden Jahres fertig. Wir führten also von Oktober bis Februar eine Fernehe. Auch die Schulausbildung von unserem Sohn musste organisiert werden. Zum Glück fiel die Dauer für den Hausbau mit 6 Monaten recht kurz aus und war wegen dem schon genannten Einsatz der Baufirmen mit nur sehr wenigen Mängeln behaftet.

Letztlich stellte sich die Umstellung von der Großstadt aufs Land als nicht so kritisch heraus. Die Möglichkeit aus dem Haus zu gehen, sofort im Grünen zu sein und es nur 3 km bis zum Rhein zu haben, war schon schön. In Berlin benötigten wir etwa eine Stunde, um unseren Garten zu erreichen. Aber das Wetter am Niederrhein war gewöhnungsbedürftig. Von Ende Februar bis April regnete, oder besser nieselte es gefühlt ununterbrochen. Die Sonne ließ sich kaum blicken, es war aber auch nicht wirklich kalt. Allerdings fragten wir uns am Abend vor der ersten Fahrt nach Berlin nach dem Umzug, das war zu Pfingsten, also etwa 3 Monate nach dem Umzug, warum wir die Zeit durch eine Fahrt nach Berlin vertrödeln sollten. Als wir dann aber die Avus entlangfuhren und der Funkturm ins Blickfeld kam, kullerten doch einige Tränen bei meiner Frau.

Die Eingewöhnung am Niederrhein war nicht so einfach. Allerdings schafften wir es zumindest schnell, bei fast allen Kalkarern bekannt zu sein. Im ersten Jahr zu Weihnachten hatten wir Besuch von unseren Müttern. Nach der Bescherung machten wir einen Spaziergang durch die Stadt und kamen dabei an der Kirche vorbei. Kalkar hat eine schöne große Kirche mit einem sehr schönen geschnitzten Flügelaltar. In der Kirche wurde gerade die Christmette gefeiert und wir dachten, lass uns doch mal reinschauen. In der Zeit wurden gerade Restaurierungsarbeiten an der Kirche durchgeführt, so dass der hintere Haupteingang geschlossen war und die Kirche durch den Seiteneingang betreten werden musste. Wir öffneten also die Tür – mit einem lauten Quietschen. Alle Köpfe drehten sich zu uns. Wir schlüpften alle in die Kirche – zwei ältere Damen, unsere Mütter, wir und zwei Kinder. Natürlich war die Kirche am Niederrhein und zu Weihnachten gut besetzt. Wir fanden nur einen Sitzplatz für meine alte Mutter. Nach einiger Zeit wurde es unserem Sohn infolge des Weihrauchs schlecht und er musste nach draußen, was wieder mit dem Quietschen der Tür und der ungewollten Aufmerksamkeit aller Kirchgänger verbunden war. Nachdem meine Frau mit unserem Sohn nicht zurückkehrte, machte ich mich auf die Suche nach Ihnen – durch die Tür vor der Kirche. Dort beschlossen wir, doch besser wieder nach Hause zu gehen. Der Rest der Familie musste also wieder raus aus der Kirch. Jedes Mal begleitete uns das verflixte Quietschen der Tür. Danach kannten uns alle in Kalkar!

In diesem Winter gab es auch eine Jahrhundertflut. Der Rhein reichte bis etwa 40 cm unter die Deichkrone. Das war wichtig, da unser neues Haus nur gut 2 km vom Rhein entfernt lag, in einem Poldergebiet, d.h. unter dem Level der Deichkrone. Von unserer Rheinseite aus sah man vom Deich nur eine sehr weite Wasserfläche. Man durfte den Deich betreten, allerdings war das Befahren der hinter dem Deich liegenden Straße nicht erlaubt, um Erschütterungen zu vermeiden. Nach dieser Jahrhundertflut dachten wir nun zumindest etliche Jahre bis zur nächsten Flut Zeit zu haben. Stochastik arbeitet aber anders, bereits nach 14 Monaten gab es die nächste Jahrhundertflut. Die war sogar noch höher, die Deichkrone wurde nur um 20 cm verfehlt. Und es gab weitere Probleme: Der Deich war vom vorigen Jahr noch nicht vollständig durchgetrocknet und damit nicht so haltbar; diese Flut dauerte deutlich länger und es war windig, so dass Wellen gegen den Deich schlugen. Von den ansässigen Firmen wurden schon Sandsäcke bereitgestellt, um die Firmengebäude zu schützen und einige Leute räumten die Möbel schon in die oberen Etagen ihrer Häuser. Eine zusätzliche Gefahr drohte aus den nur 20 km entfernten Niederlanden. Die haben zwar sehr viel Erfahrungen beim Deichbau – aber nur gegen die Nordsee und nicht für die Flüsse. Wenn die dort nicht gut ausgebauten Deiche brechen würden, wäre das Wasser zurück nach Deutschland geflossen. Wir waren in dieser Zeit im Winterurlaub – im Bayrischen Wald, also etwa 700 km entfernt. Jeden Morgen und Abend verfolgten wir gespannt die Wasserstände und hofften, dass der Fluss nicht überschwappt. Unser Optimismus hat geholfen, auch diese Jahrhundertflut ging ohne Überschwemmungen vorüber.

Das unterschiedliche Schulsystem

Mit dem Umzug wurde auch eine Umschulung für unseren Sohn erforderlich. Er besuchte in Berlin die Spezialschule für Mathematik und Naturwissenschaften und wollte diese Richtung auch am neuen Wohnort beibehalten. Unser erster Besuch galt dem Gymnasium in Kalkar. Der Direktor empfing uns in seinem Büro. Dort hing ein Kruzifix an der Wand hinter dem Schreibtisch und der Direktor erklärte uns, dass die gesamte Schule jeweils am ersten Montag des Monats gemeinsam die Messe besucht. Das war nicht unbedingt in unserem Sinn. Wir verabschiedeten uns mit der Bemerkung, dass wir in der DDR auch Fahnenapelle hatten und das nun nicht mehr brauchten. Ein weiteres Gymnasium befand sich in Kleve, 12 km entfernt von unserem Wohnort. Der Direktor dieser Schule war liberaler, aber der Meinung, dass es doch besser sei, wenn unser Sohn die 11.Klasse noch einmal wiederholen würde. Bei unserem Einwand, dass doch seine Zensuren sehr gut seien, bemerkte er, dass es doch bekannt sei wie in der DDR die Zensuren vergeben werden! Wir einigten uns dann darauf, dass unser Sohn doch in der 12. Klasse weitermacht, wir aber bei auftretenden Schwierigkeiten noch immer das Pferd wechseln können.

Das Schuljahr begann bereits Ende August, also zu einer Zeit in der wir noch in Berlin wohnten. Der Chef von Spectro bot an, dass unser Sohn bei ihm im Haus wohnen könnte, zusammen mit seinen drei Kindern, die alle etwa im gleichen Alter waren. Mit dem Firmenumzug im Oktober war ich dann in Kleve und wir mieteten zwei beieinander liegende möblierte Zimmer für uns.

Bis dahin hatte sich unser Sohn schon in der neuen Schule eingelebt. Dabei konnte man für die verschiedenen Unterrichtsfächer interessante Beobachtungen machen: In den mathematischen und naturwissenschaftlichen Fächern gab es keinerlei Schwierigkeiten. Im Gegenteil, bereits nach drei Wochen erklärte unser Sohn dem Mathe-Lehrer, wie ein mathematischer Beweis richtig zu führen sei. Eine weitere Gruppe von Fächern war die, die er in seiner alten Schule nicht hatte, also z.B. Gesellschaftskunde oder auch Französisch. Da hatte er schon ziemliche Schwierigkeiten. In Französisch fehlten ihm im Vergleich zu seinen Klassenkameraden zwei Schuljahre und hatte daher keine Chance mitzuhalten. Stattdessen hatte er schon aus Berlin das Abitur in Russisch, das als zweite Sprache anerkannt wurde. So konnte er sich Französisch sparen. In Gesellschaftskunde musste er sich halt durchbeißen. Dann gab es noch eine dritte Gruppe von Fächern, das waren Deutsch und Geschichte. Hier unterschied sich die Unterrichtsmethodik von der in der DDR deutlich. In der DDR waren die Zielstellungen für die Interpretation von Literatur oder auch von historischen Ereignissen vorgegeben und es kam vorrangig darauf an, sich die vorgegebenen Interpretationen bzw. Bewertungen anzueignen und die historischen Ereignisse zu kennen. Nun war aber eher der Weg das Ziel, d.h. in der Auseinandersetzung zwischen den Schülern wurden Interpretation und Bewertung erarbeitet. Unser mehr naturwissenschaftlich und technisch orientierter Sohn meinte dazu, die erzählen immer dasselbe, nur mit anderen Worten. Aber hier kommen zwei unterschiedliche Methodiken zum Ausdruck, die letztlich dazu führen, dass sich ‚Wessis‘ in der Regel besser ausdrücken und argumentieren und damit sich auch besser verkaufen können. Das Abitur schloss unser Sohn mit sehr guten Ergebnissen ab, er war der Jahrgangsvierte. Dem Direktor, den wir bei der Abi-Feier auf seine Skepsis bei unserem ersten Gespräch hinwiesen, war die Erinnerung daran unangenehm.

Die Markteinführung der neuen Gerätetechnik

Die Markteinführung unseres Gerätes war trotz der bereits vorhandenen ersten Kunden und der unbestreitbar hohen Leistungsfähigkeit nicht einfach. Die energiedispersive Spektroskopie wurde zu dieser Zeit eher als eine Screening-Methode betrachtet, die nicht für eine echte Quantifizierung geeignet ist. Diese Auffassung wurde durch die Hersteller von wellenlängendispersiven Spektrometern stark propagiert. Infolge des bei den WD-Geräten kleineren statistischen Fehlers sind deren Analysenfehler in der Regel auch kleiner. Allerdings wurde dabei immer vernachlässigt, dass die durch Probennahme und Probenpräparation entstehenden Fehlerbeiträge bei vielen Probenqualitäten dominierend sind. Ferner bot die simultane Spektrenerfassung der energiedispersiven Spektroskopie die Möglichkeit zur Erfassung des gesamten Elementbereiches, während bei wellenlängendispersiven Geräten zeitaufwendig jedes Element einzeln angefahren werden musste oder nur vorausgewählte Elemente gemessen wurden. Aber auch die Ungewissheit des Neuen ist immer ein Makel. Der Kunde wusste nicht, ob die Technik wirklich gut war. Und da die Referenzliste noch nicht umfangreich war, wurde diese Unsicherheit noch verstärkt.

Ich erinnere mich an eine Verhandlung mit einem Kunden in einer Müllverbrennungsanlage in München. Nach Besuchen in München, zufriedenstellenden Gerätevorführungen und Testmessungen in Berlin sowie weiteren Gesprächen teilte man mir mit, dass man sich endgültig für ein WD-Gerät von Siemens entschieden hatte. Das wurde wie folgt begründet: Der Laborleiter glaubte, dass unser Gerät geeigneter für seine Aufgabenstellung sei, aber ganz sicher wäre er sich nicht. Da er aber erst vor Kurzem die Position als Abteilungsleiter übertragen bekam, entscheidet er sich für ein Siemensgerät. Denn sollte eine solch etablierte Firma wie Siemens die analytische Aufgabenstellung nicht lösen können, wird keine Kritik aufkommen, aber wenn er sich für eine neue, noch unbekannte Firma entscheidet und Probleme entstehen, würde seine falsche Entscheidung kritisiert und er vielleicht sogar seinen Job verlieren.

Diese Erfahrung, bei der Markteinführung einer neuen Technik musste ich mehrfach machen. Es war immer wichtig und aber auch schwierig, die ersten Referenzen zu bekommen, oft nur durch Zugeständnisse beim Preis. Diese Konzessionen durften allerdings nicht so sein, dass alle späteren Kunden darauf verweisen und ähnlich Nachlässe fordern konnten. Andererseits ist es relativ einfach mit einer neuen Technik das Kundeninteresse zu wecken und sie auch von deren Leistungsfähigkeit zu überzeugen. Wenn sich dann ein Kunde zum Kauf entschließt, dauert es allerdings einige Zeit bis zum Projektabschluss, da das Geld erst beantragt werden muss. Sind die finanziellen Mittel aber erst einmal vorhanden ist der Auftrag relativ sicher, wenn die Alleinstellungsmerkmale überzeugend waren. Bei einer eingeführten Technik sind die Projektzeiten in der Regel viel kürzer. Erst wenn ein Nutzer feststellt, dass ein Gerät beschafft werden soll und auch das Geld vorhanden ist, beginnt die Suche nach geeigneten Geräten. Es kommen dann meist 2 – 3 in die engere Auswahl, zu deren Herstellern der Kontakt aufgenommen wird. Dann erst fängt für den Geräteverkäufer die Projektphase an, die nach einer Entscheidung durch den Kunden schnell abgeschlossen wird. Auch diese Situation bei neuen Analysentechniken mussten wir überstehen und in unserem Eifer berücksichtigen.

Der erste Vertrag für zwei Geräte

Der Verkauf von gleich zwei Geräten gelang uns in eine Apatit-Mine, die etwa 200 km südlich von Murmansk in Apatiti liegt. Apatit ist ein Phosphor-Mineral, das für die Phosphor-Gewinnung aber auch als Dünger eingesetzt wird. Dort sollten zwei WD-Geräte substituiert werden. Für den ersten Kontakt musste ich dazu nach Apatiti reisen. Ich flog mit dem Flugzeug von St.Petersburg dorthin, im tiefen Winter, bei -20 grd. Der Schnee lag hoch, das Erdgeschoß des Hotels war zugeschneit. Es war das einzige Hotel am Ort und nicht gerade sauber. Die Nacht saß ich im Bett, um möglichst wenig mit dem offensichtlich bereits mehrfach benutzten Laken in Berührung zu kommen. Die Verhandlungen wurden dann in St. Petersburg durchgeführt und zogen sich lange hin. Der ausgehandelte Vertrag war 12 Seiten lang und zweisprachig, d.h. englisch und russisch. Er umfasste alles Mögliche, natürlich auch den Lieferumfang, der neben zwei Geräten und deren Installation auch eine komplette Werkstattausrüstung beinhaltete. Der Vertrag wurde bei der Unterzeichnung auf jeder Seite paraphiert, eigenartigerweise aber nicht die erste Seite. Dort stand die Gesamtsumme des Vertrages, es waren 750 T D-Mark. Die Vertragsunterzeichnung erfolgte dann wieder in Apatiti. Diesmal war es aber Sommer. Ich regelte es so, dass ich von St. Petersburg nach Apatiti und zurück an einem Tag fliegen konnte. Das ersparte mir die Übernachtung. Das Wetter war recht schön und es gab keinen Schnee. Aber das stellte sich nicht als Vorteil heraus. Deckte doch der Schnee im Winter den allgegenwärtigen Schmutz und Abfall sowie die Schlaglöcher der Straßen gnädig zu.

Wir waren auf diesen Abschluss sehr stolz, da uns damit eine Applikation für die Produktkontrolle mit hohen Genauigkeitsanforderungen für ein energiedispersives System gelungen war.

Zu dieser Zeit war es üblich, mit Käufern aus der ehemaligen Sowjetunion eine vollständige Vorauszahlung zu vereinbaren, da nach der Lieferung keine Möglichkeit bestand, ausstehende Forderungen zu realisieren. Die Fertigung begann also erst nach dem Geldeingang. Das konnte einige Monate dauern. Bei diesem Vertrag wurde allerdings bereits nach kurzer Zeit telefonisch angefragt, wann die Lieferung erfolgen würde. Wir hatten aber noch nicht den Eingang der Vertragssumme festgestellt. Telefonisch teilte man uns mit, dass nicht nur die Vertragssumme von 750 T D-Mark, sondern 60 T D-Mark mehr überwiesen wurden. Im Laufe der Zeit stellte sich dann heraus, dass die vom Apatit-Kombinat für den Kauf geplante Summe 810 T D-Mark betrug. Der durch die Verhandlungen erzielte Preis lag aber darunter, der Rest sollte daher auf ein extra eingerichtetes privates Konto des technischen Direktors, der die Verhandlungen geführt hatte, überwiesen werden. Das war für uns natürlich überraschend und auch einigermaßen ernüchternd, deutete aber auch die Wege des schnellen Aufstiegs einer neuen reichen Schicht in Russland an.

Die gezielte Anregung der Röntgenfluoreszenz blieb bei Spectro für lange Zeit das Alleinstellungsmerkmal. Dabei wurde nicht nur polarisierte Strahlung eingesetzt, sondern später auch monochromatische Strahlung, so dass neben einem geringen spektralen Untergrund auch eine hohe Anregungseffektivität erreicht werden konnte Sekundärtargets und Röntgenoptiken waren die dafür eingesetzten Komponenten. Das war und ist maßgebend für die führende Stellung von Spectro auf dem Gebiet der ED-Röntgenspektroskopie.

Vertriebsstrategien in Ost und West

Ein Problem für uns bei Spectro war, dass wir mit unseren Röntgengeräten zwar die höchsten Zuwachsraten erreichten, aber in den ersten Jahren immer nur wenige Prozent des Gesamtumsatzes der Firma ausmachten. Daher wurden bei Entscheidungen über den Kapazitätseinsatz, der Zuordnung von Mitarbeitern, der Durchführung von Marketingaktivitäten die Prioritäten immer an andere Produktgruppen vergeben. Das war nicht einfach und erhöhte unseren Arbeitsumfang erheblich.

Bei der Betrachtung von Vertriebsergebnissen stellte ich einen Unterschied zwischen unserer Produktgruppe und den anderen etablierten Produkten bei Spectro fest, der mir aber auch typisch für plan- und marktwirtschaftlich geführte Firmen oder für Ost- und Westfirmen zu sein scheint. Wenn wir einen Auftrag verloren, gingen wir betrübt nach Hause und überlegten, was wohl die Gründe für den Auftragsverlust gewesen sein könnten. Die Kunden gaben dabei meist irgendwelche technischen Probleme an. Wir versuchten, diese zu analysieren und dann Konzepte für die Beseitigung dieser Problematik zu erarbeiten, d.h. wir waren sowohl stark Technologie- als auch Kundenorientiert. Bei den Kollegen der anderen Produktgruppen, und typisch für Westfirmen generell, war es üblich, dass sie bei Auftragsverlust auch nach Hause gingen und sich vornahmen, beim nächsten Projekt noch aktiver zu sein und den Auftrag holen. Ihnen war klar, es musste erst Geld verdient werden, bevor weitere Entwicklungen finanziert werden können. Trotzdem macht die kunden- und technologieorientierte Arbeitsweise mehr Spaß und ist wahrscheinlich auch nachhaltiger.

Einführung der RFA in die Schmuckanalytik

Der erste Auftrag

Ein Zufall bescherte uns eine neue Applikation und Produktgruppe, den Einsatz der Röntgenfluoreszenz für die Schmuckanalytik. Es begann mit dem Besuch des Leiters des Analytiklabors der Nationalbank von Kasachstan bei Spectro. Er besuchte die Firma zur Vorabnahme eines ICP-Spektrometers. Durch den Zerfall der Sowjetunion hatte sich dort die soziale Lage für viele Menschen geändert. Viele waren gezwungen ihren Familienschmuck zu verkaufen, um von dem Erlös ihr Leben zu bestreiten. Dabei entstand immer das Problem der richtigen Bewertung des Schmucks. Der Goldgehalt wurde mit der Strichmethode bestimmt, d.h. es wurde die Geschwindigkeit der Auflösung der unedlen Bestandteile aus einer sehr dünnen auf einen Schieferstein ‚gestrichenen' Legierungsschicht in einer speziellen Säure bestimmt und mit dem Lösungsverhalten von Vergleichsproben bekannter Zusammensetzung verglichen. Allerdings ist diese Methode nicht besonders genau und erfordert sehr viel Erfahrung. Der Leiter des Analytiklabors wollte für diese Aufgabe Röntgenspektrometer einsetzen, es war die Rede von einem Bedarf an 200 Geräten! Dafür kam das X-Lab nicht in Frage. Bei einem Preis von damals ca. 200 T D-Mark wären das fast 40 Mio D-Mark, soviel wären dieser Analysenaufgabe nicht angemessen und würden in Kasachstan auch nicht aufbringbar sein. Ein Bekannter aus dem ersten Leben in Berlin aus Akademie-Zeiten fertigte Röntgenspektrometer für die Schichtdickenmessung. Die waren viel einfacher und auch durch die Verwendung von Proportionalzählrohren zur Detektion deutlich preiswerter. Wir fuhren also mit dem Kasachen nach Berlin und machten ein paar Testmessungen an dem Schmuck der Sekretärin meines Bekannten – Ring, Kette und Ohrring. Die Spektren sahen alle unterschiedlich aus und die Intensitäten waren durchaus akzeptabel. Es sah so aus, als ob eine Analyse funktionieren könnte. Damit war der Besuch des Kasachen beendet.

Nach etwa 6 Wochen bekam ich einen Anruf aus Alma-Ata von unserem Vertreter für diese Region. Er fragte ob er einen Vertrag über 50 Geräte unterschreiben könne, die in drei Monaten geliefert werden sollten und bei einer Messzeit von 5 min für die Goldbestimmung eine Genauigkeit von 0.5% erreichen müssen. Darüber hinaus wurde auch eine russische Software gefordert. Ich sagte, dass ich diese Entscheidung nicht ohne Rücksprache mit dem Firmenchef treffen könnte und bat um einen erneuten Anruf nach 2 Stunden. Ich fuhr schnellstens zum Firmenchef, fing mir dabei noch ein Ticket für zu schnelles Fahren ein, und besprach mit ihm das Projekt. Er fragte wieviel Geräte, was kostet etwa eines, das waren 40 T D-Mark. Er rechnete 50 mal 40 T D-Mark sind 2 Mio und sagte: Unterschreiben! Der unterschriebene Vertrag enthielt dann allerdings etwas geänderte Bedingungen, d.h. es waren zweimal 15 Geräte, die Messungen durften nur 3 min dauern, die Genauigkeit wurde dafür aber auf 0.3% verbessert. Der Verkäufer meinte wohl, bei kürzerer Messzeit müsste sich auch die Genauigkeit verbessern. Aber immerhin war das ein bedeutender Auftrag, mit dem der Eintritt der RFA in die Schmuckanalytik eröffnet wurde. Inzwischen ist das eine eingeführte Applikation mit etwa 4000 weltweit installierten Geräten.

Wir begannen also mit der Arbeit. Der Vertragsabschluss war Anfang Dezember, wir hatten also nicht ganz drei Monate, da Weihnachten dazwischen lag. Spectro wollte die Geräte nicht selbst bauen, sondern vom Hersteller der Schichtdickenmessgeräte kaufen. Das wurde schnell vertraglich vereinbart, verbunden mit einigen konstruktiven Änderungen sowie der Anpassung der Messdatenerfassung und Ergebnisdarstellung sowie der Einbindung von kyrillischen Buchstaben in die Software. Die Quantifizierung wurde von Spectro übernommen. Uns wurde ein Schichtdickenmessgerät zur Verfügung gestellt, um entsprechende Messdaten zu erzeugen. Wir begannen sofort mit den Arbeiten, aber Anfang Februar tauchte der Kasache wieder in Kleve auf. Er wollte prüfen, ob die Geräte rechtzeitig fertig würden. Als Physiker hatte er gute Kenntnisse zur Methode. Wir waren noch mitten in der Entwicklung und machten dabei natürlich auch Fehler. Da war eine ständige Beobachtung mehr als störend. Ich forderte also die Verkäufer auf, den Mann aus dem Labor zu entfernen. Das bescherte ihm einen zweitägigen Ausflug nach Amsterdam. Am Ende der ersten Woche stellte er aber fest, dass er nicht sicher sei, dass alles termingerecht fertig würde und dass er noch eine Woche bleiben wolle. In dieser Woche fuhr er für vier Tage mit den Verkäufern nach Paris. Auch danach meinte er, noch eine Woche bleiben zu wollen. Das war aber die Woche, in der unser privater Umzug von Berlin nach Kalkar schon seit langem geplant war. Der konnte nicht verschoben werden! Also nahm ich den Kasachen mit nach Berlin und zeigte ihm dort die 15 fast fertigen Geräte bei unserem Partner. Dann musste er sich zwei Tage selbst in Berlin beschäftigen und mit dem Zug nach Kleve fahren. Wir stemmten den Umzug und trafen mitten in der Nacht in Kalkar ein. Die Möbelleute waren früh am Morgen da und begannen die Kartons und Möbel ins Haus zu tragen. Gegen Mittag kam ein Mitarbeiter und bat mich, in die Firma zu kommen, da der Kasache Probleme mache. Ich fuhr also – mit einem dicken Hals - in die Firma und konnte die Wogen glätten. Ich lud dann den Kasachen für den nächsten Abend in unser Haus zum Dinner ein. Es kam nicht allein, sondern wurde von seiner Mitarbeiterin, einer Übersetzerin und dem Verkäufer von Spectro begleitet. Irgendwie fanden wir in den vielen Umzugskisten alle notwendigen Utensilien für das Essen, d.h. Teller, Gläser, Besteck usw. Das Haus war noch nicht komplett fertig, insbesondere das Wohnzimmer, in dem elektrische Trockner liefen, um den noch nicht vollständig durchgetrockneten Beton für das Parkett vorzubereiten. So richteten wir das Dinner im sogenannten Bügelzimmer aus, es war dennoch gemütlich. Unser Kasache hatte nun verstanden, dass es für ihn an der Zeit sei, nach Hause zu fahren.

Die Geräte wurden fast termingerecht fertig und die Lieferung erfolgte nur 14 Tage nach dem vertraglich festgelegten Liefertermin, so dass kein Penalty wirksam wurde. Die Lieferung wurde mit einem luftgefederten LKW durchgeführt. Der brauchte zum Glück für uns seine Zeit bis nach Kasachstan, so dass die Installation erst 6 Wochen später Mitte Mai vorgenommen werden konnte. Das gab uns zusätzliche Zeit für die Arbeit an der Software. Die letzte Version wurde uns erst auf dem Flughafen beim Start nach Alma-Ata übergeben.

Da für die Installation vor Ort jeweils noch der Rechner in die Geräte eingebaut, die Software installiert und die Kalibrierung durchgeführt werden mussten, fuhren wir zu zweit in der Hoffnung, diese Aufgaben gemeinsam in einer Woche abschließen zu können. Alle Geräte sollten in Alma-Ata in Betrieb genommen. Wir hofften, sie alle ausgepackt und aufgebaut in einem Raum vorzufinden. Aber weit gefehlt, sie wurden erst nach unserem Eintreffen mit einem Kipper von einem Zwischenlager angeliefert. Wir mussten also zuerst 30 Kisten aufschrauben, ein Gerät war jeweils in zwei Kisten verpackt. Das erledigten wir am ersten Tag mit der Hand, ein Akkuschrauber war nicht verfügbar. Dafür hatten wir am Abend ‚luftbereifte‘ Handflächen. Der für die Installation bereitgestellte Raum war auch recht klein, mehr als 5 Geräte konnten nicht gleichzeitig aufgebaut werden und auch die Anzahl der Steckdosen war begrenzt. Zusätzlich war der Raum im Souterrain gleich neben der Toilette, die zu dieser Zeit in diesem Land einen sehr strengen und durchdringenden Chlor-Geruch verströmten.

Bei der Lieferung hatten wir an alle Zusatzteile gedacht, es fehlten allerdings etwas längere Netzkabel und Netzverteiler. Zu jedem Gerät gehörten jeweils zwei Netzkabel von 2 m Länge. Die hingen infolge der geringen Länge dann etwa in Kniehöhe und immer, wenn man dagegen stieß, lösten sich die Kabel und die Geräte gingen aus. Damit war dann die mühsam erreichte Temperaturstabilisierung verloren und man musste wieder von vorn beginnen. Aber alle diese Probleme bekamen wir in den Griff. Schließlich am zweiten Tag gegen Mittag war das erste Gerät installiert und kalibriert und wir erhielten mit unseren Referenzproben auch gute Ergebnisse.

Zum Test wurde uns dann eine Vergleichsprobe des Labors gegeben. Das war eine Strichprobe aus der Schweiz, also per Definition sehr genau. Aber unser erstes Ergebnis daran war etwa 5 Gew-% zu hoch. Die Reproduzierbarkeit an dieser Probe war auch nicht befriedigend, in Abhängigkeit vom Messpunkt variierte das Ergebnis um mindestens 2 Gew-%. Das reduzierte unseren Elan erheblich. Wir wollten nach der Installation eigentlich schnell wieder nach Hause kommen und nicht in den weiten Steppen Kasachstans vermodern. Nun teilten wir uns die Aufgaben, mein Kollege arbeitete weiter an der Installation und Kalibrierung der restlichen Geräte, während ich mich dem Problem der Analysengenauigkeit widmete. Schließlich am Abend des Tages hatten wir die entscheidende Idee: Die Standards für die Strichproben waren schon alt und wurden seit langem in dem Labor aufbewahrt, in dessen Luft sich säurehaltige Aerosole von den Strichsäuren befanden. Diese lagerten sich auf den Flächen der Probe ab und lösten aus einer sehr dünnen Oberflächenschicht die unedlen Bestandteile heraus. Dadurch ergab sich dort quasi eine Anreichung von Gold. Infolge der sehr geringen Informationsdicke bei Gold verursachte das die falschen Ergebnisse. Nachdem wir von der Testprobe eine dünne Oberflächenschicht beseitigt hatten, waren die Ergebnisse befriedigend und wir konnten aufatmen.

Die Arbeiten gingen plangemäß weiter. Aber es trat ein weiteres Problem auf. Wenn ein Gerät installiert wird kann es immer mal passieren, dass eine Standardprobe ein falsches Resultat ergibt. Das kann einfach überspielt werden, indem man behauptet, dass diese Probe immer etwas daneben liegt. Wenn aber bei 15 parallel installierten Geräten jeweils eine andere Probe der Ausreißer ist, ist diese Ausrede nicht mehr glaubwürdig. Wir konnten aber den Kunden von der Leistungsfähigkeit der Geräte überzeugen und bekamen schließlich die Unterschrift für die Übernahme. So kehrten wir also doch unbeschadet wieder nach Hause zurück. Allerdings nicht wie geplant beide nach einer Woche. Die Arbeiten waren doch zu umfangreich, so dass wir nach ein paar Tagen von der Vertreterin von Spectro in ihr Haus eingeladen wurden, um in einem

Telefonat mit dem Chef von Spectro zu erfahren, dass ich eine weitere Woche dort zu bleiben hätte.

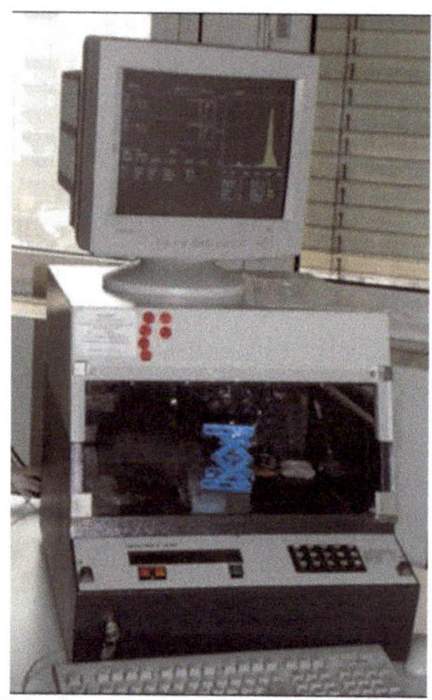

Abb. 9:   Die ersten X-Test Geräte für die Schmuckanalytik

Das Haus war neugebaut und das Telefon stand in der oberen Etage, die über eine Wendeltreppe zu erreichen war. Bei dieser Treppe war jede Stufe verschieden, d.h. in Tritttiefe und Stufenhöhe. Das machte das Betreten der Treppe außerordentlich schwierig - entweder stieß man gegen die Stufe oder man trat durch, sehr gewöhnungsbedürftig!

Diesem Kunden konnten wir 22 Jahre später wieder Geräte zur Goldanalyse verkaufen. Er war offensichtlich mit der ersten Lieferung zufrieden. Inzwischen war die Nationalbank in ein neues repräsentatives Gebäude umgezogen und das Labor hatte ordentliche Räume, nicht neben der Toilette. Bei der Besichtigung von einigen Labors entdeckte ich noch einige der vor 22 Jahren gelieferten Geräte. In zweien waren vom Betreiber die Prop-Counter inzwischen durch PIN-Dioden ersetzt worden. Ein weiteres arbeitete noch mit dem ursprünglichen Prop-Counter. Ich wollte gern ein paar Fotos machen, durfte das aber nicht, aus Geheimhaltungsgründen! Wir mussten uns erst die Erlaubnis beim Direktor der Nationalbank einholen. Dazu gab es einen gesonderten Termin, zu dem mich der Laborleiter begleitete. Nach einigen Lobhudeleien zur weltweiten Erfolgsgeschichte des Einsatzes der RFA für die Schmuckanalytik durfte ich einige Fotos (siehe Abb. 9). Weitere drei standen im Lager als Ersatzteilspender.

Mittelasien

Die nächsten Folgeaufträge kamen auch aus Mittelasien, d.h. aus Usbekistan. Das waren auch interessante Aufträge. Usbekistan war damals der acht größte Goldproduzent der Welt, inzwischen ist man auf Platz 6 vorgestoßen. Eine Goldmine befindet sich mitten in der Wüste. Dort wird im Tagebau gearbeitet, das Loch hatte damals eine Größe von ca. 500 m im Quadrat und eine Tiefe von ca. 300 m, gigantisch! Die Anreicherung erfolgte durch ein Auswaschverfahren. Dazu wurde der Aushub auf eine Polymerfolie in die Wüste gekippt, etwa in einer Höhe von 1,2 m und mit Blausäure besprüht. Die laugt dann das Gold aus dem Gestein und das Goldzyanid wird aufgefangen. In den ersten Tagen sollte man nicht in die Nähe dieser Halden kommen, auch für die dort freilaufenden Kamele ist es sehr gefährlich. Aber nach dem Abbau der Blausäure ist es ungefährlich. In der Nähe der Grube wurde eine Stadt für die dort Beschäftigten gebaut. Ich war im zeitigen Frühjahr dort. Und das war gut so. Man sagte mir, im Sommer benötigt man genagelte Holzpantinen auf der Straße, da der Kleber in Lederschuhen bei der herrschenden Hitze weich wird. In der Anlage wird nicht nur das Gold gewonnen, sondern auch gleich weiterverarbeitet, d.h. eine Raffination bis zum Reingold durchgeführt und ein Teil davon auch gleich zu Schmuck verarbeitet. Der sollte von unseren Geräten kontrolliert werden.

Da selten Besucher zu diesem Ort kamen gab es dort kein Hotel. Ich wohnte daher in einer 3-Zimmer Wohnung in einem normalen Wohnhaus. Aber es gab ein ‚Dom Kulturyj', also ein Haus der Kultur, in dem sich die einzige Gaststätte des Ortes befand, es aber auch ein Kino und einen Tanzsaal gab. Dorthin wurde ich immer zu den Mahlzeiten gebracht. Am Morgen gab es Kascha (Grießbrei), fettes Fleisch und fette Bratkartoffeln und 50 Gramm Wodka zur Verdauung; zum Mittag gab es das gleiche, allerdings wurde Kascha durch rote Bete Salat ersetzt, und die 50 Gramm wurden auf 100 aufgestockt. Am Abend war das Stück Fleisch größer und der Wodka nicht limitiert. Nach drei Tagen Installation und Training war mein Bedarf an Wodka für den Rest meines Lebens gedeckt. Von der Installation fuhren wir mit dem Auto etwa 300 km durch die Wüste zum Hauptbetrieb des Kombinats in Navoji. Es gab einen Empfang beim technischen Direktor des Kombinats, bei dem über die Ergebnisse der Installation berichtet wurde. Nach der Diskussion der technischen Fragen schloss sich dann etwas Small Talk an. Der technische Direktor erzählte dabei, dass er kürzlich in St. Petersburg bei einem Nickelproduzenten gewesen sei, bei dem es ein großes Problem mit einem Nickelverlust gibt. Die Mitarbeiter schmuggeln das Reinnickel in Aktentaschen aus dem Betrieb und tauschen es gegen Wodka aus Finnland, der über Estland importiert wird. So wie darüber berichtet wurde löste es bei mir die Hoffnung aus, bei dem folgenden Mittagessen ohne Wodka über die Runden zu kommen. Das Mittagessen wurde dann in einer Pergola auf dem Betriebsgelände serviert. Alle vorbeikommenden Mitarbeiter hatten einen guten Blick auf den Tisch. Das erste, was auf den Tisch kam, waren zwei Flaschen Wodka. Für mich schwanden alle Hoffnungen dahin!

Einen anderen kulinarischen Höhepunkt erlebten wir auf einer Fahrt von Navoji nach Samarkand. Wir kamen durch ein Örtchen in der Nähe eines offensichtlich fischreichen Flusses. An vielen Häusern hingen die Fische zum Trocknen an der Dachtraufe. Wir hielten an einem Restaurant. Der Gastraum war einfach, aber sauber. Wir bestellten Fisch, der auf der Straße zubereitet wurde. Das wollte ich mir ansehen. Zuerst wurde der Fisch ausgenommen, auf einem Hackklotz aus Holz, der von dem Fischblut schon ganz schwarz war. Dann wurde er in Portionsstückchen geteilt – mit einem Beil auf dem Hackklotz. Die Stücke kamen in eine große Schüssel mit Fischsud. Der Sud hatte eine dunkelbraune Farbe, man konnte die darin schwimmenden Fischstücke nicht erkennen. Die Heizung der Schüssel erfolgte mit Erdgas, das aus einem Gartenschlauch kam. Der führte in eine alte, unten aufgeschnittene Öltonne. Oben drauf stand die Schüssel mit dem Fisch. Nach dem Zusehen war mein Appetit doch stark gezügelt. Aber der Fisch, schließlich mit grünem Salat serviert, schmeckte ausgezeichnet. Warum muss es in einer Küche eigentlich sauber sein?

Auf der Weiterfahrt besuchten wir Samarkand. Leider war die dort verfügbare Zeit viel zu kurz, aber trotzdem konnten wir einen guten Eindruck von den tollen Medressen aus dem 15. und 17. Jahrhundert am Registanplatz und den Moscheen gewinnen. Allerdings waren sie damals noch nicht gut restauriert.

Marktaufbau in Deutschland

Nach diesen ersten Erfolgen in Asien bearbeiteten wir auch den deutschen Markt. Das war eigentlich recht einfach, da ein Großteil der Scheideanstalten und Schmuckhersteller in Pforzheim konzentriert sind. Wir hatten Diskussionen mit den Laborleitern der Scheideanstalten und auch mit den Qualitätsmanagern von verschiedenen großen Schmuckherstellern. Aber keiner zeigte echtes Interesse. Dieses Desinteresse hatte verschiedene Gründe. Bei den Scheideanstalten wurde für die Goldbestimmung die Dokimasie genutzt, aber es kamen auch WD-Spektrometer zum Einsatz. Die Dokimasie ist eine schon im Alten Testament beschriebene, also eine über 3000 Jahre alte Methode zur Goldbestimmung und heute ein äußerst präzises Analyseverfahren, da die hohe Genauigkeit von Wägesystemen genutzt wird. Dabei werden die Masse der etwa ein Viertel Gramm schweren Messprobe, die dem Produkt zu entnehmen ist, die Masse der Edelmetalle, die nach einer Oxidation der unedlen Bestandteile im durch Aufheizen verflüssigten Material verbleiben sowie die Masse des reinen Goldes, das nach der Lösung des Silbers in Salpetersäure gewonnen wird, bestimmt. Diese Methode ist zeitaufwendig und kann nur die edlen Bestandteile bestimmen, vor allem muss aber die Probe zerstört werden. Reproduzierbarkeit und Präzision der Dokimasie sind etwa um einen Faktor 10 besser als bei der RFA. Allerdings ist zu hoffen, dass eine Verringerung dieser Differenz in kürzeren Zeiten als 3000 Jahren möglich sein wird.

In Scheideanstalten werden vorrangig Goldanalysen an aufgekauftem Altgold durchgeführt. Hier sind die Genauigkeitsanforderungen nicht so hoch und eine leichte Unterbestimmung unterstützt sogar das Geschäftsergebnis. Weitere Analysen erfolgen am fertigen Produkt, d.h. dem Reingold. Hier wird die hohe Genauigkeit der Dokimasie gefordert, vor allem wegen der großen Masse der Goldbarren und dem damit hohen Materialwert.

Bei den Schmuckherstellern wird für die Produktion reines Gold eingekauft. Die gewünschten Schmucklegierungen werden dann durch Aufschmelzen mit genau ausgewogenen Zulegierungen hergestellt. Die Metalle für die Zulegierungen werden in Tablettenform für verschiedene Schmucklegierungen angeboten. Die Rückstände aus der Fertigung werden dann an die Scheideanstalten zurückgegeben. Deren Zusammensetzung ist nicht genau bekannt und wird in den Scheideanstalten beim Ankauf der Legierungen bestimmt, u.U. etwas zu gering, um damit den Ankaufpreis zu reduzieren. Die Schmuckhersteller versuchten das zu verhindern, indem sie das zurückzugebende Material teilten und es an verschiede Scheideanstalten gaben, damit die Ergebnisse miteinander verglichen werden konnten. Allerdings gab es Vereinbarungen zwischen den Laborleitern der Scheideanstalten zu den maximalen Abweichungen, so dass die abweichenden Ergebnisse konsistent waren.

Wir konnten das erste Gerät bei einem kleinen Schmuckhersteller installieren, der auch in Lohnarbeit das Gießen von Schmuckstücken durchführte. Dabei werden Wachsmodelle der Schmuckstücke in Form eines Gießbaumes angeordnet, bei dem die Blätter die Schmuckstücke und der Stamm und die Äste die Zuleitungen für das Gussmaterial sind. Nach dem Guss werden die Schmuckstücke abgeschnitten und weiterbearbeitet, das Geäst wird normalerweise an die Scheideanstalt zurückgegeben, um wieder gereinigt zu werden. Dieser Hersteller wollte aber diesen Umweg und die damit verbundenen Kosten einsparen und die Restlegierung durch eine gezielte Zulegierung direkt weiterverarbeiten.

Diese erste Geräteinstallation erforderte zunächst bei den Scheideanstalten ein Umdenken, dann wollten sie aber auch mit der gleichen Messtechnik wie die Hersteller arbeiten. Damit verkauften sich schon einige Geräte. Schließlich erkannten aber auch die Schmuckhersteller das Potential einer schnellen und direkten Gehaltskontrolle ihrer Legierungen und stiegen in das Geschäft ein.

Markteinführung in Thailand

Im Zuge der Verlagerung personalkostenaufwendiger Produktionen von Deutschland nach Asien wurde ein Großteil der Schmuckproduktion zunächst nach Thailand verlagert. Damit deutete sich dort ein interessanter neuer Markt für unsere Technik an. Aber auch hier erwies sich der Markteinstieg als schwierig. Die großen Hersteller kopierten ihre kompletten Fertigungsstrecken aus Deutschland. Dabei wurden auch die Lieferketten sowie die Qualitätssicherungssysteme beibehalten, die aber nicht auf eine Wiederverwendung der Restlegierungen orientiert waren.

Daneben existierten viele kleine Schmuckhersteller. Die fertigten ihre Ware in Werkstätten direkt hinter den Verkaufsgeschäften. Ketten wurden dabei vom Meter gekauft und konfektioniert. Kompakte Schmuckstücke wie etwa Ringe oder Broschen wurden gegossen und dann poliert. Der genaue Goldgehalt wurde nicht so genau überprüft. Die Hersteller waren daher nicht sehr an einer Kontrolle der Zusammensetzungen ihrer Legierungen interessiert, da hier ein zusätzlicher Gewinn möglich war. Viele Gerätevorführungen und sogar kostenlose Geräteausleihen zu Testmessungen bei einige Herstellern blieben ohne Erfolg. Einmal, beim Abbau eines Testgerätes machten wir mehr zum Spaß eine Messung an dem Goldstaub, der beim Polieren der Schmuckstücke aufgefangen wurde. Er sollte weitgehend dem Goldgehalt der meist verwendeten Legierungen entsprechen, also bei 75 Gew-% liegen.

Die Ergebnisse waren aber deutlich geringer. Das wurde vom Ladeninhaber sofort als Messfehler interpretiert. Wir waren aber von den Ergebnissen unseres Gerätes überzeugt und bohrten tiefer. Es stellte sich schließlich heraus, dass die Goldschmiede dem abpolierten Goldstaub etwas Messingspäne aus thailändischen Münzen beimischten und die entsprechende Menge Goldstaub zurückbehielten. Der wurde von den Reinemachefrauen nachts aus dem Laden geschmuggelt, damit er bei Kontrollen der Goldschmiede beim Verlassen der Läden nicht gefunden wird. Nach diesem Vorfall bekamen wir innerhalb von vier Wochen sechs Aufträge. Deren Installation war dann aber nur in Begleitung von Bodyguards möglich.

Es zeigt sich, der Zugang zu einem bestimmten Markt kann sehr unterschiedlich sein. Sehr häufig spielen dabei auch Zufälle eine große Rolle.

Marktaufbau in Indien

In Indien waren die Menschen schon immer sehr klug, insbesondere was das Vertrauen gegenüber dem Bankwesen betrifft. Sie trauen den Banken nicht und legen ihr Geld deshalb in Goldschmuck an. Daher muss der Schmuck auch immer dann, wenn Geld benötigt wird, umgearbeitet werden – also recht oft! Daher gibt es etwa eine Million Goldschmiede in Indien. Die bekommen aber in der Regel keinen Lohn für ihre Arbeit. Das Gewicht des Schmucks wird vor und nach der Umarbeitung gewogen und muss etwa gleich sein. Daher wird beim Umschmelzen der Goldanteil reduziert und als Lohn einbehalten. Bei Nachfragen wird der Goldgehalt des Schmucks aber immer mit 100% angegeben. Um diese nicht kontrollierbare Lohnfestlegung beibehalten zu können, waren die Goldschmiede überhaupt nicht an einer Kontrolle der Schmucklegierungen interessiert. Bei den ersten Kontakten zu Goldschmieden stießen wir daher nur auf Ablehnung.

Die ersten erfolgreichen Verkäufe erfolgten dann über einen in Indien bekannten Juwelier, der auch als Berater der Regierung für die Schmuckindustrie fungierte. Er organisierte als Einstieg in den Markt die Teilnahme an einer Schmuckausstellung in Mumbai. Der Flug dorthin stellte sich schon als Schwierigkeit heraus. Es war mir nicht bekannt, dass für Indien ein Visum benötigt wird. Ohne Visum wurde ich auf dem Flughafen von der Fluggesellschaft abgewiesen. Nach einer Intervention bei dem Reisebüro, das die Flugtickets beschafft uns aber nicht auf die Visumpflicht hingewiesen hatte, wurde mir beim indischen Konsulat in Frankfurt innerhalb von 2 Stunden ein Visum ausgestellt. Gewöhnlich benötigt man dazu mehrere Tage. Mit dem nächsten Flieger erreichte ich dann Mumbai, mit einer Verspätung von über 5 Stunden. Das Taxi, das mich abholen sollte wartete aber noch immer. Das war der erste überraschende Eindruck, genau wie die Atmosphäre vor dem Flughafengebäude. Eine unübersehbare Menge von Menschen stand dort und wartete auf die ankommenden Reisenden. Von Polizisten, die ihre Holzschlagstöcke eifrig nutzten, wurden sie vom Eingang ferngehalten.

Die Fahrt zum Hotel ging zügig, da es schon spät in der Nacht war. Trotzdem waren die Ausblicke auf die Straße sehr ernüchternd. Viel Armut in engster Nähe zu Prachtbauten. Viele Menschen auf der Straße, die dort schliefen, in Zelten, in noch nicht eingebauten Abwasserrohren oder auch unter freiem Himmel. Am Morgen machte ich einen kurzen Spaziergang um das Hotel herum. Mein erster Entschluss danach war – das Hotel verlasse ich nur noch einmal, um den Rückflug anzutreten. Alle ausstehenden Gespräche haben im Hotel stattzufinden. Trotz der sehr vornehmen Gegend am Nariman-Point in Mumbai war es dort so schmutzig und bedrückend, dass mir diese Entscheidung schlüssig erschien.

Die Messe stellte sich dann als sehr harte Arbeit heraus. Unser Stand mit dem Röntgenspektrometer war ständig umlagert. 10 – 20 Inder drängelten sich permanent um das Gerät und baten um Testmessungen. Die Messungen erfolgten quasi im Minutentakt. Es wurden Ringe, Ketten und Medaillons zur Analyse gereicht. Ich fragte zuerst nach dem Goldgehalt. Die Antwort war immer ‚pure Gold‘. Die Messungen ergaben aber sehr unterschiedliche Werte, zwischen 92 und 99 Gew-% war alles dabei. Bei der Rückgabe der geprüften Schmuckstücke und Nennung der analysierten Zusammensetzung wurde immer gelächelt und zustimmend genickt. Es war bekannt, dass die Legierungen abgereichert waren.

In Europa würden solche Messungen immer Werte ergeben, die im Bereich der typischen Karatzahlen liegen, also 585 für 14 Karat, 750 für 18 Karat, seltener 922 für 22 Karat. In Indien waren dagegen alle Konzentrationen möglich und es wurden auch ungewöhnliche Zulegierungen verwendet, wir sahen Cd, Ir oder auch Sn. Allerdings das war der Anfang, den indischen Markt mit unseren Geräten zu erobern.

Über den Juwelier erhielten wir Kontakte zu einigen größeren Analyselaboren und konnten ca. 20 Geräte verkaufen. Allerdings war die technische Betreuung der Geräte nicht befriedigend. Auch die Umweltbedingungen in den Läden waren nicht immer optimal für eine genaue Messung. Wir mussten zu oft nach Indien zu Serviceeinsätzen fahren.

Problematisch war vor allem der viele Staub, der den Geräten zu schaffen machte. So gab es ein Gerät in Jaipur, das etwa 9 Monate nach der Lieferung im Inneren mit einer etwa 1 mm dicken Feinstaubschicht bedeckt war. Weitere Erschwernisse waren die feuchte und heiße Witterung, die Unerfahrenheit der Bediener, die schwankenden Netzspannungen und die immer jammernden Inder.

Ein Besuch bei einem Kunden in Mumbai war besonders bemerkenswert. Er hatte sein Labor in einer engen Straße, die nicht mit einem Auto befahrbar war. Wir fuhren also mit dem Taxi bis an die Gasse heran und gingen das letzte Stück zu Fuß. Wir überragten natürlich die meisten Inder und blickten über viele schwarze Köpfe. Die Häuser hatten maximal ein Obergeschoß, das Labor befand sich in einem davon. Vor dem Laden stand ein Wächter in einer Fantasieuniform mit einem Vorderlader in Präsentierhaltung und bewachte das Geschäft. Immerhin wurde dort mit Gold gehandelt! Im Erdgeschoß befand sich ein offener Verkaufs- oder Warteraum. In dem stand ein Sofa, ein Zweisitzer, auf dem 4 Inder saßen. Einer davon war offensichtlich der Besitzer. Bei den anderen handelte es sich um Kunden, die auf ihre Messergebnisse warteten. Die Schmuckproben wurden gebracht und quasi aufs Warten analysiert. Nach dem üblichen Smalltalk gingen wir dann in das ‚Labor‘, zunächst in einen Raum hinter dem Laden, etwa 1 m² groß. Von dort führte eine Leiter fast senkrecht wie eine Hühnerleiter nach oben in einen Raum über dem Laden. Der hatte eine Höhe von etwa 1,60 m. Wir mussten dort also auf den Knien rumrutschen. Allerdings war der Boden mit Linoleum ausgelegt und sauber. Über dem ‚Labor‘ war direkt das Dach, gedeckt mit Wellblech. Die Temperaturen lagen dort trotz der schon späten Nachmittagsstunde, in der wir das Labor besuchten, bei etwa bei 45 grd. Sehr günstige Bedingungen, um genaue Messungen zu machen! Diese Besuche waren sehr lehrreich, und veranlassten uns, einige Änderungen an den Geräten vorzunehmen, um sie besser für diese Umgebungsbedingungen anzupassen.

Ein völlig neuer Marktzugang eröffnete sich durch die Anfrage einer großen Schmuckfirma, die auch eine eigene Ladenkette betrieb und in diesen Läden als Marketing-Gag eine Analysenmöglichkeit für ihren Schmuck vor Ort anbieten wollte. Tanishq, wie diese Firma heißt, gehört zum Tata-Konzern und wurde völlig neu mit dem Ziel aufgebaut, sowohl traditionellen indischen Schmuck als auch hochwertigen ‚westlichen‘ Schmuck zu produzieren. Dazu wurde eine komplett neue Fabrik im Süden Indiens in der Nähe von Bangalore aufgebaut. Die für den Verkauf der Produkte vorgesehene eigene Ladenkette wurde sukzessiv in den größeren Städten eröffnet und jeder Laden sollte ein Spektrometer bekommen. Daraus ergab sich ein Bedarf von 30 – 50 Geräten pro Jahr. Also ein einträgliches Geschäft, das einen starken Wettbewerb auslöste, welche indische Firma das Geschäft des Zwischenhändlers und Service-partners übernehmen könnte. Uns war klar, dass ein solch umfangreiches Geschäft nicht mehr von der Organisation des Juweliers betreut werden kann. Wir suchten also nach einer anderen Möglichkeit. Die ergab sich durch einen Zufall. Etwa eine Woche vor einem erneuten ein-wöchigen Besuch in Indien bekam ich einen Anruf von einem Inder, der sich als Partner anbot. Ich sagte, ich sei demnächst in Indien und wir könnten uns zu einem Gespräch treffen. Die Woche war ausgefüllt mit Kundenbesuchen in verschiedenen indischen Städten, am letzten Tag besuchte ich Kalkutta. Abends gegen 22.00 Uhr traf ich mit dem Flieger in Mumbai ein. Ich wurde von dem Inder am Flugplatz abgeholt und wir fuhren gemeinsam zum Hotel, dem ersten Haus am Platz, dem Taj Ma-hal am Gate of India. Wir diskutierten bis nachts um 2.00 Uhr, verstan-den uns von Anfang an und vereinbarten, eine Zusammenarbeit zu star-ten. Ich konnte dann noch etwa 2 Stunden schlafen bevor ich zum Flug-platz aufbrechen musste, um den Heimflug zu erreichen.

Nach einem Besuch des Inders in Deutschland und einem ausgiebi-gen Training kam diese Zusammenarbeit dann in der Tat zustande. Sie war sehr erfolgreich und währte viele Jahre. Sie bezog sich sowohl auf den Verkauf als auch auf den Service der Geräte. Die Kooperation mit Tanishq fungierte dabei ein richtiger Katalysator. Immer, wenn ein neuer Laden eröffnete und mit einem Schmuckanalysator ausgerüstet wurde, ergaben sich in der gleichen Stadt zwei bis vier weitere Geräte-verkäufe. Die Bestimmung des Goldgehaltes direkt in den Tanishq-Lä-den führte dazu, dass sich die Kunden kritischer gegenüber den kleine-ren Goldschmieden verhielten. Die konnten sich aber kein eigenes Gerät leisten. Allerdings sind in Indien einzelnen Gewerke, so wie im Mittel-alter auch in Europa, immer räumlich konzentriert. Daher existierten Analysenlabors oft in einem solchen Umkreis und boten Analysen der Schmuckgegenstände an. Die Preise lagen bei etwa 3 Dollar pro Ana-lyse. Für eine Analyse standen etwa 5 min zur Verfügung, d.h. es konn-ten täglich etwa 100 Analysen gemacht werden. Das bedeutete, bereits nach einem Jahr hatte sich der Kauf eines Gerätes amortisiert.

Trotzdem mussten der Markt aufbereitet und viele Informationen be-reitgestellt werden. Dazu waren mehrere Besuche in Indien notwendig, bei denen ich in verschiedenen Städten mit Vertretern der Industrie- und

Handelskammern oder mit Normungsgremien über die Vereinheitlichung der Analysenmethoden in der Schmuckindustrie diskutierte. Es folgten auch einige Besuche in der Produktionsstätte von Tanishq, bei denen über Lieferkonditionen, Analysengenauigkeiten und auch neue Gerätekonfigurationen gesprochen wurde. Vor allem aber standen Besuche verschiedener Schmuck-Ausstellungen, auf denen wir unsere Geräte vorstellten, auf dem Reiseplan.

Der Besuch in Kalkutta ist mir in besonders unangenehmer Erinnerung geblieben, da die Stadt extrem schmutzig war. Ich kam morgens mit dem Flieger an und fuhr gleich in die Stadt zu dem Kunden. Die zu analysierenden Proben waren sehr interessant. Es handelte sich um größere Silbergefäße, die besondere Anforderungen an die richtige Positionierung im Probenraum stellten. Die Rückfahrt zum Flugplatz am Abend war dann furchtbar. Inzwischen hatte die Luftverschmutzung einen Grad erreicht, der bei jedem Atmen einen Hustenreiz auslöste. Ich zählte quasi die Anzahl der notwendigen Atemzüge bis zum Flughafen.

Die Produktionsstätte von Tanishq war in Tamil Nadu, etwa 2 Autostunden von Bangalore entfernt. Bei einem der mehrfachen Besuche ging es um die Idee von Tanishq, mit einem Truck in kleineren Städten ihre Produkte zu offerieren und dabei auch die Schmuckanalysen anzubieten. Dazu musste das Gerät kleiner werden. Es entstand unsere kleinste Gerätevariante, das M1 Ora (Abb. 10).

Nachhaltig beeindruckend bei diesen Besuchen war auch die Teilnahme am Mittagsessen in der Cafeteria. Jeder bekam einen Teller mit Unterteilung aus Edelstahl. Darauf wurde ein Klacks Reis sowie Naan (Brot) und Obst gegeben. Auf den Tischen standen mindestens 3 Töpfe mit verschiedenen Curries, alle unterschiedlich scharf und mit Fleisch oder vegan. Da konnte sich jeder bedienen. So weit so gut, aber es gab kein Besteck. Das Curry wurde mit den Fingern in den Reis gemischt und dann mit dem gleichen Werkzeug gegessen. Ausländer bekamen zum Glück eine Gabel!

Insgesamt konnten wir allein in Indien etwa 3000 Geräte installieren. Bei dieser Menge tauchten auch immer mal wieder Probleme auf, aber letztlich können wir auf eine große Anzahl zufriedener Kunden weltweit blicken. Dieser Markt zog dann natürlich auch verschiedene Wettbewerber an, aber Wettbewerb soll ja das Geschäft beleben.

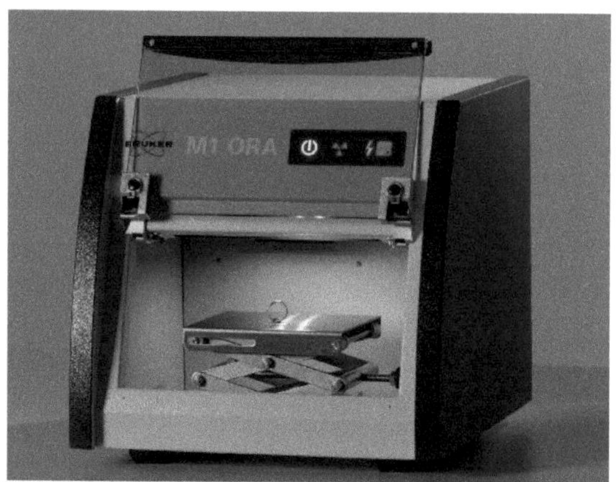

Abb. 10: Ora, ein kleiner Schmuckanalysator

Vorsicht bei einem Firmenwechsel!

Ein sehr in Erinnerung bleibendes Erlebnis ergab sich nach einem Firmenwechsel. Nachdem ich die Firma verließ, in der ich den indischen Markt für die Schmuckanalyse aufgebaut hatte und in dieser Firma danach auch der Besitzer wechselte, ergaben sich sehr lange Lieferzeiten für die Geräte. Der Grund war vor allem Unfähigkeit des neuen Firmenchefs. Entscheidungen zu treffen. So war er nicht in der Lage, die Fertigung mit einer ausreichenden Anzahl von Mitarbeitern auszustatten. Lange Lieferzeiten waren aber bei den speziellen Bedingungen des indischen Marktes tödlich. Im Allgemeinen sind Investitionsvorbereitungen durch lange Diskussionen gekennzeichnet, gefolgt von intensiven Preisverhandlungen, nach der Bestellung werden dann aber schnell Forderungen nach einer umgehenden Lieferung gestellt. Genau diese Phasen gibt es auch in Indien, allerdings um vieles intensiver!

Deshalb kontaktierte mich der indische Vertreter, mit dem mich inzwischen auch ein gutes persönliches Verhältnis verband, und fragte, ob irgendwie Abhilfe bezüglich der Lieferzeiten möglich sei. Leider konnte ich ihm nicht helfen. Nachdem durch ebenfalls verschleppte Entscheidungen auch die Firmenniederlassung in Berlin geschlossen werden musste und die meisten Mitarbeiter zu einem Wettbewerber wechselten, ergab sich dort die Gelegenheit, neue Geräte für die Schmuckanalytik zu entwickeln. Dabei wurden natürlich die Erfahrungen und das Wissen genutzt, das sich über viele Jahre angesammelt hatte. Es konnte relativ zügig ein völlig neues Gerät für die Schmuckanalytik entwickelt und dann auch dem indischen Partner für den Vertrieb angeboten werden. Das neue Gerätekonzept überzeugte und es kam zu der Übereinkunft das Gerät gemeinsam zu vermarkten. Die erste Vorstellung des neuen Gerätes auf dem indischen Markt erfolgte nach einem guten halben Jahr nach Beginn der Arbeiten auf einer Schmuckausstellung in Mumbai. Auf der war auch der alte Anbieter vertreten und sah unsere neuen Geräte. Danach gab es einen unschönen Zwischenfall, bei dem er mich vor dem Stand und vor allen Besuchern am Sakko packte und handgreiflich werden wollte. Der indische Vertreter konnte ihn gerade noch zurückhalten.

Der nächste Schritt war dann aber eine Anzeige, in der er behauptete, dass wir Entwicklungsergebnisse kopiert hätten. Das bewies zwar, dass er keinerlei Verständnis für die Technik hatte, da es sich um ein völlig neues Gerätekonzept handelte, verursachte aber einen erheblichen zusätzlichen Aufwand, um diese Vorwürfe aus dem Weg zu räumen. Der Höhepunkt für mich war der Besuch des LKA Berlin eines Morgens in meinem Privathaus. Man wollte eine Hausdurchsuchung durchführen. Ich war gerade auf dem Weg zur Arbeit, musste das aber verschieben. Die Herren kamen ins Haus und wollten mein Büro sehen, es gibt aber in unserem Haus nur das Büro meiner Frau, im oberen Stockwerk. Als die Herren dorthin wollten, bat meine Frau sie, die Schuhe auszuziehen, was sie strikt ablehnten. Daraufhin holte meine Frau Aldi-Tüten, die über die Schuhe gezogen und mit Bindfaden befestigt werden mussten, um nicht den Straßendreck ins obere Stockwerk zu tragen. Damit machte sie sich jedoch keine Freunde. Im Büro wurde natürlich nichts gefunden, von mir wurde aber ein Laptop mitgenommen. Zum Glück nicht der, mit dem ich meine Arbeiten erledigte, der lag schon im nicht durchsuchten Auto. Zeitgleich fand auch in der Firma eine Hausdurchsuchung statt. Letztlich stellten sich alle Anschuldigungen unbegründet heraus, kostete uns aber eine Menge Arbeit und Aufwand, um die Unsinnigkeit der Vorwürfe nachzuweisen.

Mikro-RFA

Der Aufbau einer neuen Geräteklasse

Eine andere wichtige Geräteklasse, an der ich mitarbeiten konnte war die Mikro-Röntgen-Fluoreszenz (μ-RFA). Dabei wird nur eine kleine Probenfläche mit der anregenden Strahlung meist von oben beaufschlagt und die Fluoreszenz dann mit energiedispersiven Detektoren gemessen. Damit wird die Analyse inhomogener und auch unregelmäßig geformter Proben an einzelnen Punkten möglich, bei einer Bewegung der Probe unter dem ortsfesten anregenden Strahl auch die Bestimmung von Elementverteilungen. Daraus resultiert die Möglichkeit, Proben auch ohne großen Präparationsaufwand zu analysieren, d.h. es sind auch Fertigprodukte oder Kunstgegenstände analysierbar, ohne sie durch eine Präparation zu verändern. Die Option zur Analyse kleiner Probenflächen war schon für die Schmuckanalyse wichtig, da Schmuckstücke filigran und unregelmäßig geformt sind. Bei diesen Geräten wurde die Begrenzung der angeregten Fläche durch Kollimatoren vorgenommen. Infolge der damit verbundenen Reduzierung der Anregungsintensität war das aber auf Durchmesser bis minimal 0.2 mm begrenzt. Für viele Aufgaben waren jedoch noch kleinere Spotdurchmesser möglichst auch mit einer höheren Anregungsintensität von Interesse. Der erste Schritt dorthin waren Monokapillaren, die einen großen Öffnungswinkel der Röhrenstrahlung möglichst nahe am Austrittsfenster der Röhre einfangen und mittels mehrfacher Totalreflektion auf die Probe weiter transportieren. Damit waren Spotgrößen wie mit Kollimatoren möglich, die Fluoreszenzintensitäten erhöhten sich aber um etwa eine Größenordnung. Das erlaubte deutlich kürzere Messzeiten, die bei den vielen Messpunkten zur Bestimmung von Elementverteilungen beträchtlich sein konnten.

Während die ersten Schmuckanalysatoren mit Proportionalzählern arbeiteten, wurden für die μ-RFA zuerst stickstoffgekühlte Si(Li)s eingesetzt. Die schlechtere Energieauflösung der Proportionalzähler spielte bei der Schmuckanalyse keine Rolle, da die Edelmetalllegierungen immer nur wenige und dann meist bekannte Legierungsbestandteile enthielten. Die Linien dieser Elemente können in das gemessene Spektrum gefittet werden, was selbst bei deutlichen Linienüberlagerungen eine ausreichende Genauigkeit erlaubt. Auch die geringe Nachweisstärke auf Grund der schlechten Energieauflösung der Proportionalzähler spielte keine Rolle, da Schmucklegierungen - hoffentlich - höhere Konzentrationen, insbesondere der Edelmetalle, enthielten.

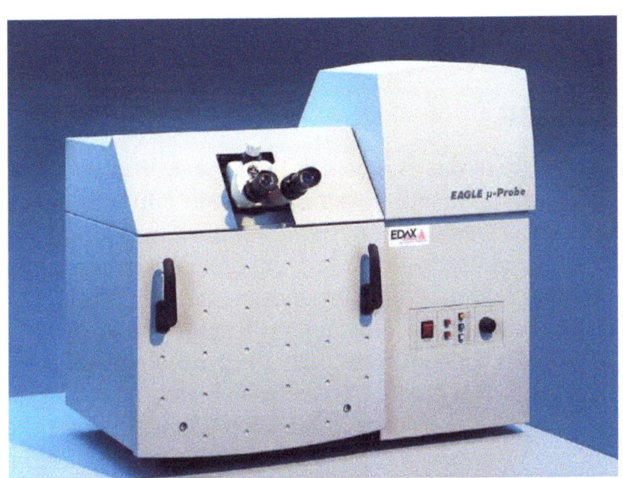

Abb. 11: Der Eagle, eine gemeinsame Entwicklung mit EDAX

Bei der µ-RFA änderte sich diese Situation grundlegend. Hier war die qualitative Zusammensetzung der inhomogenen Materialien in der Regel nicht bekannt, und es konnten alle Kombinationen von Elementen auftreten, die oft auch im Spurenbereich zu erfassen waren. Das erforderte Detektoren mit einer besseren Energieauflösung. Die von uns durchgeführte Geräteentwicklung eines µ-RFA-Gerätes, des Eagle (Abb. 11), war eine Kooperation zwischen der Firma Röntgenanalytik und EDAX. Die Hardware des Gerätes sowie die Ansteuersoftware wurde in der Entwicklungsabteilung von Röntgenanalytik in Berlin entwickelt. Der Si(Li)-Detektor sowie die Mess- und Auswertesoftware wurde von EDAX adaptiert und zugeliefert.

Der Verkauf wurde unter dem EDAX-Label vorgenommen, das sicherte einen besseren Marktzugang, da EDAX über ein weltweites Vertriebssystem verfügte. Die Auslieferung erfolgte geteilt. In Europa durch uns. Dazu wurden die in Berlin gebauten Geräte mit den von EDAX zugelieferten Detektoren komplettiert. Für den Rest der Welt, also Amerika und Asien, vor allem den USA und Japan, wurde die Hardware von uns zu EDAX in New Jersey geliefert und dort die Komplettierung mit Detektor und Software vorgenommen. Das Eigentum des Gerätes lag zu gleichen Teilen auf beiden Seiten, entsprechend wurde auch die Gewinnaufteilung vorgenommen. Das war über viele Jahre eine sehr erfolgreiche Konstruktion und sicherte eine für beide Seiten erfolgreiche Zusammenarbeit. Mit dem Eagle wurde für viele Jahre der Standard für die ortsaufgelöste Röntgenspektroskopie gesetzt.

Das erste Gerät im BKA

Das erste Gerät wurde in das Bundeskriminalamt in Wiesbaden geliefert. Das war günstig, da unsere Firma nur 15 min entfernt, auf der anderen Seite des Taunuskamms lag. Im BKA war die Analyse von kleinen Teilchen, von kleinen ausgewählten Probenbereichen oder auch nur von kleinen Proben von Interesse. Die Installation erfolgte problemlos, die Nutzer waren sehr erfahren im Umgang mit Röntgenspektrometern. Aber nach einer Woche kam ein Hilferuf: ,Der über die Maus steuerbare Tisch fährt nicht korrekt'. Bei einem Servicebesuch stellte ich fest, der durch eine ,Click-and-Drag'-Funktion gesteuerte Tisch fuhr wirklich überall hin, nur nicht in die gewünschte Probenposition. Die Frage an den Nutzer, ob er irgendwelche Änderungen an der Software vorgenommen hätte, wurde natürlich verneint. Das ist immer so. Eine Neuinstallation sowohl der Geräte-Software als auch des gesamten Windows-Pakets brachte keine Lösung. Nach vielen erfolglosen Versuchen gab ich auf und fuhr zurück in die Firma, um dort in Ruhe zu überlegen. Da kamen wir auf die Idee, dass die Punktierungsvorschriften geändert sein könnten, d.h. der Dezimalpunkt im Englischen durch ein Komma im Deutschen ersetzt wurde. Damit wurden die vorgegebenen Tischpositionen falsch interpretiert und der Tisch entsprechend falsch gesteuert. Nach einem Test an einem Laborgerät wurde diese Annahme bestätigt und wir konnten schnell eine Reparatur im BKA vornehmen. Da fiel dem Nutzer dann auch ein, dass er diese Änderung vorgenommen hatte. Letztlich war der Fehler aber auf die Ignoranz der Amerikaner zurückzuführen, die nicht zur Kenntnis nehmen wollten, dass auf der Welt auch andere Punktierungsvorschriften als die ihren existierten.

Neue Komponenten – Polykapillarlinse und Silicon-Drift-Detektor

Bei der Verwendung von Monokapillaren war die Impulsverträglichkeit der Si(Li)-Detektoren, die bei 20 – 60 kcps liegen, den gemessenen Fluoreszenzintensitäten angepasst. Aber die Spotgrößen dieser Optiken waren mit 200 – 300 µm für eine echte Mikroanalyse noch zu groß. Es bestand daher immer die Forderung nach einer besseren Ortsauflösung.

Die wurde dann durch die Verfügbarkeit von Polykapillarlinsen möglich. Diese Röntgenoptiken wurden von drei Herstellern angeboten, einem deutschen, einem US-amerikanischen und einem chinesischen. Mit Polykap-Linsen konnten die Spotgrößen damals auf 30 – 50 µm reduziert und die Fluoreszenzintensitäten um etwa eine Größenordnung gesteigert werden. Die Optiken der drei Anbieter waren im Wesentlichen vergleichbar. Ihr Wettbewerb führte aber zu einer kontinuierlichen Verbesserung. Davon profitierten unsere Kunden, da wir von allen Herstellern Optiken bezogen und auf diese Weise unseren Kunden immer optimale Geräteeigenschaften anbieten konnten.

Erstmalig auf der EXSA-Konferenz 1998 in Bologna konnte ich Ergebnisse mit Polykapillarlinsen vorstellen. Damals lagen die erreichbaren Fluoreszenzintensitäten im Bereich von 250 kcps und damit deutlich über der Verarbeitungskapazität von Si(Li)-Detektoren. In der Diskussion zum Vortrag wurde die Frage gestellt, wie diese Intensitäten denn verarbeitet werden können. Ich antwortete, zu viel Intensität ist viel besser als zu wenig. Möglichkeiten für die Verarbeitung hoher Impulsraten waren schon in der Entwicklung.

Bereits 1996 fand während der Analytica, also im April, im Münchner Ratskeller ein Treffen von Mitarbeitern des Halbleiterlabors der Max-Planck-Gesellschaft und einiger Firmen statt. Dort wurde über eine neue Generation von energiedispersiven Detektoren berichtet, den Silizium-Driftkammer-Detektoren (SDD). Sie wurden im Max-Planck-Institut eigentlich für die Röntgenastronomie entwickelt, waren aber auch für die Nutzung in der Röntgenspektroskopie interessant. Diese neuen Detektoren versprachen nicht nur eine gute Energieauflösung, sondern auch eine hohe Zählratenverträglichkeit, und das sogar bei nur elektrischer Kühlung. Der breite Einsatz von SDDs erforderte jedoch eine Reihe weiterer Entwicklungen, vor allem die Betriebselektronik und die folgende Impulsverarbeitung mussten optimiert werden. Die relativ lange Aufwärmzeit bis zur Betriebsbereitschaft und eine starke Zählratenabhängigkeit der Peaklage waren die größten Probleme. Die Firma Röntec widmete sich als erste diesen Herausforderungen. Bis zu einer routinemäßigen Nutzung der SDDs vergingen aber noch einige Jahre. Daher wurden sie zunächst von Röntec nur für ein schnelles Mapping im Elektronenmikroskop genutzt. Durch das Setzen von relativ breiten Energiefenstern konnten die Zählraten-Shifts verkraftet werden.

Auch bei der Herstellung der Chips konnten Fortschritte erzielt werden. Zunächst lag die Fertigung in den Händen des Halbleiterlabors des

Max-Planck-Instituts. Dort wurde aber ständig an der Weiterentwicklung der Technologie gearbeitet, vor allem mit dem Ziel, die Detektoren für den Einsatz in der Röntgenastronomie zu verbessern. Dabei erwiesen sich einige Entwicklungsschritte als erfolgreich, andere aber auch nicht. Daher wechselte die Qualität der Chips von Charge zu Charge, was natürlich für eine Markteinführung nicht förderlich ist. Daher gründete sich bald die Firma Ketek aus und produzierte die Detektoren. Der sich danach entwickelnde Wettbewerb zwischen dem Halbleiterlabor und Ketek trug zur schnellen Weiterentwicklung bei, so dass bald leistungsfähige Detektoren verfügbar waren. Zunächst lösten sie schrittweise die Si(Li)s als Option für Elektronenmikroskopie ab, dann kamen sie auch zunehmend in Röntgen-Fluoreszenz-Spektrometern zum Einsatz. Für die µ-RFA wurden sie besonders durch die hohe Zählratenverträglichkeit sehr interessant. Nun konnten die hohen Fluoreszenzintensitäten, die durch die Fokussierung der anregenden Strahlung mit Röntgenoptiken möglich wurden, gut verarbeitet werden.

Markteinführung

Die Markteinführung der µ-RFA war eine spannende Sache. Wir waren zwar von der Leistungsfähigkeit der Methode überzeugt, aber das reichte nicht, die Kunden mussten es auch sein. Auch wenn das erste Gerät schnell an das Bundeskriminalamt verkauft werden konnte und damit eine erste, und auch sehr gute Referenz existierte, stellten die Kunden immer wieder die Frage, wieviel Geräte denn schon im Einsatz sind. Aber durch intensive Marktbearbeitung, vor allem aber durch die Bearbeitung von unterschiedlichsten Applikationen und deren Publikation auf Konferenzen, konnten wir uns eine gute Reputation erarbeiten. Anfangs gab es nur einen Wettbewerber, der mit einer geformten Monokapillare arbeitete. Dessen Spot war zwar sehr klein, bis herunter zu 5 µm, aber die Anregungsintensität war extrem gering, etwa 1000-mal geringer als bei uns. In Europa verkauften wir in den ersten 6 Jahren etwa 100 Geräte, dieser Wettbewerber nur 3 Geräte.

Es gab aber auch für uns Rückschläge. Einmal war eine Demo an der Uni in Hamburg vorgesehen. Ich fuhr mit dem Gerät am Nachmittag des Vortages nach Hamburg. Ich hatte kein Hotel vorgebucht und fand eines in Altona. Den Volvo mit dem Gerät stellte ich unter eine Straßenlaterne, in der Annahme, dass er dort sicher stand. Das Gerät war mit einer Decke verhüllt, allerdings sah man, dass das Auto beladen war. Am nächsten Morgen ging ich auf das Auto zu und sah, dass eine Fensterscheibe eingeschlagen war. Beim Näherkommen sah ich dann auch den

Wagen, auf dem das Gerät im Auto immer stand neben dem Auto stehen und das Gerät war verschwunden. Die Anzeige bei der Polizei wurde dort aufgenommen. Man fragte mich nach dem Wert des Objektes. Die Antwort, dass es etwa 100 T DM sind wurde mit der Bemerkung quittiert, dass das doch endlich mal ein ordentlicher Raub war, gemessen an den sonst nur geklauten Regenschirmen. Die Demo an der Uni musste natürlich ausfallen, die Versicherung ersetzte nur einen Teil des Gerätewertes, da ich das Auto nicht in einer Garage untergestellt hatte, ich bekam aber das Entwicklungsmuster durch ein neues Demo-Gerät ersetzt.

Eigentlich konnte von den geraubten Baugruppen nur der Monitor gebraucht werden, zumal die Kiste mit den Kabeln und Unterlagen im Auto verblieb. Der Rechner war zusammen mit der Auswerteelektronik in einer Box verpackt und von außen nicht erkennbar und das Spektrometer allein war nicht verwendbar. Wahrscheinlich hatten es Junkies auf einen Gewinn abgesehen.

Interessante Applikationen

Die Arbeit mit einem µ-RFA-Gerät war immer sehr interessant. Gegenüber der Analyse von homogenen Proben, bei denen die Herausforderung darin bestand, eine möglichst hohe Analysengenauigkeit zu erreichen, stellte bei der µ-RFA quasi jede Probe eine neue Herausforderung dar und war meist mit einer spannenden Story verbunden. Für eine Analyse musste man sich nicht nur mit der analytischen Fragestellung, sondern auch immer mit dem zu untersuchenden Material beschäftigen. Das erforderte eine ausführliche Diskussion mit Auftraggeber. Nach dem Verständnis der Aufgabenstellung konnten dann die entsprechenden Untersuchungen und Bewertungen der Messergebnisse vorgenommen werden. Hier können nur einige Beispiele der vielen interessanten Applikationen beschrieben werden.

Einsatz in der Forensik

Nach der Installation des ersten Gerätes im BKA wurde die Forensik als interessante Applikation identifiziert. Das war auch naheliegend, geht es doch bei forensischen Untersuchungen oft um die Bestimmung der Elementzusammensetzung von kleinen Probenarealen oder kleinen Probenteilchen. Durch die Teilnahme an verschiedenen Konferenzen konnten wir die Leistungsfähigkeit dieser Methode anhand vieler Applikationsbeispiele nachweisen.

Einmal besuchten wir einen Workshop in der Slowakei, der in der Niederen Tatra stattfand. Die Veranstalter waren besonders stolz einen

Vertreter des FBI begrüßen zu können. Der bereits pensionierte Beamte trat in Jeanskleidung und Cowboystiefeln an und hielt einen Vortrag über politische Morde. Eigentlich ein spannendes Thema. Er fing bei Caesar an, kam dann aber sehr schnell zu Kennedy. Und dieses Thema wurde grenzenlos ausgewalzt. Alle möglichen Einzelheiten wurden dargestellt, jeder Blickwinkel mehrfach ausgeleuchtet. Die Vortragszeit war mit 20 min angesetzt, aber nach 45 min war er noch immer nicht beendet. Der Tagungsleiter traute sich nicht, den FBI-Mann zu stoppen. Die nachfolgenden Vorträge mussten alle gekürzt werden. In dem Fall hatte der Tagungsleiter keine Bedenken. Zu dieser Zeit wurde Power-Point gerade eingeführt. Da war es noch schwierig, einige Slides zu überspringen. Bei den bis dahin üblichen Overhead-Folien war das noch einfacher.

μ-RFA-Spektrometer konnten in vielen, sowohl staatlichen als auch privaten Laboren mit forensischen Aufgabenstellungen installiert werden. Die LKAs in Deutschland, aber auch forensische Labors in verschiedenen Ländern, waren an der μ-RFA interessiert. Ein Highlight war sicher, die Vorstellung des Eagle in einer CSI-Serie. Das wurde als guter PR-Gag gern mitgenommen.

Eine spezielle Erinnerung bleibt an den Verkauf an das LKA in Stuttgart. Die Bestellung kam zum Jahresende und die Lieferung war zum Jahresbeginn geplant. Kurz vor Weihnachten erreichte uns ein Anruf von dem Laborleiter mit der Frage, ob für einen konkreten Gerichtsfall eine Messung in unserem Labor möglich sei. Es handelte sich um eine Faser, die eine Färbung aufwies. Er wollte sehen, ob die Elementzusammensetzung dieser Färbung bestimmt werden kann. Ich sagte, dass ich gerade auf dem Weg zu einer Installation in Zürich sei, aber den Kunden dort fragen könnte, ob er mit einer Messung an seinem Gerät einverstanden sei. Die Installation erfolgte an der ETH und es war zu erwarten, dass die Nutzer dort eine forensische Untersuchung auch spannend finden würden. Nach der Installation in Zürich rief ich in Stuttgart an und wollte die Messungen für den nächsten Tag vereinbaren. Die Antwort war überraschend. Der Laborleiter teilte mir mit, dass der Fussel heruntergefallen sei und er schon seit 2 Stunden auf den Knien im Labor herumrutsche, um den Fussel auf dem Fußboden zu finden. Die Suche blieb erfolglos. Aber in Zürich gab es einen großen Lacher.

Ausgehend von dieser Erfahrung entwickelten wir gemeinsam eine Methode zur Präparation derartiger Proben. Sie konnten mit Haarspray auf einer dünnen Kunststofffolie fixiert werden. Das Haarspray legte sich als dünne Schicht auf die Probe und ließ sich mit Wasser auch wieder entfernen, die dünne Folie als Probenträger beeinflusste die Messung nur unwesentlich.

Der Laborleiter wurde einige Jahre später auf die Denver-Konferenz zu einem Vortrag eingeladen, wo er auch CSI-mäßig über die Lösung eines Mordfalles unter Nutzung der µ-RFA und der Mikro-Diffraktometrie berichtete.

High Throughput-Analyse

Eine interessante Applikation war der Einsatz in der High-Throughput Analyse (HTA). Der erste Kontakt mit dieser Applikation kam auf einer kleinen Ausstellung in Saarbrücken zustande. Ich wurde dort von einem Professor aus Mühlheim angesprochen, der sich mit HTA in der Katalyseforschung beschäftigte. Er bat mich, ihn in der nächsten Woche in seinem Institut zu besuchen und ein Angebot mitzubringen. Nach diesem Besuch bekamen wir sofort den Auftrag. Es folgten innerhalb der nächsten 6 Monate zwei weitere, da der Professor eine Berufung an eine andere Uni erhielt und an seiner neuen Arbeitsstelle auch ein Gerät haben wollte. Außerdem ging einer seiner Doktoranden in die Privatwirtschaft, und bestellte von dort ein weiteres Gerät.

Die HTA wird eingesetzt bei der Entwicklung neuer Materialien. Neben der Katalyse auch bei der Entwicklung z.B. von Magnetwerkstoffen, von Hochtemperatursupraleitern oder von Wirkstoffen, also bei Substanzen, deren Wirkmechanismen nicht komplett aus ersten Prinzipien erklärt werden kann. Üblich wird hier nach dem Trial-and-Error-Prinzip vorgegangen, d.h. ein Material wird hergestellt und dessen Zusammensetzung bestimmt. Schließlich wird die gewünschte Eigenschaft überprüft und dann die Zusammensetzung der Materialien schrittweise verändert. Mit der HTA werden diese Prozesse parallelisiert, d.h. es werden Materialien mit jeweils leicht veränderten Zusammensetzungen erstellt und in Arrays abgelegt. Die Materialmengen liegen im Bereich von nur wenigen Gramm. Dann werden die Materialien sequentiell in den Arrays analysiert und die angestrebten Eigenschaften bestimmt. Damit ergibt sich nicht nur eine Materialeinsparung, sondern auch eine schnellere Durchführung des Gesamtprozesses. Allerdings muss die Analytik mit den kleinen Materialmengen auskommen und automatisierbar sein, um an die großen Probenzahlen angepasst zu sein. Das ist möglich etwa mit der IR-Spektroskopie, mit der Mikro-Röntgendiffraktometrie oder eben mit der µ-RFA, weil bei all diesen Methoden die anregende Strahlung auf kleine Probenflächen konzentriert werden kann.

Eine weitere sehr interessante Applikation mit der HTA ergab sich einige Jahre später. Es ging um die Entwicklung von Wirkstoffen. Problematisch dabei ist, dass es zwar sehr viele Wirkstoffe gibt, deren Wirksamkeit aber vor allem davon abhängt, mit welchen Körperproteinen sie besonders gut reagieren. Mit einer in Los Alamos entwickelten HTA-Methode wurden verschiedene Wirkstoffe, die auf kleinen Styropor-Kügelchen abgelagert waren, in reinen Proteinlösungen gebadet. Nun sind zwar weder in Wirkstoffen noch in Proteinen sehr viele mit der Röntgenspektroskopie messbare Elemente enthalten, aber Wirkstoffe enthalten oft Halogene oder auch Schwefel und Proteine essentielle Elemente. Da die Styropor-Kügelchen einen Durchmesser von nur 80 µm haben lassen sich Masken mit 100 µm großen Löchern herstellen, bei denen bis zu 10 000 Proben auf einer Fläche von 5 x 5 cm² eingelagert werden können. Da bei diesen Analysen keine Quantifizierung erforderlich ist, sondern nur das Intensitätsniveau der interessierenden Elemente bestimmt werden muss, sind sehr kurze Messzeiten ausreichend. Bei 1 s Messzeit pro Probe kann ein solches Array bei einer automatischen Messung durch eine Programmierung der Messpunktpositionen in 5 – 8 Stunden gemessen werden. Bei einer starken Wechselwirkung eines Wirkstoffes mit dem ausgewählten Protein ist mit einer höheren Fluoreszenzintensität des in dem Protein enthaltenen Elementes zu rechnen. Diese sehr wenigen ‚Ausreißer‘ müssen identifiziert werden. Nach der Isolierung des Wirkstoffes kann er durch eine Sequenzierung identifiziert und danach zu weiteren Untersuchungen genutzt werden.

Großforschungszentren in den USA

Interessante Locations für die Installation von µ-RFA-Geräten waren die Großforschungszentren in den USA, also z.B. Los Alamos, Oak Ridge oder Sandia. Zum einen, weil diese Orte für einen Physiker generell eine gewisse Brisanz besitzen, zum anderen, weil die Laborleiter dort in der Welt der Analytik bekannt sind und Einfluss haben. Daher können sie als Multiplikator betrachtet werden. Das traf für die µ-RFA besonders für Los Alamos zu.

Der erste Aufenthalt dort erforderte eine rechtzeitige und sehr detaillierte Anmeldung. Es war auch nicht klar, ob man als Besucher bestätigt wurde. Ich kam aber durch, trotz meiner DDR-Historie! Das µ-RFA-Gerät wurde dort zunächst als Leihgerät bereitgestellt, um den Kunden die Testung der analytischen Möglichkeiten zu ermöglichen. Der Nutzer hatte zu dieser Zeit ein Gerät von Horiba mit einer geformten Monokapillare. Der dadurch zwar sehr kleine Spot wurde allerdings mit einer nur sehr geringen Anregungsintensität begleitet. Mein Besuch sollte genutzt werden, um den Nutzer zu schulen und die dortigen Aufgabenstellungen besser zu verstehen. Am ersten Besuchstag brachte er mich zum Visitor Center. Dort gab es ein Museum über die Arbeiten am Manhattan-Projekt und die Geschichte von Los Alamos. Das war interessant, weil es einen guten Einblick in die Geschichte dieses recht abgelegenen Ortes lieferte. Am Ende der Ausstellung kam man in den üblichen Museums-Shop, hier verbunden mit einem Buchladen. Dort fand ich ein ganzes Regal mit Literatur zu Atom-Spionen. Ein Buch war nur dem Deutschen Wolfgang Fuchs gewidmet. Der war nach den Arbeiten am Manhattan-Projekt nach England zurückgekehrt und dort in einem Prozess verurteilt worden. Nach Absitzen der Gefängnisstrafe ist er in die DDR gegangen und hatte dort in der Akademie der Wissenschaften zunächst das Kernforschungszentrum in Rossendorf geleitet und war anschließend als Forschungsbereichsleiter Physik in der AdW tätig. Damit war er der Chef meines Chefs. Beim Mittagessen nach dem Museumsbesuch berichtete ich davon. Der Mitarbeiter von Los Alamos bekam fast einen Herzinfarkt, und beschwor mich, nur nicht zu laut darüber zu sprechen, am besten es im Ort gar nicht mehr zu erwähnen. Da könnte ich schnell weggefangen werden und würde meine Besuchserlaubnis verlieren.

Wir bemühten sehr uns um diesen Nutzer, da die ersten Referenzen für ein neues Gerät immer wichtig sind und ein solcher ‚Influencer‘ wichtig für das weitere Geschäft ist. Der Kunde war auch zufrieden. Bei einem der nächsten Besuche teilte er mir mit, dass er an einem Kauf interessiert wäre, aber leider sein Postdoc mit dem Tisch gegen die Kapillare gefahren sei, so dass die nun zerbrochen ist. Da das Gerät aber als Leihgerät installiert war, konnten wir die Kapillare nicht in Rechnung stellen, sondern mussten sie ersetzen. Das erfolgte gleich im Anschluss an den Besuch in New Mexico. Ich fuhr direkt von dort zu X-Ray Optical Systems (XOS) in Albany, die diese Linse geliefert hatten. Nach Diskussionen, die die Weiterentwicklungen der Linsen allgemein und auch die Vorbereitung einer gemeinsamen Publikation betrafen, holte ich die zerbrochene Linse aus der Tasche und lege sie auf den Tisch mit der Bemerkung, dass die aus Los Alamos kommt. Jeder wusste, wen es betraf und ein Schmunzeln erfüllte den Raum. Ich erzählte die Geschichte und bat um das Angebot für eine neue Linse als Ersatz. Ich sagte aber auch gleich, man solle sich damit ruhig etwas Zeit lassen, mindestens eine Woche. Von Albany aus kehrte ich nach Hause zurück, es war kurz vor Weihnachten. Zu Hause angekommen kaufte ich etwa 5 kg deutsche Schokolade. Ich wusste, dass die bei den Kollegen von XOS sehr beliebt war. Die Transportkosten mit TNT waren etwa dreimal so hoch wie die Kosten für die Schokolade. Zwei Tage nach Absendung des Pakets kam eine Mail von XOS: „Thanks for the chocolate, all people in XOS have a sweet mouth and a chocolate smile". Das Angebot traf kurz danach ein. Die Chocolate-Diplomatie hatte gefruchtet. Der Preis wurde von den üblichen 19 k$ auf 5 k$ reduziert. Das veranlasste mich dann auch in den nächsten 2 Jahren zur Weihnachtszeit wieder ein Paket mit Schokolade zu versenden.

Nach dem Bruch der Kapillare war es aber vor allem erforderlich, sich Gedanken über den Schutz der Kapillaren zu machen. Eine Crash-Protection musste her. Wir hatten bis dahin darauf verzichtet, weil das einen Platz von 2 – 3 mm zwischen Röntgenoptik und Probe erforderte und damit den Arbeitsabstand einschränkte. Aber nun war klar, der Schutz der Optiken musste Vorrang haben. Innerhalb von 3 Wochen war die Crash-Protection konstruiert und alle weiteren Geräte wurden mit diesem Schutz ausgeliefert. Bei dem Gerät in Los Alamos musste diese Nachrüstung auch noch vorgenommen werden. Das erfolgte im Anschluss des Besuches der nächsten Denver-Konferenz, die in Colorado Springs stattfand. Die einfachste Möglichkeit war der Austausch des gesamten Messflansches, ein etwa 2 kg schweres Messingteil, an dem alle Baugruppen für die Messung, d.h. Röntgenröhre mit Kapillarlinse, Detektor und die Mikroskope zur Probenbetrachtung, befestigt wurden, und der nun auch über Befestigungslöcher für die Crash-Protection verfügte. Das Messingteil wurde natürlich bei der Kontrolle auf dem Flugplatz im Koffer festgestellt. Der Koffer wurde geöffnet und traf deshalb später in Colorado Springs ein. Aber noch rechtzeitig, um ihn im Anschluss an die Konferenz mit nach Los Alamos zu nehmen. Die Fahrt machte ich mit einem Leihauto. Die Route führte durch die Rockys, eine sehr schöne Strecke. Am Wochenende nach der Konferenz machte ich mich auf den Weg. Am Morgen des zweiten Tages fuhr ich durch ein enges Tal und die Sonne stieg über die Berge. Es war ein tolles Fotomotiv. Ich stieg aus und machte ein paar Fotos, doch plötzlich ging das Autoschloss automatisch zu. Der Schlüssel steckte aber noch drinnen. Wie konnte ich da drankommen? Nachdem ich das Auto einige Male umrundet hatte und keinen Weg fand, um ins Innere des Fahrzeugs zu gelangen, blieb nur eine Möglichkeit – ich musste eine Scheibe einschlagen. Es bot sich eine kleine Scheibe am Heck an. Es sollte ja auch nicht so auffällig sein, da ich noch eine Woche mit dem Auto unterwegs sein würde und sich möglichst keiner daran vergreifen sollte. Aber das Einschlagen war nicht so einfach. Mit einem kleinen und mittelgroßen Stein schaffte ich es nicht. Mit einem großen Stein gelang es dann. Im Ergebnis waren die Splitter des Sicherheitsglases überall verteilt. Ich sammelte alle heraus und beseitigte den Rest der Scheibe mit einem Schraubenzieher aus meinem Werkzeugkasten, an den ich ja nun wieder rankam. Das dauerte über eine Stunde. Aber es wirkte. Das fehlende Fenster fiel nicht auf. Ich konnte die Fahrt fortsetzen, die Arbeiten in Los Alamos durchführen und dann auch wieder zurück nach Denver fahren. Auch auf dem Rückweg brauchte der Koffer mit dem alten Messflansch wieder längere Zeit bis nach Hause. Aber diesmal war es nicht schlimm, von Tegel wurde der Koffer nach Hause geliefert und ich brauchte mich nicht mit dem schweren Teil rumschleppen.

In Oak Ridge in Tennessee wurde ebenfalls ein µ-RFA Gerät installiert. Die Sicherheitsbestimmungen waren hier vergleichbar, lange Anmeldung und Bewegung auf dem Gelände nur in Begleitung eines Mitarbeiters. In Oak Ridge stand einer der leistungsfähigsten Cray-Rechner, ein gebäudefüllendes beeindruckendes Teil, das man von außen besichtigen konnte.

In dem dritten Großforschungszentrum, das auch am Manhattan-Projekt beteiligt war, den Sandia-Laboratories in Albuquerque, war es nicht erlaubt, irgendwelche Datenträger mit in das Gebäude zu nehmen, also natürlich keinen Fotoapparat, aber auch keine Rechner oder Speichersticks. Das ist besonders dann kontraproduktiv, wenn eine neue Software-Version installiert werden soll. Wir kopierten daher die notwendigen Dateien auf dem Parkplatz auf einen markierten Stick eines Sandia-Mitarbeiters, mit dem wir dann das Gelände betreten durften. Albuquerque war aber auch aus anderen Gründen spannend. Bei einem meiner Besuche fand die Albuquerque-Ballon-Fiesta statt, das größte Ballonfahrt-Festival mit hunderten Heißluftballons und Albuquerque liegt auch an der legendären Route 66.

Geräte im XXL-Format

Der Standard-Eagle hatte eine Probenkammer, die nur die Untersuchung von relativ kleinen Proben gestattete. Oft gab es aber auch größere zu analysierende Objekte. Die erste Forderung in dieser Richtung kam von einem Entwickler von CIGS-Solar-Zellen, bei denen ortsabhängig sowohl die Zusammensetzung des Absorbers als auch die Dicken des Multi-Schichtsystems bestimmt werden sollten. Die Ortsauflösung war erforderlich, um bei der Technologieentwicklung die Homogenität der Beschichtungsverfahren beurteilen zu können. Die Größe der zu untersuchenden Zellen war 300 x 300 mm². Das bedeutete, die Kammer musste mindestens doppelt so groß sein, um eine gesamte Zelle untersuchen zu können. Auch wenn die Solarzellen nicht sehr dick sind, war eine größere Kammerhöhe erforderlich, um ausreichend Platz für den Probentisch zu haben. In diesem Fall wäre eine Kammer aus Stahl sehr schwer, Aluminium wäre günstiger. Die notwendige Vakuumdichtheit erforderte spezielle Schweißverfahren für Alu. Außerdem mussten in diesem Fall auch spezielle Auswerteverfahren entwickelt werden, um aus einer einzelnen Messung die gewünschten Informationen zu dem Schichtsystem bestimmen zu können.

Ähnliche Geräte mit einer noch größeren Probenkammer wurden für die Untersuchung von Kunstobjekten in verschiedenen Museen gebaut. Kunstobjekte sollten für die Analyse nicht zerstört werden, da sie zu wertvoll sind. Daher hatten diese Geräte ein Kammervolumen von 0,7 x 0,7 x 0,7 m³ (siehe Abb. 12). Das machte dann auch besondere Vorkehrungen notwendig, um in diesen Kammern ein Vakuum zu erzeugen – durch ausreichend langes Warten war dieses Problem grundsätzlich lösbar. Komplizierter war schon die Belüftung, bei der durch den Luftstrom mögliche kleine Probenkörper nicht von Probentisch gepustet werden durften. Die Messungen an den Kunstobjekten waren immer spannend und verfolgten stets neue und interessante Fragestellungen.

Es gab ein weiteres Gerät für die Untersuchung großer Proben. Das wurde speziell für die Analyse von Bohrkernen entwickelt. Bohrkerne werden aus der Erdkruste geborgen. Aus ihrer Struktur und Zusammensetzung können Informationen zur geologischen Struktur abgeleitet und zum Gehalt von Wertstoffen gewonnen werden. Aus der Schichtstruktur von Sedimenten können Aussagen über paläoklimatologische Phänomene abgeleitet werden. Bohrkerne, die in der See geborgen werden, sind natürlich feucht und haben Temperaturen um 4°C. Sie müssen auch bei diesen Bedingungen gehalten werden, beim Austrocknen würden sie reißen und damit wären die Strukturen zerstört, bei höheren Temperaturen würden sie anfangen zu ‚leben‘. Die biologische Aktivität bei den tiefen Temperaturen ist sehr eingeschränkt, was aber nicht heißt, dass sie nicht vorhanden ist. Die Bohrkerne haben eine Länge von 1,5 m – so lang sind auch die Kühltruhen, in denen sie nach der Bergung aufbewahrt werden. Auf dieser Länge sollten Konzentrationsprofile für ein breites Elementspektrum erstellt werden, wobei die Erfassung leichter Elemente infolge der Feuchtigkeit der Proben nicht möglich war. Ein solcher Bohrkernanalysator wurde für das GFZ in Potsdam aufgebaut (siehe Abb. 13).

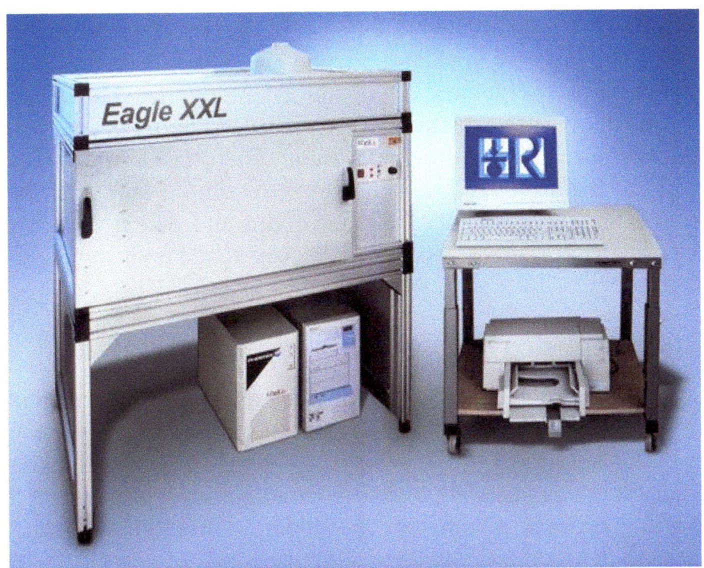

Abb. 12: Eagle XXL mit vergrößerter Probenkammer

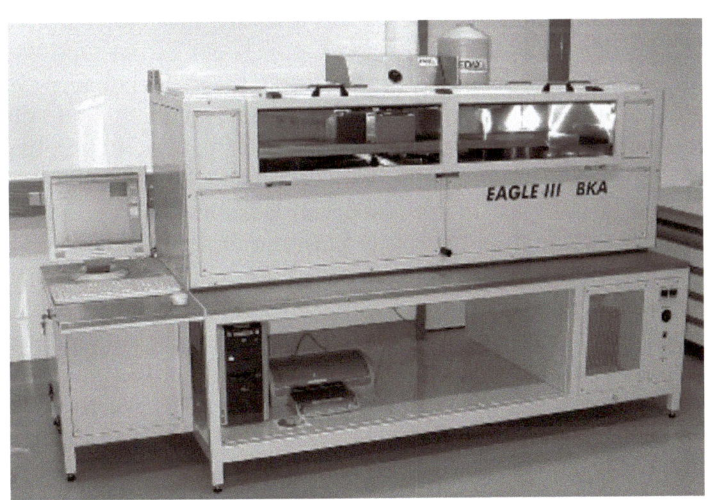

Mit diesem Gerät konnten aus Ti-Profilen von Bohrkernen, die aus der karibischen See gewonnen wurden, einige mehrjährige Trockenzeiten im Zeitraum 700 – 900 vor Chr. festgestellt werden. Titan wird durch Flüsse in die See eingetragen. Während einer Trockenzeit ist dieser Eintrag geringer und die Schichtdicken entsprechend dünner. Diese Perioden fallen mit dem Aussterben der Mayakultur zusammen und lassen sich so interpretieren, dass die damals schon erhebliche Bevölkerungsanzahl infolge der durch die Trockenzeiten reduzierten landwirtschaftlichen Produktion nicht ernährt werden konnte und daher viele Menschen den Hungertod starben. Andere archäologische Funde verifizieren diese These.

Die zweite Generation

Nach 10 Jahren existierten viele neue Ideen aber inzwischen kannten wir auch einige Probleme des Eagle, so dass eine Überarbeitung des Gerätes notwendig wurde. EDAX war dazu nicht bereit. Inzwischen hatte ich auch die Firma gewechselt, war wieder in Berlin und arbeitete bei Bruker Nano. Das war schon eine besondere Situation. Es war die Gruppe, in der ich als erster ‚Röntgen‘ schreiben konnte, als wir vor über 25 Jahren im ZWG mit der energiedispersiven Röntgenspektroskopie begannen. Aber auch, weil ich über einen kurzen Zeitraum ein Firmenverbot bei Bruker hatte.

Das kam wie folgt: Als Mitarbeiter des Instituts für Gerätebau (IfG) wurde von uns der Vertrieb von HOPG-Optiken der Firma Optigraph unterstützt. Wir hatten Kontakte zu verschiedenen Herstellern von Röntgengeräten, u.a. auch zu Niton, die für ihre Handheldgeräte eine optimierte Anregung von Cadmium mit der Hilfe von HOPG-Optiken erreichen wollten. Aus diesem Grund fanden verschiedene Treffen statt, auch bei Niton in Billerica in der Nähe von Boston. Die Zentrale von Bruker befindet sich auch in Billerica, quasi nur um die Ecke. Nach einem Besuch bei Niton schaute ich auch bei Bruker vorbei, um dort einen ehemaligen Kollegen von Spectro zu treffen. Als der erfuhr, dass ich vorher Niton besuchte, einen ‚Marktbegleiter‘ der Handheld-Geräte von Bruker und das dem Bruker-Chef mitteilte, wurde dem IfG mitgeteilt, dass ich Bruker-Firmen nicht mehr betreten darf. Im IfG waren wir etwas erschrocken, setzten dann aber einen wohlformulierten Brief auf, in dem wir darauf hinwiesen, dass wir als Komponentenhersteller doch mit verschiedenen Endproduktherstellern in Verbindung stehen und alle bedienen, dabei jedoch immer darauf achten, sensitive Informationen der Kooperationspartner nicht weiterzugeben. Damit konnten die Dissonanzen ausgeräumt werden und meiner Anstellung etwa zwei Jahre später stand dann auch nichts mehr im Wege. Bei Bruker Nano war ich Produktmanager für die μ-RFA. Das bedeutete nach über 25 Jahren keine Verantwortung in der Geschäftsleitung. Ich dachte, dass ich lange genug nachgewiesen hatte, dass ich das kann und mich nun auf die Geräteentwicklung konzentrieren konnte. Ich befand mich dabei in einer komfortablen Situation. Viele der bei Bruker Nano Verantwortlichen waren Mitarbeiter, die ich mal eingestellt hatte. Ich konnte mich nun voll auf die fachliche Arbeit, d.h. auf die Geräteentwicklung konzentrieren und war nicht durch administrative Aufgaben abgelenkt.

Wir entwickelten innerhalb von vier Jahren eine komplette Gerätelinie für die ortsaufgelöste Röntgenfluoreszenz. Kleine Geräte mit Kollimatoren, d.h. Spotgrößen bis zu 0.3 mm, für die Analyse von Schmucklegierungen und die Charakterisierung von Schichtstrukturen (siehe Abb. 10). Außerdem auch ein μ-RFA-Gerät mit Kapillaroptiken, die inzwischen Spotgrößen bis zu 20 μm erlaubten (siehe Abb. 14).

Während bei den kleinen Geräten weitgehend bekannte Technik eingesetzt wurde und deren analytische Leistungsfähigkeit dem Wettbewerb entsprach, wurde mit der μ-RFA eine neue Qualität erreicht.

Gegenüber dem Eagle konnten für Verteilungsanalysen Verbesserungen um einen Faktor zwischen 5 - 8 erreicht werden. Das wurde vor allem durch eine on-the-fly-Technologie möglich, d.h. bei Verteilungsanalysen wurde die Erfassung der Fluoreszenzstrahlung während der Probenbewegung vorgenommen und nicht für jeden Messpunkt die Probenbewegung gestoppt. Daneben wurden mit neuen Kapillaroptiken, die durch eine bessere Transmission höhere Anregungsintensitäten erlaubten auch kürzere Messzeiten pro Pixel möglich. Wie schon beim Eagle mit EDAX wurden auch hier die Algorithmen zur Datenverarbeitung aus der Röntgenspektroskopie an Elektronenmikroskopen übernommen. Damit waren schnell leistungsfähige Prozeduren für die Datenerfassung, -aufbereitung und –verarbeitung verfügbar. Das ermöglichte den Zugang zu den bereits bekannten Märkten für die μ-RFA, teils durch Ersatzinvestitionen aber auch durch die Erschließung neuer Märkte.

Die Applikationen für den M4 Tornado waren mit denen des Eagle vergleichbar. Allerdings war nun die μ-RFA als Analysenmethode bereits eingeführt und die Breite der Applikationen hatte deutlich zugenommen. Dadurch war die Markteinführung dieses Produktes vergleichsweise einfach. Darüber hinaus ergaben sich aber auch wieder neue Applikationen.

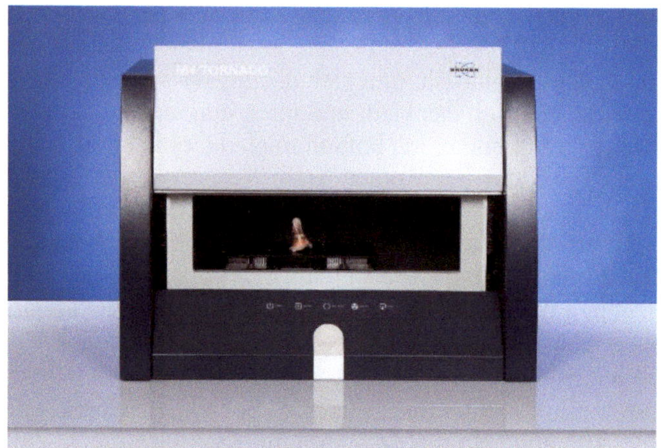

Abb. 14: M4 Tornado von Bruker

Untersuchung von Kunstobjekten

Eine solche neue Applikation war die Untersuchung von großen Kunstobjekten, wie Gemälden. Ausgangspunkt dafür waren Untersuchungen, die an der Uni Antwerpen an Gemälden von van Gogh vorgenommen wurden. Dabei entdeckte man mehrere übereinander aufgetragene Farbschichten, teilweise auch ganze übermalte Bilder. Die Verteilungen der Pigmente von solchen übermalten Strukturen konnten mit der Fluoreszenzstrahlung der für die einzelnen Pigmente charakteristischen Elemente sichtbar gemacht werden. Kunsthistorikern wurden so Möglichkeiten für Untersuchungen zur Maltechnologie eines Künstlers oder zur Werkgeschichte sowie zur Verifizierung der Echtheit von Gemälden in die Hand gegeben. Die ersten Arbeiten in Antwerpen erfolgten mit einem einfachen Gerät, das dort als Unikat entwickelt wurde. Aber für den Einsatz in Museen war ein kommerzielles Gerät erforderlich, das die Messungen nicht nur schneller durchführen, sondern auch bei der Datenaufbereitung einen höheren Komfort bieten sollte - Kunsthistoriker und Restauratoren verfügen meist nicht über umfangreiche analytische Erfahrungen. Nach längeren Gesprächen mit den Vertretern der

Universitäten in Antwerpen und Delft wurde ein Vertrag zur Entwicklung eines entsprechenden Gerätes abgeschlossen. Es sollte weitgehend mit den bereits vorhandenen Baugruppen des Tornados gebaut werden. Neu mussten nur der Messkopf sowie die Verfahreinheit konstruiert werden. Für die Konstruktion des Messkopfes wurde ein sich bereits in Rente befindlicher Mitarbeiter vorübergehend aktiviert. Die Verfahreinheit für den Messkopf wurde an einen Kooperationspartner zur Konstruktion und Fertigung übergeben. Die Entwicklung war schon im vollen Gange als wir in einer Telefonkonferenz den CEO von Bruker darüber informierten. Der war ungehalten, da er glaubte, dass mit diesem Gerät gegenüber einem anderem Bruker-Gerät Produkt-Kannibaling betrieben wird. Dieses Gerät erlaubte zwar ebenfalls eine flächenhafte Analyse von freistehenden Objekten, aber nur auf relativ kleinen Flächen und ohne umfangreiche Auswerteroutinen. Diese Situation war schwierig, einerseits gab es einen Vertrag mit dem späteren Nutzer, andererseits die Anweisung des Chefs, diese Entwicklung nicht fortführen zu dürfen. Wir entschlossen uns daher, das Projekt als ‚Submarine‘-Projekt weiterlaufen zu lassen. Es wurde also gearbeitet, aber nicht darüber geredet. Nachdem das Gerät fertig war, wurden vom Auftraggeber erste Untersuchungen im Rijksmuseum in Amsterdam durchgeführt. Dabei ergaben sich einige spektakuläre Ergebnisse an Gemälden von Rembrandt und anderen flämischen Meistern. Die wurden in einer Reportage im niederländischen TV vorgestellt. Das Video wurde dann dem Bruker-Chef zur Kenntnis gegeben. Nun war er stolz auf die Leistungen der Geräte seiner Firma. Bruker ist bei der Elementanalyse von Kunstobjekten führend. Dafür werden für kleinere und unregelmäßig geformte Objekte Handheld-Röntgenspektrometer eingesetzt, der JetStream (Abb. 15) bietet dagegen die Möglichkeit für großflächige Analysen an Gemälden. Das Gerät wird inzwischen aber auch für viele andere Aufgabenstellungen eingesetzt.

Das erste Gerät wurde von den Kollegen aus Antwerpen und Delft zunächst ein knappes Jahr für die Untersuchung von Objekten in den Museen in Belgien und den Niederlanden eingesetzt. Dabei wurde der Umgang mit dem Gerät gelernt und es wurden bereits eine Vielzahl interessanter Ergebnisse gewonnen. Nach diesem Jahr wurde das Gerät in die USA gebracht und dort in verschiedenen Museen für einen befristeten Zeitraum aufgebaut. Nach der Installation wurden die dortigen Mitarbeiter etwa für eine Woche in die Bedienung eingewiesen, so dass sie anschließend die für sie interessanten Objekte selbstständig vermessen konnten. Die Auswertung wurde dann wieder meist gemeinsam mit den

Auftraggebern vorgenommen. Die Messungen erfolgten im MOMA und Metropolitan Museum in New York, im Ghetty-Museum in LA und im Institut of Arts in Chicago. Das war natürlich die beste denkbare Werbeaktion für das Gerät, was sich inzwischen in einer Reihe von Geräteverkäufen widerspiegelt.

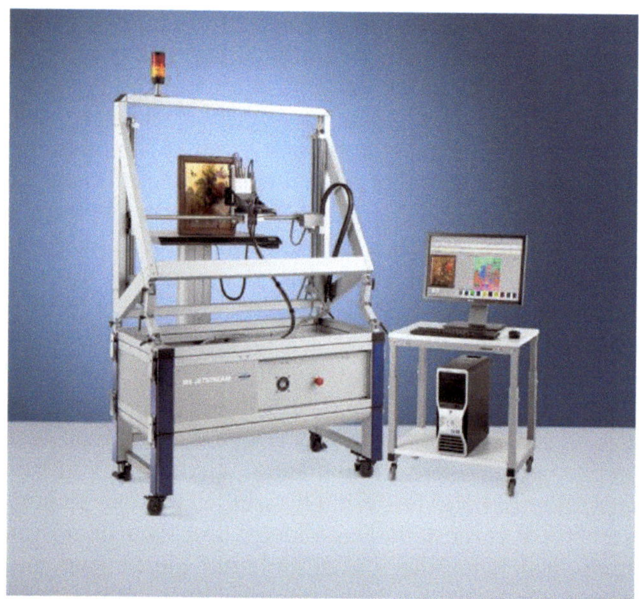

Abb. 15: M6 JetStream von Bruker

Ein Problem bei der Analyse von Kunstobjekten in Museen ist, dass dort das Interesse an derartigen Analysen groß ist, aber nur wenige Museen über die Mittel verfügen, ein derartiges Gerät zu kaufen. Meist ist es einfacher, Geld für eigene Geräteentwicklungen einzuwerben. Die dann entwickelten Geräte werden aus einzelnen kaufbaren Baugruppen zusammengebaut, erreichen aber in der Regel nicht die Leistungsfähigkeit eines kommerziellen Gerätes. Vor allem für die Datenauswertung ist der Komfort gering, da die einzelnen Schritte oft in voneinander unabhängigen Programmen durchgeführt werden müssen. Diese speziellen Entwicklungen und der Aufbau der Geräte sind oft mit vergleichbaren, meist sogar höheren Kosten verbunden als beim Kauf eines kommerziellen Gerätes, mit wäre dann auch eine effektivere Analytik möglich wäre. Aber dieses Prozedere ist den üblichen staatlichen Finanzierungsprozeduren für die Forschung geschuldet, die bevorzugt Personalkosten unterstützen.

Einen besonderen Auftrag bearbeiteten wir für den Louvre. Dort gab es den Bedarf für ein konfokales μ-RFA-Gerät, das auf grundlegenden Arbeiten an der TU Berlin aufbaute. Die Konstruktion erforderte die Kombination von Röntgenröhre und Detektor mit jeweils einer Optik und zusätzlich ein Mikroskop mit einstellbarem Fokusabstand. Da es sich zunächst um ein Unikat handelte, war der Aufbau nicht besonders professionell, jedoch der Aufgabenstellung angepasst. Interessant waren die für die Vorbereitung und Installation des Gerätes notwendigen Besuche im Labor des Louvre. Es reichte unter den Gärten der Tuilerien bis 4 Stockwerke unter die Erde. In der Mitte befand sich ein großer Lichtschacht, von dem alle Büros nur durch eine Klarglasscheibe getrennt waren. Die Büros selbst waren durch Bruchglasscheiben voneinander getrennt, eine tolle Architektur. Das eigentliche Labor befand sich im untersten Geschoß. In einem großen Raum stand dort ein PIXE-Analysator mit einem van-de-Graff-Generator. Dort wurde auch unser – sehr viel kleineres – konfokales Gerät aufgebaut.

Zeitaufgelöste Röntgenanalytik und Kombination der μ-RFA mit Molekülspektroskopie

Mit sehr speziellen Gebieten der Röntgenanalytik konnte ich mich während meiner Tätigkeit im IfG beschäftigen. Nachdem ich schon im ersten Leben Geräte für die zeitaufgelöste optische Spektroskopie gebaut hatte, ergab sich hier die Aufgabe, Quellen für die zeitaufgelöste Röntgenanalytik zu bauen. Die Grundidee dabei war die Nutzung eines Hochleistungslasers dessen Strahl einen Durchmesser von etwa 2 cm hat. Wird der mit Optiken auf eine Cu-Folie mit Spotgrößen von unter 20 μm fokussiert, wird dort durch die hohe Leistungsdichte von etwa 10^{18} Wcm^{-2} ein Plasma erzeugt, in dem das Cu verdampft und dabei Röntgenstrahlung entsteht – neben Bremsstrahlung auch die charakteristische Strahlung von Kupfer. Diese wurde dann von einer Multi-Layer Optik gesammelt und auf eine Probe fokussiert. Die Röntgenimpulse waren nur unwesentlich länger als die Laserimpulse und lagen im Bereich von 30 – 40 fs. Mit dieser gepulsten Strahlung wurde dann Diffraktometrie betrieben, d.h. es wurden mit Hilfe von Pumpe-Probe-Anordnungen Strukturuntersuchungen an Materialien durchgeführt, die mit einem Teil des primären Laserstrahls kurzzeitig aufgeheizt wurden. Der zeitliche Verlauf der damit verbundenen thermischen Expansion des

Materials, der dann wieder die Kontraktion folgte, konnte durch die Beugung der kurzen Röntgenimpulse verfolgt werden. Von uns wurde die Wechselwirkungseinheit der Laserstrahlung mit dem Cu-Targetband entwickelt und gebaut. Der zum Aufbau gehörende Pumplaser und auch das nachfolgende Diffraktometer wurden dazugekauft.

Diese erfolgsversprechende Technik wurde leider nicht weitergeführt und nach dem Bau von nur vier Geräten wieder eingestellt.

Eine andere Idee wurde bei der Zusammenarbeit mit Los Alamos entwickelt. Dort wurde der Versuch unternommen, den Egle mit einem Raman-Spektrometer zu ergänzen. Dadurch wurde eine gleichzeitige ortsaufgelöste Element- und Strukturanalytik ermöglicht. Diese Idee erschien zunächst brillant, wurde übernommen und in einem internationalen Projekt bearbeitet. Es wurden zwei Mustergeräte aufgebaut, die von verschiedenen Institutionen für verschiedene Applikationen getestet wurden. Allerdings war der Erfolg nur begrenzt. Zum einen sind die beiden Spektroskopie-Methoden sehr unterschiedlich – die RFA erlaubt eine weitgehend mathematische Aufbereitung der Messergebnisse, die Raman-Spektroskopie dagegen arbeitet eher mit qualitativen Vergleichen der Spektren. Das erfordert auch ein völlig anderes Denken bei der Spektrenauswertung.

Zum anderen ist der Preisvorteil durch eine solche Gerätekombination nicht nennenswert. Es müssen alle Komponenten der unterschiedlichen Spektrometer vorhanden sein, die einzige Einsparung besteht darin, dass nur eine Probenkammer benötigt wird. Die ist aber nicht preisbestimmend. Außerdem kann mit einem solchen Gerät immer nur eine Methode genutzt werden, eine parallele Nutzung ist nicht gegeben. Das bedeutet, der nur geringe Preisvorteil wird durch eine erhebliche Beeinträchtigung der Verfügbarkeit erkauft. Diese Idee wurde daher nach der Beendigung des Projektes nicht weitergeführt. Das Mustergerät wurde von einem Geologen übernommen, bei dem Erfahrungen mit beiden Methoden vorhanden waren und der mit dem kostenlos bereitgestellten Gerät gut arbeiten konnte.

Namensgebung von Geräten

Während die Entwicklung eines Gerätes meist zielgerichtet durchgeführt werden kann und der Einfluss von außen relativ gering ist, nachdem die Aufgaben klar definiert sind, ist die Namensfindung ein deutlich komplizierterer Prozess. Hier sind die verschiedensten Aspekte zu berücksichtigen. Die Namen sollen den Charakter des jeweiligen Gerätes beschreiben, dürfen keine negativen Assoziationen hervorrufen – und das in allen Kulturkreisen, in denen der Verkauf des Gerätes vorgesehen ist. Sie sollen für eine Gerätereihe konsistent sein und es dürfen keine Übereinstimmungen mit Namen vom Wettbewerb oder auch der eigenen Firma vorhanden sein, und das für einen Zeitraum von mindestens der letzten 15 Jahre. Entscheidend ist aber, Entwicklung und Produktmanagement tragen nicht allein die Verantwortung für diese Entscheidung, sie verantworten nur die Namensvorschläge. Vertrieb sowie Management einer Firma nehmen immer Einfluss auf die Namensgebung und in der Regel werden auch die ersten Vorschläge zunächst kritisch betrachtet.

Ich habe es oft folgendermaßen gemacht: Es begann mit einer Brainstorming-Sitzung innerhalb der Entwicklungsgruppe. Da konnten alle möglichen Vorschläge gemacht werden, es wurde kein Vorschlag bewertet oder gar abgelehnt, aber alle aufgeschrieben. Nach ca. 15 Minuten wurde dieser Teil abgeschlossen und dann eine Diskussion zu den Vorschlägen gestartet. Hier war nun Kritik und Ablehnung, aber natürlich auch Zustimmung und vor allem die Weiterführung der Ideen gefordert. Das Ergebnis dieser Selektion, es war meist nur wenige Vorschläge übrig, wurde noch mal überschlafen und erst dann erfolgte die Festlegung – eines Vorschlages für die Chefs. In der Regel ging dann die Diskussion erneut los. Aber schließlich sind wir immer zu guten Vorschlägen gekommen, mit denen sich sowohl Entwicklergruppe als auch Firmenleitung auch identifizieren konnte. Schließlich hatte sie an der Auswahl mitgewirkt.

Erfahrungen in unterschiedlichen Firmen

Innerbetriebliche Demokratie in Ost und West

Oft wurde ich nach der Wende gefragt, wie denn die Arbeit in der Planwirtschaft gewesen sei. Generell will ich dazu feststellen, dass die innerbetriebliche Demokratie in der DDR, und ich glaube nicht nur in unserer Einrichtung, extrem ausgeprägt gewesen. Wenn man eine Entscheidung der Leitung nicht verstand oder damit nicht einverstanden war, konnte man über verschiedene Kanäle eine Diskussion anregen. Es war möglich, die in den Betrieben vertretene Gewerkschaft einzubeziehen oder auch die Partei, um mit der Leitung ins Gespräch zu kommen. Natürlich gab es den Plan und die Planwirtschaft, vorgegeben durch den

Jahresplan und den Fünfjahrplan. Die waren eigentlich Gesetz, es gab aber jedes Jahr Gesetzesänderungen, die dann allerdings Planpräzisierungen genannt wurden. Hervorzuheben ist der soziale Zusammenhalt der Mitarbeiter. Im Laufe jeden Jahres fanden verschiedene Feiern statt und wir trafen uns auch oft zu gemeinsamen Ausflügen. Beides wurde von der Gewerkschaft im Rahmen des ‚sozialistischen Wettbewerbs' finanziell unterstützt. Dadurch kannten sich alle Mitarbeiter untereinander sehr gut, und das nicht nur oberflächlich. Ich hatte Kenntnis von möglichen Problemen der meisten Mitarbeiter und war auch bei vielen über die familiären Verhältnisse informiert.

Diese Situation war in den Firmen, die ich nach der Wende kennenlernte, grundlegend anders. Auch dort gab es einen Plan, der allerdings wurde viel präziser erarbeitet und noch strenger kontrolliert. Bei Nichteinhaltung wurden sofort Maßnahmen ergriffen, um wieder im Plan zu sein. Es gab aber kaum Möglichkeiten, Einfluss auf das betriebliche Geschehen zu nehmen, wenn es nicht den Intentionen der Chefs entsprach. Hier galt immer: ‚Wer bezahlt, der bestimmt welche Musik gespielt wird'. Es spielte dabei keine Rolle, ob der Chef eine westliche oder östliche Sozialisation hatte. Auch der soziale Zusammenhalt war deutlich geringer. Eine private Öffnung gab es nicht. Irgendwelche Probleme hätten ja später im innerbetrieblichen Wettbewerb von Nachteil sein können.

Als Fazit lässt sich feststellen, der soziale Zusammenhalt in den Einrichtungen der DDR war sehr groß, vor allem auch deshalb, weil es keinen wirklichen Wettbewerb zwischen den Mitarbeitern gab. Das führte u.a. dazu, dass noch Jahre nach der Wende enge Kontakte zu den ehemaligen Kollegen und auch zu den ehemaligen Amtsbrüdern bestanden und jährliche Treffen auch unter Einbeziehung der Familien stattfanden. Ein Bedürfnis nach derartigen Treffen kam später, bei den Firmen im zweiten Leben, nie zustande.

Firmengröße und Firmenkultur

Die Firmengröße übt einen wesentlichen Einfluss auf die Arbeit aus. In kleinen Firmen trägt man die Verantwortung für einen großen Teil des gesamten Reproduktionsprozesses, man muss sich um viele Sachen selbst kümmern, hat aber dadurch auch die Chance, auf viele Prozesse Einfluss zu nehmen und sich die Arbeitsgebiete zu suchen, die einen interessieren. In großen Firmen herrscht dagegen eine starke Arbeitsteilung. Das bedeutet, bestimmte Arbeiten werden von bestimmten Abteilungen gemacht. Es bedeutet aber auch, man ist von der Bereitschaft und dem Wohlwollen anderer Mitarbeiter abhängig und es erfordert viele Abstimmungen, oft auch ein ‚politisches‘ Herangehen, um bestimmte Aufgaben lösen zu können und es sind eine Vielzahl von Regelungen zu beachten, um die gesteckten Ziele zu erreichen.

Ein positiver Aspekt für mich die Tätigkeit in großen Firmen betreffend war der Besuch von Messen. In kleinen Firmen musste man lange vor Messeeröffnung anreisen und den Stand mit aufbauen und nach Messeende noch bleiben, um den Messestand wieder abzubauen, insbesondere die ausgestellten Geräte einzupacken. Andererseits ergab sich aber auch die Möglichkeit, in der Aufbauphase mit den Wettbewerbern zu reden. Während der Ausstellung war dazu meist keine Zeit und viele der anwesenden Firmenchefs waren in der Regel sehr wettbewerbsorientiert.

Ein weiteres Beispiel ist der Entwurf und die Anfertigung von Prospekt- und Marketingmaterialien. Das wird in größeren Firmen von speziellen Mitarbeitern professionell erledigt, allerdings erst nachdem alle Inhalte detailliert zugeliefert wurden. In kleinen Firmen musste man sich selbst um alles kümmern, dann aber nur in Rückkopplung zu sich selbst.

Auch die Firmenkultur kann recht unterschiedlich sein. Das war für mich sehr deutlich in der Zusammenarbeit mit den zwei Kooperationspartnern, die wir in den USA hatten. Während die eine Firma, die von europäischem Personal geführt wurde, eine starke Orientierung auf Kunden und Technologien bevorzugte, war bei der anderen Firma eine speziell amerikanische Firmenkultur zu beobachten, d.h. Zahlen standen im Vordergrund. Es wurde eine Vielzahl von Reports gefordert, die Kundenbindung war dagegen nicht im Fokus. Den gleichen Unterschied habe ich auch zwischen familiengeführten Firmen und ‚söldnergeführten‘ Firmen festgestellt. Während die ersteren eine eher langfristige Strategie verfolgen, dabei ihre Technologien erweitern und verbessern sowie an einer stabilen Kundenbindung interessiert sind, sind die ‚söldnergeführten‘ Firmen vorrangig an einem eher kurzfristigen Erfolg interessiert, auch wenn die Firmen dabei ausbluten. Die Söldner wissen, dass sie nur für einen begrenzten Zeitraum für eine Firma verantwortlich sind und nur in dieser Zeit erfolgreich sein müssen. Daher stehen Produktentwicklungen, Technologiepflege und langfristige Strategien nicht im Vordergrund. In der Folge erlangen Controller, die nur wenig von technologischen Fragen verstehen, aber immer neue Kennziffern einführen, wachsenden Einfluss. Leider ist das eine Entwicklung, die sich zunehmend durchsetzt, die Arbeit mit vielen bürokratischen Hürden erschwert und etwas an die Verhältnisse im ersten Leben erinnern.

Wissenschaftlerabwicklung

Die Wende bedeutete für viele Wissenschaftler der DDR einen Bruch in ihrer Biographie. An den Universitäten wurden Lehrstuhlinhaber wegen zu starker ‚Staatsnähe' abgelöst. Da spielte die fachliche Qualifikation keine Rolle, sie wurden ausgesondert und mussten sich neue Beschäftigungen suchen. Im Zuge dessen versuchten sich einige „unterdrückte" Wissenschaftler in die freigewordenen Funktionen heraufzuarbeiten. Aber in der Regel wurden „Westimporte" vorgezogen, auch wenn deren fachliche Qualifikation nicht an die der ehemaligen Lehrstuhlinhaber heranreichte. Sicher spielten dabei auch andere Bewertungskriterien der wissenschaftlichen Leistung eine Rolle. Die Anzahl von Publikationen war im Osten nicht von so großer Bedeutung, allerdings musste immer deren Qualität stimmen.

Eine besondere Situation ergab sich bei den Mitarbeitern in den Akademieinstituten. Für die gesamte Grundlagenforschung an der Akademie wurde eine Evaluierung durchgeführt. Das bedeutete, alle Arbeitsgruppen in allen Instituten wurden in ihrer Leistungsfähigkeit bewertet. Die Evaluierung erfolgte durch ausgewiesene Wissenschaftler aus der BRD. Das war gut, denn für eine fundierte Einschätzung war auch das entsprechende Wissen erforderlich. Allerdings war das auch ein Nachteil, die Bewerteten mussten als Konkurrenten um die Fördertöpfe der Zukunft betrachtet werden. Und in diesem Fall war es besser nach dem Prinzip „teile und herrsche" vorzugehen, d.h. die guten Arbeitsgruppen möglichst in die eigenen Gruppen einzugliedern. Nur wenige größere Gruppen blieben nach der Evaluierung erhalten, viele wurden auf verschiedene Arbeitsgruppen aufgeteilt und noch mehr blieben auf der Strecke, insbesondere wenn sie nicht direkt der Grundlagenforschung arbeiteten, also z.B. wie wir aus dem Gerätebau kamen. Die standen dann zuerst auf der Straße. Einige gründeten mit den von ihnen bearbeiteten Produkten eigene Firmen. Sie mussten sich dabei nicht nur mit der Entwicklung ihrer Produkte und deren Markteinführung beschäftigen, sondern waren darüber hinaus durch das Erlernen der neuen Lebensumstände, der Gesetzte der Marktwirtschaft, der unbekannten Anforderungen für einen breiten Vertrieb ihrer Produkte, der neuen Steuergesetze und vieles mehr gefordert. Andere wieder fanden sich in der Industrieforschung der BRD wieder.

Speziell für die Röntgenanalytik kann man feststellen, dass in fast allen Westfirmen, die auf diesem Gebiet tätig waren und sind, wesentliche Anstöße für neue Produktentwicklungen von ehemaligen ‚Ossis' gegeben wurden. Sie wurden Produktentwickler und F&E-Verantwortliche und leisteten in ihrer neuen Beschäftigung eine wichtige Arbeit. Allerdings wurden nur von wenigen eigene Firmen gegründet. Die Reproduktionszeit im wissenschaftlichen Gerätebau ist sehr lang. Liegt eine Produktidee vor, muss diese ausgearbeitet werden. Anschließend können die ersten Geräte aufgebaut werden. Erst nach deren Verkauf fließt das erste Geld zurück. Dieser Zeitraum dauert mindestens 1,5 bis 2 Jahre. Aber in dieser Phase fallen schon Kosten an. Eine Produktentwicklung kann nicht von einer Person allein realisiert werden. Bei analytischen Geräten sind Kenntnisse der analytischen Methode, aber auch Erfahrungen auf den Gebieten der Elektronik und Rechentechnik und auch der Konstruktion notwendig. Darüber hinaus gab es gerade in den ersten Jahren, als viele Wissenschaftler auf der Straße standen, auch keine Bereitschaft der Banken für ‚Ossis' Kredite auszureichen. Da war es oft notwendig, sich bei Westfirmen anzudienen und dort die eigenen Ideen einzubringen.

Allgemeine Aktivitäten

Eine meiner ersten Aktionen bei Spectro war der Besuch der FH Steinfurt. Dort sollte es eine Gruppe geben, die sich mit dem Aufbau eines mobilen Labors für die Umweltanalytik beschäftigt. Das stellte sich zwar als Fehlinformation heraus. Ich wurde jedoch bei dem Besuch über zwei andere Ideen informiert, die mich noch einige Jahre beschäftigen sollten. Zum einen wurde von dem Institutsleiter ein jährlicher Trainingskurs für die RFA durchgeführt, zum anderen plante er zusammen mit den Stahllaboratorien und der Uni Dortmund ein Anwendertreffen für die Funken- und Röntgenspektroskopie. Nach unserem Gespräch bot er mir an, einen Vortrag über energiedispersive Röntgenspektroskopie in seiner Schulung zu übernehmen. Auch in dieser Schulung wurde die ED-Spektroskopie zu diesem Zeitpunkt noch unzureichend berücksichtigt. Dieses Angebot nahm ich gern an. Es waren immer interessante Veranstaltungen - von der Technischen Akademie Wuppertal (TAW) in Wuppertal organisiert. Bei guter Nachfrage gab es eine zusätzliche Veranstaltung im Dezember in Altdorf, in der Nähe von Nürnberg. Dort immer verbunden mit einem Besuch des Christkindlesmarktes. Während der Bankenkrise Ende des ersten Jahrzehnts in 2000 wollten die Firmen keine Gelder für die Weiterbildung ihrer Mitarbeiter ausgeben, was zur Folge hatte, dass die Anzahl der Interessenten an den Schulungen stark abnahm und die Kurse schließlich eingestellt wurden.

Nach der Krise bemühten wir uns um einen Neustart für die Schulungen. TAW und auch GdCh als Organisator verlangten einen zu großen Anteil der Einnahmen. Schließlich konnte durch eine Allianz zwischen TU Berlin und der FH Steinfurt ein Neubeginn dieser Schulungen organisiert werden, nun mit neuem Programm. Diese Schulung läuft inzwischen mit viel Erfolg und zufriedenen Teilnehmern, nur die Corona-Pandemie konnte eine Unterbrechung erzwingen.

Auch die andere Idee, ein Anwendertreffen für die Funken- und Röntgenspektroskopie, wurde realisiert und kann inzwischen auf über 25 Wiederholungen zurückblicken. Am Anfang war es eine reine Diskussionsveranstaltung, die dann später durch eine Ausstellung von Geräten und Zubehör für die Analytik ergänzt wurde. Zu Beginn waren etwa 2/3 der Vorträge der Funkenspektroskopie gewidmet und der Rest der Röntgenspektroskopie. Dieses Verhältnis hat sich inzwischen grundlegend geändert, jetzt beschäftigen sich etwa 80% mit der Röntgenspektroskopie. Hervorzuheben bei dieser Veranstaltung sind die vielen interessanten Vorträge zu Applikationen der analytischen Methoden auf verschiedensten Gebieten und die Tatsache, dass es sich um eine echte non-Profit Veranstaltung handelt und daher für die Teilnehmer kostenfrei angeboten wird. Die gering gehaltenen Aufwendungen werden von den Standgebühren der Aussteller ausgeglichen.

Über einen Zeitraum von vielen Jahren arbeitete ich in einem DIN-Ausschuss. Es ging um die Erstellung einer Grundlagennorm für die Röntgenfluoreszenz. Die erste Runde fand Anfang der 90iger Jahre statt. Den Vorsitz führte Prof. Tölg und es war eine Reihe pensionierter Gerätebauer von Siemens und Philips dabei. Die sahen hier die Möglichkeit noch einmal so richtig zu glänzen, weshalb sich die Diskussionen endlos hinzogen. Wir waren zu zweit für die Berücksichtigung der energiedispersiven Röntgenspektroskopie verantwortlich und dann auch noch die deutlich jüngsten in der Runde. Da war es nicht immer einfach sich durchzusetzen, auch wegen der damals noch geringen Akzeptanz der Methode. In einer zweiten Runde zur Überarbeitung der Norm beginnend am Ende des ersten Jahrzehnts des neuen Jahrhunderts war die Arbeit schon viel zielgerichteter. Aber da zählten wir bereits zu den ‚Alten‘ und mussten aufpassen nicht in die Fußstapfen dieser Senioren zu treten. Normungsarbeit ist eigentlich nicht wirklich interessant, aber notwendig, um Analysenmethoden einheitlich zu betreiben und damit vergleichbar zu machen. Bemerkenswert war für mich aber immer, festzustellen, wie kurz und präzise es möglich ist, bestimmte Zusammenhänge zu formulieren, wenn man ausreichend darüber nachgedacht und alle Nebensächlichkeiten beiseitegelassen hat.

Eine weitere Aktivität beschäftigte mich nun bereits über einige Jahre. Ausgangspunkt war die Existenz einer Arbeitsgruppe an der TU Berlin, die auf dem Gebiet der Röntgenanalytik arbeitete. Deren Fortbestehen war nicht gesichert, da die Leiterin fast 12 Jahre auf der Basis von Zeitverträgen beschäftigt war. Damit wäre eine Weiterbeschäftigung nicht möglich gewesen. Ich hatte aber in meinem ersten Leben, wie weiter oben beschrieben, die Vorteile der Zusammenarbeit mit einer Hochschulgruppe schätzen gelernt und war an einem Weiterbestehen der Gruppe an der TU interessiert. Wir diskutierten verschiedene Möglichkeiten, die beste Lösung schien eine Stiftungsprofessur zu sein. Von Seiten der TU lag die Bereitschaft dazu vor, aber es musste das Geld für 5 Jahre Gehalt und Altersversorgung für diese Stelle aufgetrieben werden. Prinzipiell kam die VW-Stiftung oder die Steinbeiss-Stiftung infrage. Allerdings waren bei beiden die Forderungen nach dem Alter bzw. der Zeit zwischen Promotion und Habilitation der Begünstigten nicht einzuhalten. Also versuchten wir Firmen von der Idee einer Stiftung zu überzeugen. Es zahlte sich aus, dass ich zu dieser Zeit bei einem nur kleinen Hersteller von Röntgenoptiken arbeitete, also nicht zu einer der führenden Firmen im Wettbewerb stand und eigentlich alle an unseren Zulieferungen Interesse hatten. Dadurch konnte ich zu allen Firmen einen direkten Kontakt aufnehmen und wurde auch angehört. Schließlich nach etwa 1½ Jahren war das Geld zusammen. Nun begann der offizielle Prozess der Ausschreibung der Professur. Es gab drei Bewerber von denen zwei in die nähere Auswahl kamen und zu Testvorträge eingeladen wurden. Als Vertreter der Stifter konnte ich in der Berufungskommission unseren Standpunkt vertreten. Es wurde die richtige Kandidatin ausgewählt und dann auch bald berufen. Die Arbeitsgruppe konnte also weiter existieren und wurde inzwischen ausgebaut. Mit Hilfe der Berufungsmittel konnte ein neuartiges Applikationslabor an der TU aufgebaut und damit gute Voraussetzungen für eine weitgefächerte Forschungsarbeit auf dem Gebiet der analytischen Röntgenphysik geschaffen werden.

Weltanschauung und Reisen

Um sich eine richtige Weltanschauung aneignen zu können, muss man sich die Welt auch anschauen! Zumindest hatte ich die Möglichkeit, viele Reisen zu unternehmen - dann in meinem zweiten Leben auch in westliche Richtungen. Durch die Markteinführung verschiedener neuer Geräte und Analysemethoden war es erforderlich, diese in vielen Ländern bekannt zu machen, d.h. die Verkäufer vor Ort zu unterstützen, und ihnen zu vermitteln, dass die Geräte verkaufbar sind sowie ihnen Argumente an die Hand zu geben, die letztlich zu ihren ersten Erfolgen führen würden. Danach war es bei den ersten Installationen auch notwendig, dem Servicepersonal die notwendige Unterstützung zu geben. Das führte zu vielen Reisen auf alle Kontinente, die natürlich neben der Erledigung der Arbeitsaufgaben auch die Möglichkeit eröffneten, die besuchten Städte und Länder etwas näher kennenzulernen und auch mit den ja meist gut ausgebildeten Wissenschaftlern in den Analyselabors zu diskutieren. Bei besonders interessanten Reisen, meist in Verbindung mit Konferenz- oder Ausstellungsbesuchen konnte mich auch meine Frau begleiten, so dass wir gemeinsam was für unsere Weltanschauung tun konnten. In diesen Fällen dehnten wir die Reisen immer noch etwas aus, d.h. nutzten die Gelegenheit, noch mehr von der Welt kennenzulernen. So etwa mehrfach in den USA, in Australien oder Südamerika, aber natürlich auch in Europa. Dabei gab es natürlich auch einige Erlebnisse, die sich eingeprägt und Spuren hinterlassen haben.

Europa

Die europäischen Länder waren immer das naheliegendste Ziel für den Vertrieb. Bei der Auswahl der Länder war dabei neben der Größe des Marktes für mich auch immer wichtig, Partner zu finden, mit denen das Reisen Spaß machte und die gutes Essen zu schätzen wussten. So konnte die Pflicht immer mit dem Angenehmen verbunden werden. Hervorzuheben waren hier natürlich Italien und Frankreich.

Italien besuchte ich sehr häufig. Eine bemerkenswerte Gerätedemo fand bei FIAT in Turin statt. Ich fuhr dort mit einem Volvo-Kombi hin, in dem das Gerät verstaut war. Leider ist bei FIAT das Befahren des Betriebsgeländes mit firmenfremden Autos nicht gestattet. Wahrscheinlich kann man sich nicht vorstellen, dass auch andere Autos bestimmte Qualitätsmerkmale erfüllen. Um das Gerät in das Labor zu transportieren, musste es auf der Straße vor dem Schlagbaum eines Nebeneinganges in eine große Kiste umgeladen werden. Die wurde dann auf einem

Gabelstapler an das Labor herangefahren. Die Kiste wackelte dabei bedenklich! Für mein Auto musste ich mir in der Innenstadt von Turin einen Parkplatz suchen, was mindestens 15 min dauerte. Der Verkauf an FIAT durfte dann auch nur über eine zertifizierte Firma erfolgen. Das bedeutete, diese Firma verlangte einen Zuschlag von etlichen Prozenten. Dieses Geld sollte FIAT besser in die Qualität seiner Fahrzeuge investieren. Vielleicht konnten wir ja durch die µ-RFA dazu beitragen.

Ein Besuch in Maranello bei Ferrari verlief dagegen wesentlich lockerer. Das Befahren des Werksgeländes mit dem Volvo war dort kein Problem. Das anstehende analytische Problem war hochinteressant. Es ging um die Herstellung von hochfestem Aluminium für die Motorblöcke. Die sollten möglichst leicht sein und hatten daher Wandstärken im Bereich von nur wenigen mm. Damit die erforderliche Festigkeit trotzdem erreicht wird, wurden seltene Erden in das Aluminium eingelagert, um in dem kleinkörnigen Material die Plastizität durch die Einschränkung der Bewegung von Versetzungen zu reduzieren. Hier konnten wir leider nicht helfen, unsere Auflösung war zu gering. Wir hätten aber auch keine Chance zu diesem Zeitpunkt, da Ferrari mit Michael Schumacher eine Siegesperiode hatte und daher nicht so viel Geld für die Forschung eingesetzt wurde. Uns wurde mitgeteilt, dass sich die Aussichten für einen Kauf bei schlechten Ergebnissen in der Formel 1 deutlich verbessern würden.

Eine der letzten von mir durchgeführten Gerätedemonstrationen erfolgte im Museum des Vatikans, eine bemerkenswerte Einrichtung. Der Einlass in den Vatikan war streng reguliert, aber durch eine langfristig vorherige Anmeldung erhielten wir die Genehmigung. Die Testmessungen dort waren recht erfolgreich, aber viel interessanter war die Möglichkeit, sich die Kunstschätze des Vatikans ohne das Gedränge anderer Besucher ansehen zu können. So erhielten wir die Chance einige, nicht für die Öffentlichkeit bestimmte Objekte zu betrachten, in der sixtinischen Kapelle waren wir die einzigen Besucher. Beachtenswert war auch der Name des dortigen Laborchefs, Prof. Santamaria, sehr passend für diese Einrichtung. Ich weiß nicht, ob das bei der Stellenausschreibung eine Rolle gespielt hat.

Im Rahmen eines Besuches der Carabinieri in Parma, also in einer Gegend, die für gutes Essen bekannt ist, besuchten wir das dortige zweitälteste Gasthaus der Stadt. Es war ein kleines Restaurant mit nur zwei Räumen zu jeweils vier Tischen. Es wurden etwa 10 verschiedene Sorten Parmaschinken als Vorspeise angeboten. Die suchten wir uns von einem Serviertisch aus. Für die Secundo Piatti reichte dann der eine Serviertisch nicht mehr aus, nun wurden zwei benötigt. Die präsentierten nur Fleisch, etwa 15 Sorten. Beilagen waren nicht vorgesehen - und auch nicht nötig. Wir suchten uns von dem großen Angebot einiges aus, es war natürlich viel zu viel. Selbst nach drei Grappa zum Abschluss des Dinners viel es schwer, auf die Beine zu kommen. Die nächsten zwei Tage konnten wir auf Essen verzichten.

Eine andere Stippvisite führte uns nach Apricale, ein kleines Dorf in Ligurien, nicht weit von der Küste entfernt auf dem Gipfel eines Berges, dessen Spitze der Kirchturm krönte. Das Restaurant befand sich am Ortsrand und gewährte einen herrlichen Blick ins Tal. Wir besuchten es mit einem Freund, der dort schon bekannt war. Der Wirt begrüßte uns per Handschlag. Kaum saßen wir wurden Vorspeisen in einer nicht enden wollenden Reihe aufgetragen. Etwa bei der achten Vorspeise, der Wein wurde gleich zum Anfang serviert, wurden wir dann nach unseren Wünschen zum Hauptgericht gefragt. Es gab nur drei. Kurz vor Ostern standen Lamm, Fisch und Kaninchen zur Auswahl, alles drei köstlich! Zum Dessert wurde ungefragt Zabaglione serviert. Der Wirt kam mit einem großen Topf und füllte sie mit einer großen Kelle den Gästen in die bereitgestellten Schalen. Jeder Gast bekam so viel er wollte. Leider sagte ich zu zeitig „Genug", die war so gut!

Auch Frankreich ist durch seine gute Küche bekannt. Dabei kann es aber zu überraschenden Situationen kommen. Wir besuchten ein Experimentier-Atomkraftwerk im Rhone-Tal zu einer Demo. Die Aufgabe war, Verunreinigungen in Uransalzen zu bestimmen. Es klappte alles hervorragend und es kam die Mittagspause. In Italien und Frankreich sind das heilige Werte, die nicht übergangen werden dürfen. Wir gingen also in die Cafeteria des Werkes. Das Betriebsessen in Frankreich war immer und überall sehr gut, natürlich auch im Rhone-Tal. Überraschend war allerdings schon, dass ganz selbstverständlich eine Flasche Wein aus dem Regal genommen wurde und dann auf dem Tisch stand. In einem Atomkraftwerk war das für uns schon unerwartet.

Ein anderer Besuch erfolgte in einem Mikroelektronik-Unternehmen in der Nähe von Grenoble. Es war der 11. September 2001. Nach den Diskussionen, die sich um die Bedingungen für eine Einbindung der μ-RFA in einen Produktionsprozess in der Mikroelektronik drehten kam ich am frühen Nachmittag aus dem Werk und rief die Sekretärin in Deutschland an. Die sagte, Herr Haschke, sie glauben ja nicht was gerade passiert. Da ist ein Flugzeug in einen Twin Tower in New York geflogen und die Börse bricht zusammen, warten sie, gerade fliegt ein anderes Flugzeug in den zweiten Turm. Ich fragte, ob sie den Abend zuvor zu viel von James Bond gesehen hätte. Aber sie versicherte, das sei die Wahrheit. Als Nächstes war ein Besuch einer Beamline im ESRF vorgesehen. Als ich dort ankam, fragte ich die beiden Beamline-Physiker, ob sie schon davon gehört haben. Einer verschwand und wollte sich im Internet informieren. Die andere zeigte mir inzwischen die Beamline und die Messstation. Nach etwa 45 min kam er zurück und sagte, das Internet sei durch die vielen Nachfragen zusammengebrochen, aber die Nachricht scheint zu stimmen. Die endgültige Bestätigung gab es dann am Abend im Hotel durch TV-Reportagen mit vielfachen Wiederholungen.

Afrika

Von Afrika lernten wir nur den südlichsten Teil kennen. Mein erster Besuch fand schon Anfang der 90-iger Jahre statt, anlässlich einer IU-PAC-Tagung in Johannesburg. Dort stellte ich die RFA mit polarisierter Anregung vor. Auch in Südafrika ist die RFA eine wichtige Analysenmethode, da viel Bergbau betrieben wird und die RFA eine schnelle und genaue Elementanalyse garantiert. Nach der eigentlichen Tagung schloss sich ein Postseminar in deutlich kleinerem Kreis an der Universität Kapstadt an. Dort hatte ein Guru der RFA, James Willis, einen Lehrstuhl. Es ergaben sich interessante Gespräche mit ihm, die wir sogar in seinem Haus in Fish Hoek fortsetzten, übrigens mit einem tollen Blick auf die False Bay und der Möglichkeit zum Wale Watching. Danach machten wir einen Ausflug in den Krüger-Park. Sowohl im Krüger-Park als auch in einer Lodge an dessen Rand konnten wir viele Tiere beobachten. Der Höhepunkt war eine Löwin mit ihrem Jungen im Abstand von nur 5 m von unserem Jeep, in dem wir bewegungslos und auch ein bisschen ängstlich verharrten.

Ein weiteres Mal waren wir zum Urlaub in Südafrika. Wir starteten in Kapstadt und fuhren dann auf der Garden Route bis Port Elizabeth. Die Sicherheitslage war auf dieser Strecke sehr unterschiedlich. In Kapstadt warnten uns unsere B&B Gastgeber vor der Kriminalität in der Stadt. Leider erst, nachdem wir abends bei Dunkelheit vom Hafenviertel in unsere Herberge zu Fuß zurückgekehrt waren – glücklicherweise ohne Zwischenfall. Dann auf der Garden Route waren die Anwesen unserer Übernachtungsherbergen und auch aller anderen Häuser nicht eingezäunt. Es musste also sicher sein. Der zweite Teil der Reise führte uns noch einmal in den Krüger-Park. Das war schon toll, so viele Tiere zu sehen und die Übernachtung in einer Lodge direkt in der Wildnis war beeindruckend. Hier ist man auf sich selbst angewiesen und es gibt nur eine Regel – weiche nicht allzu weit von der Straße ab. Interessanter sind aber noch die Lodges am Rand des Parks. Sie sollen das umliegende Farmland vor den Wildtieren abschirmen, die gern die Felder der Bauern heimsuchen und die Feldfrüchte genießen. Morgens und abends werden von den Lodges geführte Touren mit großen Jeeps zur Tierbeobachtung angeboten. Die Scouts sind mit Walki Talkies ausgerüstet und informieren sich gegenseitig über gesichtete Tiere. An einem der Big Five stehen dann schon mal die Autos in einer Schlange, um allen einen Blick zu ermöglichen.

Vom Krüger-Park fuhren wir dann nach Johannesburg. Auch hier hatten wir ein B&B gebucht. Um unser Domizil zu erreichen, passierten wir ein „Weißenviertel“. Die Straßen waren von 4 m hohen Mauern gesäumt, die zusätzlich von einem Stacheldrahtverhau gekrönt waren. Auf das Grundstück gelangte man nur durch ein 4 m hohes bewachtes Eisentor. Aber der Garten und das Haus waren zauberhaft. Von der Mauer war nichts zu sehen, sie verschwand hinter üppiger Vegetation. Die Ausstattung des Hauses empfing uns im besten Kolonialstil. Das war ein Reichengetto. Man empfahl uns, nur in die Einkaufszentren der Weißen zu fahren, und zwar direkt in das Parkhaus und den Bereich der Mall möglichst nicht zu verlassen. Auch nicht so sehr schön!

Exkurs über Relativität

Als Physikstudent hatte ich mich mit der Relativitätstheorie beschäftigt. Aber im richtigen Leben kann es Situationen geben, die diesem Begriff eine gänzlich andere Bedeutung verleihen.

In Dschidda, Saudi-Arabien musste ein Gerät für die Schmuckanalyse installiert werden. So eine Gelegenheit lasse ich mir nicht entgehen, das mache ich gern selbst. Dschidda ist eine Hafenstadt in der Nähe von Mekka, das bedeutet viele Hadsch-Pilger reisen über diese Stadt in das Land ein und aus. Die erste Überraschung erlebte ich bei der Einreise. Im Flieger waren noch alle Passagier*innen europäisch gekleidet, von legeren flugtauglichen Jeans und Pullover bis zu Businesskostümen war alles vertreten. Beim Auschecken gab es dann eine bemerkenswerte Metamorphose, alle hatten plötzlich schwarze Abayas übergeworfen und Kopftücher auf, auch die europäischen Fluggästinnen. Wie man sich doch den Forderungen einer Staatsreligion unterwirft, wenn es sein muss.

Die Stadt wurde mir von meinen Gastgebern bei einer Rundfahrt gezeigt. Sie liegt sehr schön am Roten Meer, ist sehr sauber und alles scheint gut geordnet. Meine Gastgeber zeigten mir an jeder Ecke eine andere, immer größere oder schönere Shopping Mall. Von Kinos, Theater oder gar Bars war dagegen nichts zu sehen. In den Restaurants wurden die phantasievollsten Cocktails angeboten, mit allen möglichen exotischen Früchtchen und unglaublichem Dekor, aber alle ohne Alkohol. Das alles will Allah, nach Auffassung der Saudis, nicht haben.

Direkt am Meer stand ein Riesenwerk, das wie ein Heizkraftwerk aussah. Aber Heizkraftwerk in Arabien? Es stellte sich als Wasserentsalzungsanlage heraus. Wenn man genügend Öl hat, kann man auch Meerwasser verdampfen, um Trinkwasser zu gewinnen!

Der Höhepunkt dieser Reise kam aber am Schluss, der Heimflug. Der Flug war für Mitternacht nach Frankfurt terminiert. Vor den Eincheckschaltern der Lufthansa drängelten sich Massen. Das Computersystem war ausgefallen. Das bedeutete, jeder Passagier musste in einer gedruckten Liste aller Passagiere zuerst gefunden werden. Dann wurde der Boardingpass handschriftlich ausgestellt. Kompliziert wurde die Angelegenheit durch die rückflutenden Pilger. Das waren Männer mit jeweils mindestens zwei Frauen, alle Frauen mit mindestens zwei Kindern und alle Familienmitglieder mit genau zwei 5 Liter Kanistern mit heiligem Wasser. Da dauerte ein Eincheckvorgang ewig. Schließlich waren aber alle im Flieger und wir konnten starten. Kaum in der Luft meldete sich der Pilot mit der Meldung: Durch den Ausbruch des Eyjafjallajökull (kein Neid, ich musste den Namen googeln) auf Island wird der Flughafen in Frankfurt in nächster Zeit gesperrt, aber wir könnten auf alle Fälle in München, zumindest aber in Mailand landen. Wir sollten ruhig schlafen, man werde uns rechtzeitig vor der Landung informieren. Das passierte auch. Frankfurt war gerade noch geöffnet, 20 min nach unserer Landung wurde der Flughafen geschlossen. In Frankfurt standen dann an jedem Informations- und Lufthansaschalter riesige Schlangen. Aber es wurde darauf hingewiesen, dass mit einer schnellen Öffnung des Flugplatzes nicht zu rechnen sein. Also musste ein Ausweg her. Mietautopreise stiegen gerade exponentiell, die Bahn war nicht so flexibel. Also fuhr ich mit der S-Bahn zum Hauptbahnhof, beschaffte mir dort am Automaten, der Fahrkartenschalter war überfüllt, eine Fahrkarte, natürlich ohne Platzreservierung. Los ging es nun mit dem ICE. Bis Kassel sogar mit Sitzplatz, von dort war der aber reserviert und ich durfte stehen. In Hannover dann umsteigen in einen rappelvollen Zug aus Köln - auch der Flughafen dort war geschlossen. Zusätzlich bevölkerten alle

Soldaten, die zum Wochenende nach Hause fuhren, den Zug. Also waren es selbst schwierig, einen Stehplatz zu finden.

Aus dem Zug rief ich meine Frau an und bat sie, mich am Hauptbahnhof in Berlin abzuholen. Mein Auto stand noch in Tegel und musste dort abgeholt werden. Dort hatte diese Reise ja begonnen. Das Abholen funktionierte auch gut. Wir fuhren zuerst nach Tegel und von dort sollte es nach Hause gehen. Freitags Nachmittag dachten wir, wäre es klüger die Ringautobahn zu nutzen. Der Stadt zu dieser Zeit zu queren kann ziemlich langatmig sein. Wie fast immer, wurde aber auf der Autobahn gebaut und natürlich gab es auch noch einen Unfall - in der Baustelle. Damit standen wir fest - zuerst wir eine Stunde, dann ergab sich die Möglichkeit über den Grasmittelstreifen auf die andere Richtungsfahrbahn zu kommen. Zum Glück hat das keiner gesehen! Nun mussten wir doch durch die Stadt, der Nachmittagsverkehr war inzwischen in vollem Gange. Gegen 18.00 Uhr erreichten wir unser Heim, für mich etwa 6 Stunden später als geplant. Mein Hals war ziemlich dick. Wir machten den Fernseher an und entnahmen den Nachrichten, dass tausende Passagiere in Frankfurt noch immer warteten und sich auf Liegen und auf der Erde auf die Nacht vorbereiteten. Hatte ich doch noch Glück gehabt! Das ist Relativität!

Australien

Australien konnten wir dreimal besuchen, immer in Verbindung mit der AXAA, einer zweijährlich durchgeführten Konferenz der Australischen X-Ray Analytical Association, die immerhin an die dreihundert Teilnehmer anzog. Die Teilnahme an den Konferenzen verbanden wir jeweils mit einem anschließenden Urlaub, in dem wir die großartige Landschaft, das Outback und den Grand Ocean Way kennenlernten. Beim ersten Besuch im Jahr 1996 fand die AXAA in Sydney statt und wir fuhren von dort über Land und über die australischen Alpen nach Melbourne. Auf dem Rückweg über den Highway besuchten wir ein Forschungsinstitut für Geologie in Canberra. Die Anlage dieser Stadt ist bemerkenswert. Sie wurde fern von den Küsten etwa auf halber Strecke zwischen den beiden Großstädten Sydney und Melbourne künstlich angelegt, da man sich nicht zwischen diesen beiden als Hauptstadt entscheiden konnte. Die Straßen sind in Canberra nicht orthogonal angeordnet, sondern in einem radialen System. Das erschwert die Orientierung erheblich, zumal damals noch keine GPS-Systeme zur Verfügung standen. Nach verschiedenen Versuchen unser Ziel zu erreichen, fuhr ich auf eine Anhöhe und versuchte mich anhand von hohen Bauten in der Mitte der drei zirkumpolaren Zentren zu orientieren.

Im dortigen Institut für geologische Forschung gelang mir der erste Verkauf eines energiedispersiven Röntgenspektrometers in Australien überhaupt. Australien hat, durch die hohe Bedeutung der Bergbauindustrie eine große Tradition beim Einsatz der Röntgenfluoreszenz, aber es wurden bis dato nur wellenlängendispersive Geräte genutzt. Ich konnte den Nutzer mit den Leistungen unseres Gerätes mit polarisierter Anregung überzeugen. Insbesondere die hohe Empfindlichkeit und die Möglichkeit der simultanen Erfassung eines breiten Elementspektrums überzeugten ihn. Zum Schluss der etwa dreistündigen Diskussion meinte mein Gesprächspartner, dass wir eine Bestellung bekommen werden, wenn ich noch eine Frage beantworten kann. Und die war: Warum der Anteil des Edelgases Argon in Luft viel höher als der von anderen Edelgasen ist. Wie soll man sowas wissen! Aber dann fiel mir ein, dass Argon das Endprodukt einer Zerfallsreihe ist. Das war die richtige Antwort und der Auftrag kam dann auch bald.

Zum Ende dieser Reise, zurück in Sydney kurz vor der Heimreise, fragten wir uns, warum es denn notwendig sei, nach Haus zu fliegen. Das Land und vor allem die Lebensweise der Australier hatte uns sehr beeindruckt. Wir sind dann doch geflogen, kehrten aber noch gern zweimal in dieses schöne Land zurück.

USA

Die USA bereiste ich viele Male, meist zur Pittcon und zur Denver-Konferenz, aber auch sehr oft zu Gesprächen mit unseren Partnern, speziell EDAX und VEECO sowie zu Installationen oder Verkaufsunterstützungen. Im Anschluss an die Konferenzbesuche konnten wir oft einen Urlaub anhängen und uns das Land ansehen. Den ersten längeren Trip machten wir von Denver über Mesa Verde, den Grand Canyon, Las Vegas, Hollywood und den Yosemite-Park nach San Francisco. Wir waren aber auch im Nordosten unterwegs – von Toronto zu den Niagaras, über Boston nach Maine an die Ostküste und von dort über Quebec und Montreal am Lorenzstrom wieder zurück oder in den Südstaaten Florida, Georgia, Tennessee und Louisiana.

Immer waren die Reisen spannend und bescherten uns viele Eindrücke von der tollen Natur, insbesondere im Fernen Westen. Schlimm waren aber immer die Einreisekontrollen, deren Intensität in den letzten Jahren auch stetig zunahm. Die Schlangen am Immigration Counter wurden immer länger und die Kontrollen umfangreicher, und man wurde behandelt, als wäre man nicht wirklich willkommen. War man aber erst im Land, konnte man sich frei bewegen, musste aber aufpassen, nicht der Polizei aufzufallen. Mir sind da zwei Ereignisse in Erinnerung. Einmal flogen wir nach Toronto und mieteten dort ein Auto für eine Rundtour in den Neuenglandstaaten sowie Quebec und Ontario. Unser erstes Ziel waren die Niagara-Fälle. Dort legten wir alle Taschen in den Kofferraum des Autos, damit von außen kein Gepäck zu sehen war und schauten uns die Wasserfälle aus allen möglichen Positionen an. Nach der Besichtigung fuhren wir den Niagara-Fluss abwärts. Dort führen einige Brücken von Kanada hinüber in die USA. Wir benutzten eine davon. Auf kanadischer Seite gab es keine Kontrolle, auf US-Seite erwartete uns ein arbeitendes Kontrollhäuschen. Als wir auf der Brücke standen, es waren etwa fünf Autos vor uns, fiel mir ein, dass die Handtasche mit den Pässen noch im Kofferraum lag. Ich stieg also aus und holte schnell die Tasche. An dem Grenzhäuschen wurde ich von der Beamtin aufgeregt gefragt, warum ich ausgestiegen sei. Meine Antwort, dass ich die Pässe geholt habe, befriedigte sie nicht. Sie meinte, ich hätte auch eine Gun holen können, weshalb das Aussteigen vor Passieren der Grenze nicht erlaubt ist. Nach diesem Wortwechsel, entgegnete ich, dass es vielleicht doch besser sei, in Kanada zu bleiben, wenn es in den USA schon an der Grenze so gefährlich ist. Wir einigten uns dann, dass wir doch unsere Reise in den USA fortsetzen können, und es wurde noch eine schöne und erlebnisreiche Tour. Ein Höhepunkt dabei war eine Langustenmahlzeit in Maine kurz vor Bar Harbor. Die Langusten gab es in einem Kiosk an der Straße, serviert auf einem Pappteller, aber ganz frisch und für nur 5 $.

Ein anderer Kontakt zu Sheriffs hatte ich in New Mexico. Ich war auf dem Weg von Los Alamos zum Flugplatz in Albuquerque. Da ich noch etwas Zeit hatte, machte ich einen Zwischenstopp in einem Indianerdorf mit vielen Handwerksshops. Das war interessant und ich verbummelte die Zeit. Um den Flieger zu erreichen, musste ich mich nun beeilen und fuhr auf einer autofreien, bis zum Horizont schnurgeraden Straße etwas mehr als die erlaubten 55 Miles, vielleicht 70 Miles. Plötzlich scherte ein Polizeiauto in die Straße ein und verfolgte mich mit Blaulicht aber ohne Ansage. Ich war nicht sicher was ich tun sollte, fuhr aber langsamer und hielt dann an. Da keine anderen Autos zu sehen waren, konnte nur ich gemeint sein. Vorschriftsmäßig wartete ich mit den Händen am Lenkrad. Einer der Sheriffs kam zum Auto und fragte nach den Papieren. Nachdem er den Führerschein gesehen und dabei festgestellt hatte, dass ich aus Germany komme, unterhielten wir uns über die Highways in Germany und die dort erlaubten Geschwindigkeiten. Danach durfte ich ohne Probleme weiterfahren und habe auch noch meinen Flieger erreicht.

Der erste Besuch in den USA im Jahr 1992 galt der Pittcon in New Orleans. Wir starteten in Frankfurt und ein Kollege meinte scherzhaft: „Morgens in Frankfurt, am Mittag in Atlanta und am Abend der Koffer in Peking". Alle lachten, mir verging dann aber in New Orleans das Lachen. Genau das war offensichtlich mit meinem Koffer passiert. Ich wartete den nachfolgenden Flieger ab, der meinen Koffer aber auch nicht an Bord hatte und fuhr schließlich zum Hotel. Dort wartete ich drei Tage. Die fehlende Kleidung aus dem Koffer machte das Warten schon schwierig, ein größeres Problem waren aber die Folien für einen Vortrag, den ich am zweiten Konferenztag zu halten hatte. Zu der Zeit waren noch Overheads angesagt. Zum Glück hatte ich meinen Laptop dabei, die gab es damals schon. Darauf waren zumindest einige Folien gespeichert, die anderen hatte ich als Handskizzen vorbereitet. Als am Tag vor dem Vortrag der Koffer noch immer fehlte, musste eine andere Lösung her. Es war Sonntag, wir fanden aber trotzdem einen Laden, der uns Overheadfolien verkaufte und einen Copyshop, in dem wir mit dem Laptop die Folien bedrucken konnten. Dieser Service war für einen Deutschen am Sonntagabend schon beeindruckend.

Die erste gemeinsame Reise in die USA mit meiner Frau musste ausfallen. Geplant war der Besuch der Denver-Konferenz. Die sollte genau zum Zeitpunkt unseres Hochzeitstages stattfinden, in diesem Jahr war es der 25ste! Zu diesem Zeitpunkt wechselte ich gerade die Firma, was ich mit einem längeren Urlaub überbrückte. Es blieb eine Woche, in der der Urlaub bereits aufgebraucht aber der neue Arbeitsvertrag noch nicht wirksam war. Genau in dieser Zeit spielte ich mit Freunden Badminton und bei einem Ausfallschritt riss mir, trotz ausreichender Aufwärmung, die Achilles-Sehne - mit hörbaren Knall. Ich ahnte zwar was passiert war, wollte es aber nicht wahrhaben. Der Arzt im Krankenhaus, ließ mich auf die Zehenspitzen stellen. Das ging aber nur mit einem Bein. Damit war die Diagnose klar. Ich durfte nur noch kurz nach Hause, um die durch den Ausfall der Reise notwendigen organisatorischen Maßnahmen einzuleiten. Dann kehrte ich ins Krankenhaus zurück, um mich operieren zu lassen. Die Silberhochzeit ‚feierten' wir dann im Krankenhaus, mit einem Kerzchen und einem Stück Kuchen. Kein guter Ersatz für die geplante Party in NY.

Eine Erfahrung bei diesem Vorfall war aber bedeutsam. Da der Firmenwechsel geklärt war und ich schon einen neuen Arbeitsvertrag hatte, meldete ich mich für die eine Woche ohne Anstellung nicht beim Arbeitsamt. Damit war ich aber auch nicht krankenversichert, in diesem Fall eine unangenehme Situation, die wir aber durch eine Vordatierung des Arbeitsvertrages lösen konnten.

Ein anderes Mal mussten wir nach Oak Ridge, einem der Großlaboratorien, in denen die Atombombe entwickelt wurde. Dabei machten wir verschiedene Ausflüge, einen in die Smokie Mountains. Dieses Gebirge ist noch sehr ursprünglich. Die Berge gehen bis auf fast 1800 m Höhe und sind bis zu den Gipfeln mit dichtem Wald bestanden. Die unteren Waldregionen bestehen aus bis zu 4 m hohen Rhododendron-Dickichten, allerdings nur mit weißen Blüten. Ein Ausflug von dort führte uns nach Nashville und von dort dann zurück über Chattanooga nach Atlanta. In der Nähe von Chattanooga befinden sich verschiedene Schlachtfelder aus dem Bürgerkrieg, die man vom Monument Outlook sehen kann. Dort führt eine Standseilbahn hinauf. Auf dem Weg nach unten wartete ein jüngeres Paar mit uns auf die Bahn. Beide waren so dick, dass sie die 10 Stufen zum Einstieg der Seilbahn nicht so einfach bewältigen konnten. Sie mussten sich rückwärts am Treppengeländer Stufe um Stufe ‚abseilen‘. Diese Tatsache hielt sie aber nicht davon ab, in kurzen Hosen und T-Shirts ihre unübersehbaren Schenkel und Oberarme ihren Mitmenschen zu präsentieren – ein unübersehbares Selbstbewusstsein!

Als wir die Fahrt fortsetzten, sahen wir Werbeplakate für die Jack Daniels Destillerie in Lynchburg, die zum Besuch einluden. Dieser Einladung wollten wir natürlich folgen und verließen den Highway, um Lynchburg über Land zu erreichen. Die Destillerie befand sich gleich am Ortseingang und empfing uns mit einem großen Visitor Center. Wir machten natürlich einen Betriebsrundgang. Unser Guide war Chris, in blauer Latzhose, kariertem Hemd, mit Strohhut und roter Knollennase schien er direkt der Werbung für Tennessee-Whiskey entsprungen zu sein. Der Rundgang war interessant, wir lernten, dass der Whisky bei Jack Daniels mit Holzkohle gereinigt wird, die nur zu diesem Zweck in der Destillerie aus einer speziellen Kastanie aus Kentucky hergestellt wird. Bei dem Rundgang kamen wir an großen Bottichen vorbei, in denen diese Reinigung erfolgte. Die Bottiche hatten einen Durchmesser von etwa 2 m und eine Höhe von 3 m. Oben wurde über Sprinkler das 70%ige Konzentrat auf die Holzkohle geträufelt. Die Bottiche waren natürlich abgedeckt. Chris hob den Deckel mehrfach an jeweils einer Seite eines Bottichs etwas an und ließ ihn wieder fallen, dabei wurde ein Schwall stark alkoholhaltiger Luft freigesetzt. Der war so stark, dass er uns benebelte. Chris wiederholte diese Prozedur an zwei weiteren Bottichen, jeweils auf zwei Seiten, damit alle Besucher und vor allem er in den Genuss dieser alkoholhaltigen ‚Wolke' kamen. Danach unterhielt ich mich mit Chris über den bestimmt tollen Flavour der Holzkohle, der beim Grillen genutzt werden kann. Er bestätigte, dass die Holzkohle auch dafür verkauft wird. Dann schaute er sich um, ob alle anderen Besucher schon weitergegangen waren und nahm nochmal ein paar Stöße Alkohol-Duft zur Brust. Wir kehrten zurück zum Visitor Center. Normalerweise wird nach einem solchen Rundgang eine Kostprobe der Produkte ausgeschenkt. Anders bei Jack Daniels in Lynchburg. Eine Infotafel wies darauf hin, dass Lynchburg ein Dry County ist, in dem also noch die Prohibition gilt und deshalb nur ganze Flaschen verkauft werden können und diese nicht in der Stadt geöffnet werden dürften. So etwas gibt es nur in den USA! In einer der größten Destillerien muss der Brennmeister entweder in den Keller gehen um die Qualität zu checken oder gar ins Nachbar-County fahren. Wie das gemacht wird, hat uns keiner erklärt. Aber wir konnten dann das Verhalten von Chris an den Sprinkler-Fässern besser verstehen.

Wieder ein anderes Mal war ich zunächst eine Woche an der Ostküste zu speziellen Trainings und Kooperationsabsprachen. Es war zeitig im Jahr und dort lag noch recht viel Schnee. Nach der ersten Woche fuhr ich dann weiter nach Kalifornien zu einer Schulung bei Apple im Silicon Valley. Das Wochenende davor blieb ich noch in San Francisco. Hier war das Wetter schon frühlingshaft und bei einem Spaziergang am Samstag am Hafen sah ich eine Fahrradvermietung. Das nutzte ich sofort und erkundete dann die Stadt mit dem Fahrrad. Die Tour führte mich auch über die Golden Gate bis nach Sausalito. Um auf die Brücke zu gelangen, muss man schon kräftig in die Pedale treten, es geht straff aufwärts. Jedoch in Sausalito im Café zu sitzen und über die Bay auf SF zu blicken lohnt diese Anstrengung auf jeden Fall!

Auch der folgende Besuch bei Apple war interessant. Dort wurde der Tornado eingesetzt, um auf den Leiterkarten neben den RoHs-Elementen auch Chlor nachzuweisen. Bei einem Brand können aus dem Chlor giftige Dioxine entstehen. Dem wollte Apple vorbeugen, zusätzlich zu den RoHs-Bedingungen. Das Gerät war für dieses Training in einer großen Halle untergebracht, in dem verschiedene Apple-Komponenten getestet wurden, ich erinnere mich an Tastaturen und Monitore. Immer wenn wir den Raum betreten wollten, meldete uns mein ständiger Begleiter an, die Apple-Geräte wurden dann verhüllt und wir hatten erst nach der Bestätigung Zutritt. Der Tornado stand in einer Ecke, die mit Decken abgeteilt war. Wenn wir dahinter verschwunden waren, konnte die Testarbeit an den Tastaturen und Monitoren weitergehen. Toll war die Mitarbeiterverpflegung im Headquarter. Das war nur über die Straße von unserem Testlabor. Der Gebäudekomplex bestand aus dreimal zwei Gebäuden, die alle durch verglaste Gänge miteinander verbunden waren. In der Mitte des Ensembles befindet sich ein Amphitheater, in dem Steve Jobs offensichtlich immer die neuen Produkte vorstellte. Die Cafeteria war aber das wirklich Beeindruckende. Das Angebot war grandios, verschiedenste Vorspeisen – Suppen, Salate u.a., als Hauptspeisen z.B. beste Steaks, Langusten sowie andere tolle Sachen und auch die Desserts waren bemerkenswert. Das Ganze für ca. 5 $ und von 10.00 bis 22.00 Uhr verfügbar. Die Mitarbeiter sollten die Firma während der Pausen nicht verlassen und ständig präsent sein, auch die Essenszeiten sollten zu Diskussionen genutzt werden.

Die Denver-Konferenz fand gelegentlich auch in Colorado Springs statt, eine gute Autostunde südlich von Denver. Hier ist das Highlight auf den Pikes Peak zu fahren. Eine zunächst gut asphaltierte Straße, die dann in eine Schotterpisten übergeht führt in etwa 90 min auf 4300 m Höhe zu einem Plateau mit einem großen Parkplatz. Hinauffahren ist ganz einfach. Wenn man dann aber aussteigt und die etwa 50 m zum Rand des Parkplatzes gehen will, ist man schon nach wenigen Metern außer Puste. Die dünne Luft macht sich hier, so ohne Anpassung stark bemerkbar. Außer mit dem Auto kann man aber auch mit einem Zug die Spitze erreichen. Das dauert aber etwas länger. Auch die Bergabfahrt ist speziell, etwa auf der Hälfte der Strecke passiert man eine Kontrollstelle für die Bremsentemperatur. Wenn man bis dahin zu oft die mechanische Bremse benutzt hat und nicht die Motorbremse, wird man zu einem längeren Zwangsaufenthalt genötigt.

Nicht alle meine Reisen waren erfolgreich. Einmal war ich in den USA für eine Woche zu einem Sales Training. Am Ende der Woche besuchte ich dann das NIST in Gaithersburg, so dass sich das Wochenende für einen Besuch von Washington anbot. Für die folgende Woche, es war die vor Ostern, war eine Installation in South Carolina vorgesehen. Dazu flog ich von Washington nach Columbia, um von dort mit dem Auto weiterzufahren. Genau bei der Landung erreichte mich ein Anruf mit der Information, dass das Gerät noch nicht vor Ort sei. Es wurde in Berlin auf dem Flughafen vergessen und bis zur endgültigen

Lieferung würde mindestens noch eine Woche vergehen. Da machte es keinen Sinn, die Woche zu warten, zumal Ostern vor der Tür stand. Ich ging also zum Flugschalter und teilte der dortigen Dame mit, dass ich gerade angekommen sei, mir die Stadt aber überhaupt nicht gefalle und ich deshalb gleich wieder nach Hause wolle. Die war sehr erstaunt, verkaufte mir aber die notwendigen Tickets, so dass ich nach relativ kurzer Wartezeit wieder in Richtung Heimat starten konnte. Die Flugschalterdame war allerdings etwas verwirrt.

Bei anderer Gelegenheit wollte ich gemeinsam mit einem Kollegen EDAX besuchen. Die haben ihren Firmensitz in der Nähe von New York. Er startete aus Berlin und ich aus Frankfurt. Wir wollten uns in Kopenhagen für den gemeinsamen Weiterflug nach Newark treffen. Für den Kollegen war das der erste EDAX-Besuch. Ich hatte in Newark ein Auto gemietet, so dass die Fahrt zu EDAX gesichert war. Leider hatte mein Flug von Frankfurt nach Kopenhagen etwas Verspätung. Ich traf zwar noch rechtzeitig in Kopenhagen ein, aber der Flieger nach Newark war hoffnungslos überbucht. Den Kollegen traf ich noch in der Einlassreihe zu dem Flieger. Er konnte mir noch seine Sitzposition sagen. Für mich gab es dann keinen Platz mehr in der Maschine, man bot mir aber als Ersatz einen Flug über Washington mit Weiterbeförderung mit einem City-Hopper nach Newark an, verbunden mit einer Entschädigung von 800$. Ich bat meinem Kollegen auszurichten, dass er in Newark auf mich warten soll. Diese Information erreichte ihn aber offensichtlich nicht. Nachdem ich mit etwa 4 Stunden Verspätung über Washington Dulles in Newark ankam, war kein Kollege zu sehen. Ich suchte auf dem ganzen Airport, er war aber nicht zu finden. Der Hals war schon dick, zumal sich die 800$ Entschädigung plötzlich nur als Gutschein für einen späteren Flug mit dieser Fluggesellschaft herausstellten - ich bekam dann schließlich noch 400$ in bar. Aber der Kollege war noch immer nicht auffindbar. Ich fuhr also mit dem Mietwagen zum reservierten Hotel, aber auch dort war niemand. Das war auch nicht anders zu erwarten, da er auch das Hotel nicht kannte. Ich hatte ja alle Reisevorbereitungen getroffen und ging von einem gemeinsamen Flug aus. Schließlich am nächsten Tag gegen Mittag traf er bei EDAX ein. Er war mit einem Taxi in ein Hotel in der Nähe gefahren. Der Preis für die Taxifahrt dafür war höher als die Wochenmiete für das Leihauto. Wir waren aber froh, uns wiederzuhaben.

Südamerika

In Südamerika versteht man gut zu essen. Besonders Fleisch steht hier hoch im Kurs, aber auch Fisch. Wir waren einmal in Südamerika, der Grund war ein Training, das nahe Sao Paulo stattfand. Da ich von den USA dorthin flog, kam meine Frau direkt nach So Paulo und wir begannen dort eine zwar zeitlich relativ kurze, uns aber in verschiedene Länder führende Rundtour. Von Sao Paulo fuhren wir mit dem Auto nach Rio. Die Brasilianer fuhren ganz ordentlich, interessant waren aber Leitungen von der Karosserie zu den Radnaben bei fast allen LKWs. Als wir nachfragten erfuhren wir, dass es sich hierbei um Luftschläuche zur Kühlung der Bremsen handelte. Bei den vielen Bergen sicherlich eine sinnvolle Einrichtung!

In Rio sahen wir alle Sehenswürdigkeiten, Zuckerhut, Christus-Statue, Ipanema und Copacabana. Schon in Sao Paulo wurde uns ein Fisch-Restaurant an der Copacabana angepriesen. In diesem Restaurant gab es ein großes Büfett mit kalten und warmen Gerichten. Wir luden unsere Teller voll. Die waren noch nicht halb abgegessen, als bereits ein Ober kam und uns gebratenen Fisch anbot. Und das wiederholte sich etwa alle 10 min mit den unterschiedlichsten gebratenen Köstlichkeiten aus dem Meer, und es war alles vorzüglich! Erst als wir kaum noch Aufstehen konnten beendeten wir das Mahl.

Von Rio flogen wir zu den Iguazu-Fällen. Deutlich beeindruckender als die Niagaras! Die Wasserfälle befinden sich eigentlich auf brasilianischer Seite, sind aber von der argentinischen besser zu sehen. Wir sahen sie uns zuerst von der argentinischen Seite an. Am nächsten Tag waren wir dann auf der brasilianischen Seite. Hier konnte man über einen Steg direkt bis an das Teufelsloch heran gehen. So 5 m von den abstürzenden Wassermassen entfernt zu stehen beeindruckt schon! Der Höhepunkt war eine Fahrt mit einem kleinen Boot unterhalb der Fälle. Man gab uns vorher wasserdichte Säcke. Wir waren unsicher, was wir tun sollten, entschlossen uns aber, nachdem wir das vorherige Schiff anlanden sahen, bis auf die Badehosen alles auszuziehen und in den Säcken zu verstauen. Ein Mitfahrer war da anderer Meinung, er zog sein knielanges Regencape über. Die Iguazu-Fälle bestehen aus einer Reihe von einzelnen Fällen. Zuerst fuhren wir in eine Bucht, in die von drei Seiten die Wasser stürzten. Das Wasser war ziemlich wild, aber es kam nicht viel bei uns an. Wir dachten schon – und warum der Aufwand mit dem wasserdichten Sack? Dann fuhr der Dampfer an eine andere Stelle, wo wir recht dicht an einen Fall heranfuhren. Das war schlimmer als ein tropischer Starkregenschauer. Innerhalb von 2 Sekunden waren wir völlig durchnässt, die Augen ließen sich wegen des vielen Wassers nicht öffnen und es gab einen starken kalten Fallwind, den das fallende Wasser mit sich riss. Bei uns waren nur die Badehosen nass, die Säcke haben gut gehalten. Das konnte man von dem Regencape überhaupt nicht behaupten.

Von den Iguazu-Fällen flogen wir über Lima nach Cusco. Die alte Inka-Hauptstadt liegt auf 3400 m. Wir fuhren mit dem Taxi zu dem vorgebuchten Hotel. Das waren viele kleine Bungalows, die sich am Berg hochzogen und über eine Treppe erreichbar waren. Wir hatten ein Bungalow in der obersten Etage, 128 Stufen hoch. Ein kleiner Peruaner schnappte sich unseren größeren Koffer und trug ihn zu unserem Zimmer hinauf. Nachdem die Klärungen mit dem Rezeptionisten erledigt waren nahm ich den kleineren Koffer und wollte ihm folgen. Aber schon nach einem Viertel der Strecke war die Luft weg. Ich japste wie ein Maikäfer. Die dünne Luft in dieser Höhe und das ohne Anpassung bereitete einige Schwierigkeiten. Zum Glück kam der kleine Peruaner zurück und nahm mir auch den leichteren Koffer ab.

In Cusco gönnten wir uns eine Massage. Als die beendet war, stellte ich fest, dass ich die Geldbörse im Hotel vergessen hatte. Also ging ich schnell ins Hotel zurück. ‚Schnell‘ stellte sich aber schnell als relativ heraus, schon nach einer kurzen Strecke zügigen Gehens war die Luft wieder weg. Also langsam! Inzwischen hatte meine Frau eine Konversation mit den Masseurinnen und trank etwas Tee aus Cocablättern. Danach war sie sehr glücklich und hatte auch keine Probleme mehr mit der dünnen Luft. Ich versuchte das Mittel auch. Das Laufen war in der Tat viel einfacher. Aber beim Schlafen stellten sich, sobald ich die Augen schloss, Halluzinationen ein. Für mich war dieses Mittel also nicht wirklich eine Hilfe.

Von Cusco machten wir Ausflüge zu den Inka-Stätten, eine Tagestour mit dem Bus in das Heilige Tal und eine mit der Bahn nach Macchu Pichu. Der Panoramazug gestattete tolle Blicke auf die umliegenden Berge. Das Dorf Aguas Calientes am Fuße von Macchu Pichu mit dem Bahnhof liegt auf etwa 2000 m. Es ging also die ganze Zeit bergab, gut für die Atmung. Vom Bahnhof gibt es zwei Möglichkeiten, um nach Macchu Pichu zu gelangen, zu Fuß oder mit einem Shuttlebus, der in kurzen Abständen fährt. Wir bevorzugten den Bus und hatten ausreichend Zeit uns Macchu Pichu anzusehen.

Die letzte Station dieser Reise war Buenos Aires. Hier war es schon Herbst, d.h. kalt und regnerisch. Trotzdem wurde auf den Straßen Tango getanzt, auf einem kleinen Markt von einem älteren Paar auf eine mit Pappe ausgelegten Fläche von etwa 1 m². Einfach toll. Auch in Argentinien ist Fleisch das Hauptnahrungsmittel. Am ersten Tag besuchten wir ein Steak-Haus in einer Einkaufsmeile. Wir bestellten einmal Filet und einmal Steak. Das Filet war wie ein Schmetterling geschnitten und geöffnet – zu vierfacher Größe! Damit begannen wir und waren dann bereits satt. Das Steak, doppelt aufgeschnitten, schafften wir dann nur noch zur Hälfte und alle Beilagen blieben auf dem Teller.

Asien

In Asien war ich mehrfach. Interessant hier war immer der völlig andere Kulturkreis, es war nicht wie in Amerika alles irgendwie europäisch, sondern eine über viele Jahrhunderte gewachsene völlig fremde Kultur.

Von meinem Besuch in Peking war schon die Rede. Ein besonderes Erlebnis war dort auch der Besuch in einem Restaurant, wo es Pekingente gab. Das Restaurant in der ersten Etage war sehr nüchtern. Weiße Wände und keine winkenden Katzen und Papierlaternen, wie es in Europa für Chinarestaurants üblich ist. Im Angebot war dort nur Pekingente. Der Koch kam mit 5 Enten unter dem Arm aus der Küche im Erdgeschoß, in der Hand hatte er ein beilähnliches Messer. Dann begann er die Enten zu schneiden, immer in dünne Scheiben. Die wurden dann auf den Tisch gestellt zusammen mit kleinen Pfannkuchen, Gemüse und Sojasoßendip. Das war richtig gut! Ein andermal besuchten wir zuerst die chinesische Mauer und auf dem Rückweg die Ming-Gräber. Dort gingen wir dann in ein Restaurant wo Fisch auf den Tisch kam. Der war für uns aber nicht so gut, in der Mitte noch völlig roh und auch kaum gewürzt. Aber die Geschmäcker sind halt unterschiedlich.

Japan war mehrmals mein Ziel. Den ersten Besuch in Tokio erfolgte auf dem Rückweg von Australien mit dem Ziel, den EDAX-Vertreter zu besuchen und ihm Argumente für den Eagle-Vertrieb zu liefern. Ich kam mit meiner Frau am Samstag in Tokio an, wo wir in der Nähe der Ginza ein Hotel gebucht hatten. Natürlich hatte ich vorher kein Geld getauscht, ich hatte ja Kreditkarten. Die wurden aber, zumindest zu der Zeit, in kleineren Restaurants nicht akzeptiert. Man war offensichtlich der Meinung, nur Bargeld lacht. Auch Geldautomaten akzeptierten nur in Japan ausgegebene Kreditkarten. Zum Glück hatten wir ein erstes kurzes Treffen mit dem EDAX-Vertreter bereits am Samstagabend. Nachdem ich ihm mein Problem geschildert hatte, half er mir mit Yen für etwa 300 DM aus. Ich dachte, das wird ja übers Wochenende ausreichen. Zum

Abendessen gingen wir in ein kleines Restaurant im Souterrain in einer Nebenstrasse. Es gab ein Extrazimmer mit einem ‚japanischen' Tisch, d.h. in Kniehöhe, und einen Gastraum mit zwei normalen Tischen. Wir bestellten 3 Vorspeisen sowie ein Bier und einen Tee - und waren 80 DM los! Damit war bereits ein beträchtlicher Teil unserer Barschaft verbraucht. Das Frühstück im Hotel am nächsten Morgen sparten wir uns, es hätte den Rest aufgebraucht. Ich kaufte dafür im Supermarkt einige Backwaren, den Kaffee kochten wir mit dem Wasserkocher im Zimmer. Der Kaffee am Nachmittag in einem Fastfood-Restaurant kostete uns 20 DM. Trotzdem konnten wir uns an dem Wochenende einiges von Tokio ansehen und ab Montag waren wir ja dann in Obhut des EDAX-Vertreters.

Bei einer anderen Reise nach Tokio hatte ich mehr Gelegenheit mir die Stadt anzusehen. Der Grund für diesen Aufenthalt war ein Auftrag der Firma JEOL für eine Röntgenröhre mit Polykapillar-Linse, die an ein UHV-Elektronenmikroskop angebaut werden sollte, bei dem auch ein Elektronenspektrometer für Auger-Elektronen zur Ausstattung gehörte. Das Werk von JEOL war am Rande der Stadt, die Fahrt dorthin dauerte eine Stunde, immer mit Blick auf den Fuji. Wir waren zunächst sehr unsicher, wie schnell sich die Kapillarlinsen auf mindestens 10^{-8} Torr pumpen lassen. Zur Sicherheit war die Reise auf eine Woche angesetzt. Bereits am zweiten Tag war klar, dass das Vakuum gut zu erreichen ist. Damit war der Zweck der Reise erfüllt und der Rest der Woche für mich Freizeit. Die konnte ich nun gut nutzen, mir die Stadt anzusehen. Und dabei war ich nicht nur in Tokio, sondern auch in Yokohama und Kamakura. So viel Zeit bei den Reisen war nicht immer verfügbar, aber in diesem Fall durchaus angenehm.

Eine andere Reise nach Japan machten wir als geführte Urlaubsreise. Reiseleiter war ein in Moskau ausgebildeter Japanologe, der für den diplomatischen Dienst vorgesehen war. Allerdings kam er nicht mehr dazu, diesen Dienst anzutreten. Im Osten ausgebildete Diplomaten wurden nach der Wende nicht sehr geschätzt. Er gründete daher eine kleine Firma, die sich der Unterstützung des deutsch-japanischen Handels widmete. Da er gern Japan bereist, führt er immer im Frühjahr zur Kirschblüte eine zweiwöchige Japanreise in einer kleinen Gruppe durch. Die größte Investition dabei war der Kauf eines Railway-Passes, mit dem wir für 2 Wochen alle Staatsbahnen, einschließlich Metro und auch einige Busse benutzten konnten. Wir machten Station in verschiedenen Städten und von dort jeweils Ausflüge. Mit dem Shinkansen fuhren wir fast über die ganze Insel Honshu, von Hiroshima bis Sendai, aber auch über die Insel zum Japanischen Meer. Das war spannend, besonders weil wir uns nicht wie westliche Touristen durch das Land bewegten, sondern uns wie Japaner verhielten. Wir wohnten in Ryokans, kleinen japanischen Pensionen, und wir aßen in kleinen Gaststätten, die nicht von Touristen besucht wurden. Das war nicht nur aufregend, sondern auch deutlich preiswerter und bleibt eine unvergessliche Erinnerung.

Eine besondere Reise führte mich mit einem Freund nach Nepal. Grund war eine Wanderung zum Annapurna-Basis-Camp (ABC). Nach der Besichtigung der Hauptstadt Kathmandu, flogen wir nach Pokhara am Fuß des Annapurna Massivs. Von dort führte uns die Wanderung über 10 Tage den Berg hinauf und auch wieder hinab. Die Höhenunterschiede für jeden Tag waren eigentlich nicht so groß, nur einige hundert Meter, und meist verliefen die Wege fast ohne Steigung auf halber Höhe an den Hängen eines Flusstals entlang. Allerdings war das etwa 800 – 1000 m über dem Talboden. Und jedes Seitental, das in den Fluss mündete, bedeutete den Abstieg auf den Talboden und auf der anderen Seite wieder den Aufstieg, alles über Treppen, die aussahen, als reichten sie bis in den Himmel, stairways to heaven! So mussten wir pro Tag dann doch erhebliche Höhenunterschiede bewältigen. Unterkunft und Essen unterwegs waren recht einfach. Geschlafen wurde in den Lodges meist in Zweibettzimmern. Es gab zwar warme Bettdecken, die wurden aber nur einmal im Jahr neu bezogen und zwischendurch gelegentlich gelüftet. Über den Tag wurden sie in einem Raum eingelagert und abends wieder neu verteilt. Gut, wenn man da einen Hüttenschlafsack dabeihatte! Manchmal reichten die Decken auch nicht für alle, dann mussten wir eben nur mit dem Hüttenschlafsack allein auskommen. In 3000 m Höhe können die Nächte aber schon recht kalt sein. Die Strecke an sich war schaffbar, erst der letzte Aufstieg ging an die Reserven! Da wurde die Luft doch dünn. Es ging nur langsam voran, aber wir erreichten schließlich das ABC. Dort waren aber alle Betten ausgebucht, da eine große Gruppe Koreaner mit uns angekommen war. Die brauchte ihre Rucksäcke nicht selbst tragen, dafür bezahlten sie eine große Gruppe Träger, selbst einen eigenen Koch. Daher ging auch das Abendessen etwas anders als sonst vonstatten. Gewöhnlich saßen alle an einem großen Tisch mit einer dicken Tischdecke. Da es abends kalt wurde, gab es gegen einen kleinen Aufpreis unter dem Tisch einen offenen Gasbrenner als Heizung. Das Essen wurde in einer kleinen Küche zubereitet, es gab immer dieselben Gerichte, DalBhat, das sind Linsen mit jeweils unterschiedlichem Gemüse, aber auch Pizza, Nudeln und Suppen.

Abb. 16: Erfolgreich morgens auf dem Annapurna Base Camp

Bei der täglichen Anstrengung waren Suppen am besten verträglich. Auf dem ABC galt aber durch die Koreaner eine andere Ordnung. Es waren vielleicht 20 Leute, die aber 60% des Tisches für sich beanspruchten, jeder mit Platzdeckchen, Stahlschüssel, Stahlteller und Chopsticks und dem speziell für sie von ihrem Koch zubereitetem Essen. Der Rest der Lodgebesucher, etwa 40 Personen, drängelten sich am Rest des Tisches. Auch das Schlafen war hier besonders. Normalerweise schliefen die im Nationalpark für jede Wandergruppe geforderten Träger und Bergführer auf den Tischen und Bänken des Speiseraums. Dazu wurden dort Schaumstoffmatrazen ausgelegt. Hier mussten nun auch die Gäste, die nicht in den Zimmern unterkamen, auf den Bänken schlafen, also auch wir. Geld regiert halt die Welt, selbst auf den hohen Bergen. Trotzdem hat sich das Ausharren dort oben gelohnt. Der nächste Morgen riss uns schon zeitig aus dem Schlaf, den Sonnenaufgang musste man draußen erleben. Es war ein richtiges Happening, alle waren begeistert, dass sie das Ziel erreicht hatten, hier waren die Koreaner nicht so einbezogen. Manchmal folgt die Strafe auf dem Fuße! Alle freuten sich über den klaren Himmel, so dass man den Sonnenaufgang genießen konnte (siehe Abb. 16). Zuerst glühten die höchsten Bergkuppen in dem dunkelroten Licht von der noch hinter dem Berg verborgenen Sonne, dann wurden sie zunehmend heller, über Gold bis zu Hellgelb mit einem immer grö-ßer werdenden bestrahlten Teil der Berge, einfach unvergesslich!

Nach der Bergwanderung machten wir noch einen Ausflug in den Chitwan-Nationalpark. Hier konnten wir nicht nur einen Ritt auf einem Elefanten im Dschungel machen, sondern auch zum Vergnügen der Be-sucher des Lodge-Restaurants gemeinsam mit Elefanten baden gehen.

Meine Chefs

Der erste und fast letzte

Im Rahmen meiner beruflichen Tätigkeit hatte ich im Wesentlichen vier Chefs, einen davon sogar zweimal, einmal im ersten Leben, da war er mein erster Chef und dann nochmal in meinem zweiten Leben, da war er der vorletzte.

Im ersten Leben war er ein Chef, wie man sich ihn nur wünschen kann. Er ließ uns an einer langen Leine laufen. Wir erhielten viele Freiheiten, allerdings stellte er auch hohe Forderungen. Er lehrte uns, strategisch zu denken und damit für die Zukunft zu planen. Das war im ersten Leben hilfreich, dann während der Wende, war es sogar überlebenswichtig, insbesondere bei der Bewältigung der vielen, nicht vorsehbaren Änderungen unser aller Lebenswege. Aber auch nach innen hatte er eine wichtige Funktion. Es gelang ihm, im ZWG eine Atmosphäre zu schaffen, die von Zusammenarbeit und Kameradschaft geprägt war. Trotz eines intensiven Wettbewerbs zwischen den einzelnen Bereichen gab es aber immer ein sauberes und faires Miteinander. Das führte dazu, dass wir uns selbst noch nach vielen Jahren mit Amtsbrüdern und ihren Familien regelmäßig trafen, obwohl jeder seinen eigenen Weg gehen musste und es keine direkten Kontakte mehr gab. Das war unser, in Anlehnung an eine CDU-Kampagne, ‚Rote Socken-Treffen‘. Einen vergleichbaren Zusammenhalt gab es bei den Firmen, in denen ich später, nach der Wende arbeitete nie! Die sozialen Kontakte waren reduziert, man öffnete sich nicht gegenüber anderen Mitarbeitern, weil dadurch Nachteile entstehen könnten.

Dieser Chef verfügte über eine besondere Fähigkeit, neue Entwicklungen bei Analysenmethoden zu erkennen, Verbindungen zwischen verschiedenen Methoden oder Technologien herzustellen und Kontakte zwischen den für die Realisierung dieser neuen Ideen benötigten Partnern zu knüpfen. Allerdings reichte sein Interesse meist nur so lange, bis die neue Aufgabenstellung eindeutig definiert und alle Randbedingungen dafür geklärt waren. Wenn die eigentliche Arbeit begann, ließ sein direktes Interesse schnell nach. Das bedeutete, damals bei 1700 Mitarbeitern und acht forschenden Bereichen im ZWG, war man etwa einmal im Jahr ‚dran‘. In diesem Fall beschäftigte er sich mit den Entwicklungen bzw. den Projekten in einem dieser Bereiche besonders intensiv. Das bedeutete, für etwa drei Wochen war man fast täglich Mode, wurde mit immer neuen Überlegungen konfrontiert und gezwungen, darauf zu reagieren. Häufig waren diese Überlegungen substantiell, aber auch nicht immer. Aber immer waren sie mit vielen Recherchen verbunden, die natürlich von uns erfolgen mussten, uns aber immer klüger machten.

Diese Eigenheit, an einem Thema nur solange Interesse zu zeigen, bis die eigentlichen Arbeiten beginnen konnten, wirkte sich später, nach der Wende mit nur noch 30 Mitarbeitern, belastend aus. Immer wenn eine neue Idee ausgebrütet und in ein Projekt gesteckt worden war und die eigentliche Arbeit beginnen konnte, stand schon wieder ein neues Thema auf der Agenda, mit dem man sich wieder auseinandersetzen musste. Da die Anzahl der Mitarbeiter aber deutlich geringer war, blieb kaum Zeit, die Arbeit wirklich zu machen.

Seine Kreativität und Seriosität bescherten ihm eine hohe Anerkennung, sowohl innerhalb der Akademie, obwohl das ZWG dort oft als „nur" gerätebauende Werkstatt betrachtet wurde, dem die höheren Weihen der Wissenschaft abgesprochen wurden, als auch im gesellschaftlichen Leben, wo er wie ein Kombinatsdirektor behandelt wurde. Im Mittelpunkt zu stehen gefiel ihm und auf persönliche Anerkennung legte er immer sehr viel Wert!

Zu Wendezeiten war sein größtes Anliegen, große Teile des ZWG zusammenzuhalten. Damit hoffte er, vielen Mitarbeitern den Arbeitsplatz zu erhalten, den eigenen selbstverständlich auch. Das war aber kein erfüllbarer Wunsch, denn unsere Strukturen war mit marktwirtschaftlichen Prinzipien nicht vereinbar. Und dann war ich der erste aus der Riege der Bereichsleiter, dem eine neue Stelle in der freien Wirtschaft angeboten wurde. Die erste personelle Erosion. Aber es kam wie es kommen musste. Ich blieb nicht der Einzige, der das ZWG verließ. Später wurde es an einen Wessi übergeben, der es in kurzer Zeit abwickeln musste. Damit verlor mein Chef, so wie alle anderen Direktoren von Akademieinstituten auch, seinen Job. Wissenschaftliche Qualifikationen spielten dabei keine Rolle. Zur Diskussion stand nur die „Staatsnähe" so wie bei vielen anderen Wissenschaftlern an Hochschulen.

Mein Chef schüttelte sich nach dieser Erfahrung und startete als einziger aus der Riege der Direktoren der Institute des Forschungsbereichs einen Neuanfang. Mit zwei Mitarbeitern gründete er das Institut für Gerätebau (IfG) und begann eine Kooperation mit der damaligen Sowjetunion auf dem Gebiet von Röntgenoptiken. Die dazu erforderliche Technologie baute er mit Hilfe von russischen Wissenschaftlern auf, die direkt im IfG angestellt waren bzw. dort als Gastwissenschaftler arbeiteten. Die Finanzierung erfolgte über Fördermitteln. Das wurde dann sein neues Geschäftsmodell – die Einwerbung von Fördermitteln für die Entwicklung neuer Technologien und Produkten. Allerdings wurden die

Projekte immer nur solange bearbeitet wie das Geld reichte. Waren die Fördermittel aufgebraucht, wurde die Projektarbeit eingestellt, selbst wenn die Aussicht auf ein interessantes Produkt bestand. Da ich immer an einer vollständigen Produktentwicklung und deren Verkauf interessiert war, war diese Tätigkeit für mich auf die Dauer nicht attraktiv.

Es kamen aber noch weitere Probleme hinzu. Die Offenheit, die noch für das ZWG charakteristisch war, ging in dieser kleinen Firma verloren. Ein Mitinhaber des IfG, einer der russischen Wissenschaftler, wohnte lange Zeit beim Chef im Haus. Und somit wurden viele Entscheidungen zu Hause am Küchentisch getroffen. Sie waren nicht immer verständlich, zumal sie auch nicht immer erläutert wurden. Ich erinnere mich an einen Vorschlag für die bessere Vermarktung eines Produktes. Mein Chef hörte sich meine Ausführungen an und meinte, dass es eine gute Möglichkeit wäre, aber noch diskutiert werden muss. Nach dieser positiven Reaktion diskutierte ich schon mit Mitarbeitern diese Idee und konnte sie dafür auch gewinnen. Nach drei Wochen gab es dann in der Leitungssitzung eine einfache Mitteilung, dass diese Art der Vermarktung nicht in Frage käme – ohne eine weitere Diskussion dazu. Bei einem anderen Beispiel ging es um ein Patent. Ich arbeitete an dem Auftrag für den Louvre, ein Gerät mit konfokaler Geometrie aufzubauen. Erst durch einen Vortrag auf einer europäischen Röntgen-Tagung erfuhr ich, dass mein Mitgeschäftsführer ein Patent für eine solche Anordnung eingereicht hat, auf Kosten der Firma und natürlich mit Wissen des Chefs. Ich wurde, obwohl genau an diesem Thema arbeitend, nicht darüber informiert. So eine Situation beschädigt das Vertrauen und beeinflusst eine vertrauensvolle Zusammenarbeit erheblich. Der endgültige Bruch ergab sich dann nach Einwerbung eines Auftrages für eine zeitaufgelöste Röntgenquelle. Nachdem das Projekt von mir vorbereitet wurde und ich auch einen erheblichen Aufwand in die Absicherung der öffentlichen Finanzierung gesteckt hatte, stand das Kick-off-Meeting an. Alle Beteiligten waren versammelt und gingen davon aus, dass die Projektleitung auch weiterhin bei mir liegen wird. Aber ohne jegliche Vorabsprache wurde mitgeteilt, dass die Projektleitung einem jungen und unerfahrenen Mitarbeiter übertragen wird. Alle waren überrascht und fragten nach dem Grund für diese Entscheidung. Sie wurden auf ein Gespräch nach dem Meeting im Büro des Chefs vertröstet, zu dem ich natürlich nicht eingeladen war.

Diese Situation, aber auch die Tatsache, dass verschiedene andere Vereinbarungen nicht eingehalten wurden, führte schließlich dazu, dass ich mir wieder einmal einen neuen Arbeitsplatz suchte.

Ein wesentliches Anliegen und auch der Verdienst von diesem Chef war der Erhalt von Adlershof als Wissenschaftsstandort. Nachdem kurz vor der Wende etwa 6000 Mitarbeiter in den Akademieinstituten dort beschäftigt waren, ging die Anzahl der Beschäftigten nach der Wende auf deutlich weniger als die Hälfte zurück. Die Entscheidung, Bessy II in Adlershof anzusiedeln gab einen neuen Impuls. Daraufhin wurden durch die Gründung neuer Firmen und die Ansiedlung von Forschungsinstituten und auch durch die Einmischung und mit Ideen von meinem Chef im Laufe der Jahre einer der größten Wissenschafts- und Technologiepark in Europa in Adlershof aufgebaut. Inzwischen sind dort sechs Institute der Humboldt-Uni, acht Forschungseinrichtungen und eine Vielzahl von Firmen angesiedelt, in denen viermal so viel Mitarbeiter beschäftigt sind wie in Vorwendezeiten.

Der Politiker

Der erste Chef im zweiten Leben war ein Politiker in der FDP, während zwei Wahlperioden sogar Mitglied des Bundestages. Da lernte ich als Erstes, der Unterschied zu DDR-Betrieben ist gar nicht so groß. Auch in dieser Firma existierte ein Büro der Partei, allerdings nannte sich der Büroinhaber nicht Parteisekretär, sondern nur Mitarbeiter. Er war aber ausschließlich für die FDP aktiv – zum Redenschreiben und für die Unterstützung der Parteiarbeit im Landkreis und im Bundesland - wurde aber trotzdem komplett von der Firma bezahlt. Das war bei den Parteisekretären im ersten Leben anders! Darüber hinaus gab es eine Reihe von FDP-Parteigängern in der Firma. Alle auf gut dotierten Posten, aber nicht alle entsprechend leistungsfähig. Das war in meinem ersten Leben auch nicht viel anders. Von Freunden erfuhr ich, dass es auch in anderen Firmen ähnlich zuging, bei BMW im München war es allerdings eine andere Partei.

In der ersten Phase baute sich ein fast freundschaftliches Verhältnis zwischen dem neuen Chef und meiner Familie auf. Ich glaube, er betrachtete uns als seinen persönlichen Beitrag zum Aufbau Ost. Das war durchaus hilfreich, erleichterte es doch den Einstieg in eine neue Firmenkultur und auch in die neue Wirtschaftsordnung. Der neue Chef stammte aus dem Münsterland, hatte dort einen Bauernhof gekauft und lud zu den Wochenenden gern Besuch ein. So erhielten wir – zusammen mit unseren Kindern – gelegentlich Einladungen zu einem Besuch ins Münsterland. Auf langen Spaziergängen wurden mir dabei verschiedene Erfahrungen vermittelt, z.B. zur Einsparung von Steuern. Ich fand das zwar interessant, aber irgendwie war mir noch nicht klar, woher denn das Geld kommen sollte, für das ich zunächst mal Steuern bezahlen sollte, um sie dann auch einsparen zu können.

Diese enge Beziehung war auch sehr hilfreich als wir von Berlin an den Niederrhein umzogen und der schon beschriebene Schulwechsel unseres jüngeren Sohnes erforderlich wurde.

Der Bauernhof im Münsterland war als Firmenhotel ausgebaut. Das heißt, nach der Woche im Bundestag, damals noch in Bonn, verbrachte der Chef dort seine Wochenenden. An denen wollte er dann über die Firmengeschäfte informiert werden, aber auch etwas entspannen. Eine Möglichkeit für ihn waren Wochenend-Meetings, die etwa alle drei bis vier Wochen auf dem Bauernhof stattfanden. Das waren Strategiemeetings, Sales-Meetings, Planungsmeetings oder Finanzmeetings. Sie begannen am Freitag nach der Arbeitszeit, oder besser sollten dann beginnen. Alle eingeladenen Mitarbeiter, in der Regel 8 – 10 Personen, starteten also am Freitag gegen 16.00 Uhr zu einer etwa 220 km langen Autofahrt, die nur zum geringen Teil über Autobahnen führte. Es gab immer einen Wettbewerb um die beste Strecke und die kürzeste Fahrzeit. Gegen 19.00 Uhr waren alle spätestens eingetroffen und warteten auf den Chef. Der kam aus Bonn, aber meist erst gegen 21.00 Uhr. Aber dann begann das Meeting noch nicht, sondern es wurde zuerst über die aktuellen politischen Probleme berichtet. Das war zwar interessant, aber nicht freitagabends und fern der eigenen Familie. Dabei musst man auch aufpassen, mit der Meinung nicht allzu fern von den Auffassungen der FDP zu liegen. Man wurde sonst schnell mal „abgebürstet". Personalpolitik wurde von ihm sowieso anders betrieben, als ich das vorher gewohnt war und man es auch in entsprechender Literatur lesen konnte. Falls etwas nicht funktionierte wurde der verantwortliche Mitarbeiter coram publico zusammengestaucht, also ‚abgebürstet'. Der „Wiederaufbau" des Mitarbeiters erfolgte dann in der Regel kurz danach, allerdings nur im 4-Augen-Gespräch, so dass bei allen anderen Beteiligten der Eindruck des Abbürstens zurückblieb.

Diese Diskussionen wurden gelegentlich auch zum Probieren von Argumenten genutzt. Einmal hatte er eine Einladung zu der TV-Sendung „Talk im Turm" am Sonntagabend. Aus diesem Grund wurden wir aufgefordert besonders aggressive Fragen zu stellen, um den Chef entsprechend zu präparieren. Allerdings kamen wir meist nicht dazu, denn die Diskussion wurde durch seine erklärenden Monologe bestimmt. Die TV-Diskussion am nächsten Abend war dann auch durch andere Themen geprägt.

Bei einer dieser Abenddiskussionen kurz vor den Bundestagswahlen 1994 bat die auch aus der DDR stammende Fertigungsverantwortliche den Chef, für den Fall, dass die ‚Roten‘ gewinnen, um eine ausreichende Abfindung, damit sie dann nach Australien auswandern kann. Sie hätte genug von den ‚Roten‘. Einige Zeit später kam es zu einem Besuch eines ehemaligen Kooperationspartners von der TU Dresden, mit dem wir das Konzept für die Anregung mit polarisierter Anregung entwickelt hatten. Der Besuch wurde von dieser Dame eingefädelt. Sie wusste aber nichts von unserer langen Bekanntschaft. Dabei erfuhren wir, dass ihr Kontakt zu unserem ehemaligen Kooperationspartner aus dem gemeinsamen Besuch einer Parteischule resultierte. So schnell kann sich die Meinung ändern – das Verhalten so manches nachträglichen Dissidenten.

Zurück zu den Meetings auf dem münsterländer Bauernhof. Sie starteten also erst am Samstag nach dem Frühstück. Im Winter versammelten wir uns in einem Kellerraum, direkt neben dem Schwimmbad. Dort roch es stark nach Chlor. Im Sommer nutzten wir einen Pavillon im Garten, da war die Aussicht besser, aber im Hochsommer wurde es auch schnell heiß. Nach etwa 2 Stunden verließ der Chef meist das Meeting und kümmerte sich um seine Tauben oder Schafe. Er kam dann nach einer weiteren Stunde zurück und ließ sich berichten was wir inzwischen beraten hatten. Das wurde dann alles über den Haufen geworfen und seine Ideen beschlossen. Gen Heimat ging es dann wieder am Samstagabend, etwa 220 km und wieder wie gehabt nicht auf der Autobahn, aber mit noch mehr Speed, wir wollten alle noch ein bisschen das Wochenende genießen.

Die Einrichtung dieses ‚Firmenhotels‘ war nicht schlecht. Für jeden Teilnehmer wurden die Kosten für Unterkunft und Essen aus der Firmenkasse bezahlt, und das nicht schlecht. So erfolgte eine Umschichtung der Gelder von einer Tasche in die andere, aber steueroptimiert.

Bei einem unserer ersten persönlichen Besuche mit Familie im Münsterland bemerkte er, wie ich mir seinen BMW 735i ansah. Er fragte, ob ich ihn mal fahren möchte und betonte. Nachdem er beteuerte hatte, dass das Auto gut versichert sei legten sich meine Bedenken und wir machten einen Familienausflug nach Oldenburg. Hinzu auf Landstraßen und zurück über die Autobahn - mit 180 kmh^{-1}. Das machte schon Spaß! Das erste Mal mit diesem Tempo und das ohne den Lärm, den wir von Trabbi und Wartburg gewohnt waren.

Bei Spectro waren regelmäßige Strukturdiskussionen typisch. Für den Chef kam es dabei vor allem darauf an, möglichst viele Leute umziehen zu lassen. Er war der Meinung, durch Umzüge wird kein unnützes Papier angesammelt. Das häufige Umziehen brachte in der Tat dieses gewünschte Ergebnis, es wurde kein unnötiges Papier aufgehoben und die Bürokratie reduziert. Allerdings boten dadurch unsere Schreibtische viel freien Platz. Einige füllten ihn mit Bierkästen auf.

Der Chef war für seine sehr geschickten Aktivitäten zu bewundern. Er war an drei Firmen beteiligt, die sich alle mit einem weitgehend gleiche Produkt - nämlich Funkenspektrometern - beschäftigten. Während seiner Tätigkeit in der ersten Firma hatte er die Idee, portable Geräte zu bauen und schied daher aus. Mit den portablen Geräten verfolgte er zwei generelle Gedanken – erstens wollte er vor Ort Metalle analysieren können, sie also nicht in das Labor bringen müssen. Daher nutzte er erstmalig optische Lichtleitfasern, die das Licht des Funkens vom Messkopf in das Spektrometer beförderten, das sich bei den ersten Geräten noch auf einem Böllerwagen befand. Das zweite generelle Ziel bestand darin, die Geräte möglichst preiswert herzustellen und billiger als der Wettbewerb zu verkaufen. Dieses Konzept erwies sich als sehr erfolgreich, über mehrere Jahre wurden Zuwachsraten von 30 – 50% realisiert, natürlich auch durch den sehr geschickten Aufbau eines weltweiten Vertriebssystems. Er fing 1978 in einer Garage mit drei Mitarbeitern an. Ich übernahm im gleichen Jahr den Bereich in Schöneweide. Bis 1990, als wir uns kennenlernten war Spectro auf 650 Mitarbeiter angewachsen und der größte Arbeitgeber im Kreis Kleve. Mein Bereich wuchs in dieser Zeit immerhin auch, von 65 auf 96 Mitarbeiter.

Durch einige Rationalisierungsmaßnahmen, die den Mitarbeiterstamm von Spectro verkleinerten und auch die Investitionen in die Entwicklung reduzierten, wurde die Firma für den Verkauf ‚schön gemacht'. Der erfolgte 1997. Nach Abzug der Verbindlichkeiten bei der Bank blieben wohl fast 30 Mio übrig. Was will man mehr? Aber er wiederholte dieses Geschäft ein weiteres Mal. Mit dem Verkauf von Spectro war für ihn ein Wettbewerbsverbot von 6 Jahre verbunden. Nach dem 5. Jahr tropfte schon wieder der Zahn. Er rief einige ehemalige Mitarbeiter zusammen, die beim Verkauf von Spectro gute Abfindungen erhalten hatten, und begann mit denen eine neue Firma aufzubauen. Das Ziel war, eine Firma für Funkenspektrometer schnell erfolgreich zu machen, an den Markt zu bringen und sie dann erneut zu verkaufen. Dieses Konzept ging auf. Die ehemaligen Spectro-Leute arbeiteten etwa 2 Jahre ohne Gehalt, die Abfindung aus dem ersten Verkauf war noch lange nicht aufgebraucht. Dann wurde die Firma verkauft – für jeden der 6 gleichberechtigten Eigentümer blieben etwa 1 Mio. Für gut zwei Jahre Arbeit kein schlechtes Ergebnis.

Wie schon erwähnt, ist mit den ED-Geräten keine mit WD-Geräten vergleichbare Genauigkeit erreichbar. Wir versuchten aber immer, die geforderten analytischen Aufgaben zu lösen. Unser Gerät war in den ersten Jahren noch nicht wirklich fertig, es gab etwa ungenügende Untersuchungen zu dessen Reproduzierbarkeit und Stabilität, die Kalibrierungen erforderten noch einen hohen Aufwand und oft mussten Einzellösungen für spezielle Kunden gefunden werden. Wir mussten immer viel Aufwand in unsere Arbeit investieren und in jedem Jahr stand unser Überleben zur Diskussion. Nur bei ausreichendem Erfolg konnten wir weitermachen. Das gelang in all den Jahren. Unsere Zuwachsraten waren immer die größten, trotzdem war unser Beitrag zum Firmenergebnis in diesen Jahren immer im unteren Prozentbereich. Damit fielen Prioritätsentscheidungen, bezüglich Entwicklungskapazitäten, Werbeaufwendungen usw. in der Regel zu unseren Ungunsten aus. Nachdem ich das mehrfach angemerkt und auch angekündigt hatte, die Firma zu verlassen, falls uns keine bessere Unterstützung gegeben wird, musste ich diese Ansage dann auch einmal wahrmachen, so dass ich Spectro nach 6 Jahren verließ. Danach wurde die Unterstützung der Produktgruppe auch verbessert und wuchs zu einem wichtigen Geschäftsbereich von Spectro.

Der Ingenieur

Von Spectro wechselte ich zu einer kleinen Firma im Taunus. Der Kontakt kam schon während der Spectro-Zeit zustande. Es war die Firma, die die Geräte für die Schmuckanalyse herstellte. Dessen Chef bot mir einmal an, gern mit ihm zu sprechen, falls ich mich mal verändern wolle. Der erste Gedanke war - warum sollte ich mich verändern? Aber der zweite Gedanke war - warum nicht mal den Marktwert testen. Und der stellte sich als gar nicht so schlecht heraus. Das gute Angebot und die Prioritätsdiskussionen bei Spectro waren schließlich der Grund für den Wechsel zu Röntgenanalytik. Dort gab es zwei Geschäftsbereiche – bereits seit einem längeren Zeitraum die Vertretung von EDAX in Deutschland und noch nicht so lange der Vertrieb von Schichtdickenmessgeräten in Kooperation mit der amerikanischen Firma VEECO, die später von Thermo Fisher übernommen wurde. Zunächst wurden nur deren Produkte in Deutschland vertrieben, dann begann man aber bei Röntgenanalytik auch mit der Entwicklung eigener Geräte. Dabei galt die Vereinbarung, VEECO ist für Geräte in der Elektronik verantwortlich, also für die Analyse z.B. von Au-Ni- oder PbSn-Beschichtungen auf kleinen Cu-Flächen, Röntgenanalytik dagegen zeichnet für Geräte in der Automobilindustrie verantwortlich, das sind z.B. Cr-Ni-Cu-ABS-Schichten, wobei die zu analysierenden Flächen in der Regel bei diesen Applikationen größer sind. Diese Aufgabe war spektroskopisch infolge der begrenzten Energieauflösungen der damals noch vorrangig genutzten Proportionalzählrohre deutlich schwieriger. Da aber die Schichtdickenmessung in der Regel als Produktionskontrolle genutzt wird, waren immer nur wenige und dann auch bekannte Elemente in den Schichten enthalten. Dadurch ließen sich mit entsprechenden Entfaltungsprozeduren diese Aufgaben vernünftig lösen. Das war den Anforderungen für die Schmuckanalytik sehr ähnlich.

Nach Beendigung der Entwicklungsarbeiten an dem ‚Automotiv-Gerät' wurde eine Produktionsstätte dafür gesucht. Im Frankfurter Raum gab es zwar viele Bänker und Chemiker, aber nur wenige und daher gut bezahlte Feinmechaniker und Elektroniker. Daher, aber auch wegen der Verfügbarkeit von Fördermitteln zur Ansiedlung von neuen Gewerben im Osten, wurde einer Gruppe in Adlershof die Fertigung der Spektrometer übertragen. Das war das gleiche Team, das später auch die Geräte für die Schmuckanalyse produzierte.

Der Chef bei Röntgenanalytik war Ingenieur, sein Verständnis für Analytik daher überschaubar. Er hatte ständig neue Ideen für die Konstruktion der Geräte, aber die bestimmenden Baugruppen der Spektrometer wurden nicht verändert. Bestimmend waren die Proportionalzählrohre und eine etwas antiquierte Nachweiselektronik. Verschiedene Versuche diesen Zustand zu ändern, wurden zugunsten immer neuer Gerätedesigns nicht realisiert. Röntgenanalytik war die erste Firma, die auf SDDs zurückgreifen konnte. Uns standen schon Ende der 90iger Jahre drei Exemplare zur Verfügung. Davon ging eins zu EDAX, die beiden anderen lagen bei uns ‚sicher' im Lager. Der Chef war der Meinung, die effektive Fläche einer SDD ist zu klein, um ausreichend Fluoreszenzstrahlung von der Probe sammeln zu können. Erst als andere Firmen Driftkammer-Detektoren in ihren Geräten einsetzten, wurde auch bei uns mit entsprechenden Entwicklungen begonnen.

Wie bereits festgestellt – wer bezahlt bestimmt die Musik. Trotzdem muss man feststellen, dass das Gespür für ein gutes und auch langfristig ertragreiches Geschäft bei den West-Chefs stets vorhanden war. Das gilt insbesondere dann, wenn die Firma sich in Familienbesitz befindet und vom Gründer selbst geführt wird. Dann war Nachhaltigkeit und Langfristigkeit ein hohes Gut. Das wirkte sich bei diesem Chef so aus, dass er sehr viel Geld in der Firma beließ. Die Gehälter waren nicht schlecht, auch seines und auch die Gewinnausschüttungen waren überschaubar. Natürlich nutzte er steuerliche Vorteile, die sich durch das Firmeneigentums ergaben, etwa bei der Beschaffung von privat genutzten Autos. Aber das meiste Geld blieb in der Firma und wurde für die Entwicklung neuer Produkte eingesetzt - Nachhaltigkeit eben.

Seine Vorliebe für die konstruktive Details wirkte sich auch so aus, dass es in der Firma eine spezielle Werkstatt nur für ihn gab. Dort standen eine Dreh- und eine Fräsmaschine an denen er sich austobte, oft bis spät in den Abend oder an den Wochenenden. In der Werkstatt war er glücklich und kam immer nach getaner Arbeit mit irgendwelchen selbst gefertigten Teilen an, die wir dann gebührend bestaunen mussten.

Der Letzte

Meine letzte Tätigkeit war dann wieder in der Gruppe, in der ich vor über 25 Jahren mit der Röntgenspektroskopie begonnen und die ich während der Wende verlassen hatte. Inzwischen waren die Wunden der Trennung verheilt und es gab engere Kontakte zu den ehemaligen Mitarbeitern. Diesen Chef hatte ich im ersten Leben als Diplomand kurz vor seinem Studienabschluss eingestellt. Er sagte mir einmal, er sei eigentlich dankbar, dass durch mein Weggehen der Platz als Firmenchef frei wurde, dass er ihn allerdings auch nicht freimachen will, wenn ich zurückkäme. Damit war ich sehr einverstanden. Nach 30 Jahren Verantwortung für Aufgaben, Projekte und Personen dachte ich, ausreichend nachgewiesen zu haben, dass ich das kann. Nun wollte ich mich mal nur auf die Produktentwicklung konzentrieren können. Wenn früher meine Mitarbeiter zu mir kamen und irgendwelche Wünsche oder Forderungen äußerten, um ihre Aufgaben zu erfüllen, befand ich mich jetzt in dieser Situation. Eine ganz andere Sicht, aber nicht unangenehm!

In relativ kurzer Zeit gelang es uns, eine ganz neue Produktlinie aufzubauen und in den Markt einzuführen (siehe Abb. 10, 13, 14). Zuerst machte die Mikro-RFA-Linie auch hier wieder nur einen kleinen Teil des Gesamtumsatzes aus. Aber bald wurde der Umfang größer und inzwischen ist der Unterschied zu den traditionellen EDX-Geräten nicht mehr wesentlich. Allerdings sind die Gewinnmargen bei der EDX größer, da ein großer Teil der Produktleistung in der Software konzentriert ist, die bei der Berechnung der Produktionskosten nur marginal in Erscheinung tritt. Andererseits ist die Kombination von EDX und μ-RFA als Produktlinie optimal. Datenerfassung und -darstellung sind weitgehend identisch und Verbesserungen bei der einen Methode können direkt bei der anderen genutzt werden. Auch die Gerätesteuerung unterscheidet sich nur geringfügig, lediglich bei der Quantifizierung gibt es Unterschiede. Diese neue Produktlinie war also optimal eingeordnet.

Der letzte Chef hatte die Firma gut über die Wirren der Wende gebracht. Nach langer Ungewissheit zur Fortsetzung der Firma während der Wendezeit konnte schließlich eine neue Firma gegründet werden und alle dabei auftretenden Klippen umschifft werden. Der Aufbau der neuen Produktion, der erzwungene Auszug aus dem alten Firmengebäude, der Aufbau eines weltweiten Vertriebssystems, die Entwicklung von neuen Produkten, die ständige finanzielle Absicherung der Firma, oft auf Rat von Wessis, die dabei nicht selten ihre eigenen Interessen im Blick hatten, mussten über einen Zeitraum von über einem Vierteljahrhundert bewältigt werden. Es ist nun eine völlig neue Firma mit völlig neuen Produkten. Trotzdem schaue ich gern auf die Anfangszeit zurück, in der wir die Grundlagen für diese Erfolge legen konnten, sowohl durch unsere fachlichen Ansätze als auch durch die damalige gute Atmosphäre.